教育部职业教育与成人教育司推荐教材
中等职业学校汽车运用与维修专业教学用书

中等职业院校汽车运用与维修专业技能型紧缺人才培养培训教材

Qiche Tuzhuang Jishu
汽车涂装技术

（第二版）

李 扬 主 编
和豪涛 杨 涛 副主编

人民交通出版社股份有限公司
China Communications Press Co., Ltd.

内 容 提 要

本书是教育部职业教育与成人教育司推荐教材,也是中等职业院校汽车运用与维修专业技能型紧缺人才培养培训教材,依据教育部颁布的《中等职业院校汽车运用与维修专业技能紧缺人才培养培训指导方案》以及国家和交通行业职业标准编写而成。

本书内容主要包括:汽车涂装概述、常用涂装材料、新车制造过程中的涂装、汽车涂装修理常用设备、调色系统、汽车车身涂装修理工艺、常见涂装缺陷及防治,共计7个单元。

本书是中等职业院校汽车运用与维修、车身修复技术等专业的教材,亦可供相关专业人员学习参考。

图书在版编目(CIP)数据

汽车涂装技术/李扬主编. —2版. —北京:人民交通出版社股份有限公司,2017.8
ISBN 978-7-114-13864-5

Ⅰ.①汽… Ⅱ.①李… Ⅲ.①汽车—涂漆—中等专业学校—教材 Ⅳ.①U472.44

中国版本图书馆CIP数据核字(2017)第117463号

书　　名:	汽车涂装技术(第二版)
著 作 者:	李　扬
责任编辑:	闫东坡
出版发行:	人民交通出版社股份有限公司
地　　址:	(100011)北京市朝阳区安定门外外馆斜街3号
网　　址:	http://www.ccpress.com.cn
销售电话:	(010)59757973
总 经 销:	人民交通出版社股份有限公司发行部
经　　销:	各地新华书店
印　　刷:	北京市密东印刷有限公司
开　　本:	787×1092　1/16
印　　张:	12.5
插　　页:	2
字　　数:	286千
版　　次:	2005年8月　第1版 2017年8月　第2版
印　　次:	2017年8月　第2版　第1次印刷　累计第11次印刷
书　　号:	ISBN 978-7-114-13864-5
定　　价:	30.00元

(有印刷、装订质量问题的图书由本公司负责调换)

交通职业教育教学指导委员会
汽车运用与维修专业指导委员会

主 任 委 员：魏庆曜

副主任委员：张尔利　汤定国　马伯夷

委　　　员：王凯明　王晋文　刘　锐　刘振楼　刘越琪

　　　　　　　许立新　吴宗保　张京伟　李富仓　杨维和

　　　　　　　陈文华　陈贞健　周建平　周柄权　金朝勇

　　　　　　　唐　好　屠卫星　崔选盟　黄晓敏　彭运均

　　　　　　　舒　展　韩　梅　解福泉　詹红红　裴志浩

　　　　　　　魏俊强　魏荣庆

秘　　　书：秦兴顺

第二版前言

为深入贯彻《国务院关于加快发展现代职业教育的决定》以及教育部等六部委《关于实施职业院校制造业和现代服务业技能型紧缺人才培养培训工程的通知》精神，积极推进课程改革和教材建设，为中等职业教育教学提供更加丰富和多样化的实用教材，适应经济发展、产业升级和技术进步，满足交通运输业科学发展的需要，人民交通出版社股份有限公司组织全国交通职业院校的专业教师，按照"专业设置与产业企业岗位需求对接、课程内容与职业标准对接、教学过程与生产过程对接，明显提升职业院校毕业生就业质量"的要求，依据教育部颁布的《中等职业院校汽车运用与维修专业领域技能型紧缺人才培养培训指导方案》，对教育部职业教育与成人教育司推荐教材进行了再版修订，供全国中等职业院校汽车运用与维修等专业教学使用。

此次再版修订教材符合国家对技能型紧缺人才培养培训工作的需要，体现了中等职业教育的特色，教材特点如下：

1. "以服务发展为宗旨，以促进就业为导向"，加强文化基础教育，强化技术技能培养，符合高素质中、初级汽车专业实用人才培养的需求；

2. 总结近几年教学改革经验，教材修订符合中等职业院校学生的认知规律，注重知识的实际应用和对学生职业技能的训练，符合中职院校教学与培训的需要；

3. 依据最新国家及行业标准，剔除第一版教材中陈旧过时的内容，教材修订量在20%以上，反映了新知识、新技术、新工艺。

《汽车涂装技术》是汽车运用与维修专业课程之一，教材主要内容包括：汽车涂装概述、常用涂装材料、新车制造过程中的涂装、汽车涂装修理常用设备、调色系统、汽车车身涂装修理工艺、常见涂装缺陷及防治，共计7个单元。河南交通职业技术学院李扬担任主编，河南交通职业技术学院和豪涛、杨涛担任副主编，河南交通职业技术学院多位专业教师参加了教材编写，具体编写分工为：杨涛编写单元一、三，贾广辉编写单元二，王丽娟编写单元四，和豪涛编写单元五、七，李扬编写单元六。

限于编者经历和水平，教材内容难以覆盖全国各地中等职业院校的实际情况，希望各学校在选用和推广本系列教材的同时，注重总结教学经验，及时提出修改意见和建议，以便再版修订时改正。

编　者
2017年2月

目　　录

单元一　汽车涂装概述 ··· 1
 1　涂装的定义和功能 ··· 1
 2　汽车涂装的特点和分类 ·· 3
 3　汽车涂装的安全知识 ··· 7
 思考与练习 ··· 21

单元二　常用涂装材料 ·· 22
 1　涂料概述 ·· 22
 2　汽车修补用涂料 ·· 41
 思考与练习 ··· 53

单元三　新车制造过程中的涂装 ··· 54
 1　涂装前的清洗和磷化处理 ··· 55
 2　电泳涂装底漆 ··· 57
 3　车身内外密封剂和车底保护涂料的涂装 ······································ 58
 4　中涂漆涂装 ·· 59
 5　面漆涂装 ··· 61
 思考与练习 ··· 64

单元四　汽车涂装修理常用设备 ··· 65
 1　喷枪 ·· 65
 2　喷烤漆房和烘干设备 ··· 79
 3　压缩空气供给系统 ·· 88
 4　打磨和其他设备 ··· 96
 思考与练习 ·· 106

单元五　调色系统 ·· 107
 1　颜色基础知识 ·· 107
 2　调色设备 ··· 113
 3　颜色的调配与人工微调 ·· 115
 思考与练习 ·· 122

单元六　汽车车身涂装修理工艺 ··· 123
 1　底材处理 ··· 123
 2　遮蔽 ··· 128
 3　喷涂底漆层 ·· 134
 4　原子灰的施涂 ·· 135
 5　中涂漆层施涂 ·· 147
 6　面漆层的涂装 ·· 150
 7　涂膜的修整 ·· 164

思考与练习 168
单元七　常见涂装缺陷及防治 170
　1　喷涂过程中产生的漆膜缺陷及其防治方法 170
　2　涂装后产生的漆膜破坏状态及防治方法 185
　　思考与练习 192
参考文献 193

单元一　汽车涂装概述

> **学习目标**
>
> **知识目标**
> 1. 了解涂装的功能及涂装的作用；
> 2. 了解基本的涂装方法；
> 3. 了解汽车涂装的特点；
> 4. 理解涂装的定义；
> 5. 理解涂装三要素的重要意义；
> 6. 理解汽车涂装的安全知识。
>
> **能力目标**
> 1. 会分析涂装的定义；
> 2. 建立初步的涂装工艺认识；
> 3. 建立正确的涂装管理思路；
> 4. 掌握正确的涂装安全常识。

1　涂装的定义和功能

汽车作为现代化的交通工具，其外表90%左右是涂装表面。涂层的外观、颜色、光泽影响到人们对汽车质量的直观评价，因此，它将直接影响汽车的市场竞争能力。另外，涂装也是提高汽车产品的耐蚀性和延长使用寿命的主要措施之一。所以，无论是汽车制造业还是汽车维修业，都将汽车的表面涂装作为重要的工作而特别对待。汽车涂装是指各种车辆的车身及其零部件的涂漆装饰。根据涂装的对象不同，汽车涂装可以分为新车涂装和修补涂装两个大的体系。

1.1　涂装的定义

涂装是将涂料涂覆于经过处理的物面（基底表面）上，经干燥成膜的工艺。有时将涂料在被涂物表面扩散开的操作也称为涂装，俗称"涂漆"或"油漆"。已经固化了的涂料膜称为涂膜（俗称"漆膜"），由两层以上的涂膜组成的复合层称为涂层。汽车表面涂装就是典型的多涂层涂装。

特别提示：

1. 涂装定义中包含了涂装过程的三个重要步骤：涂装前被涂物的表面处理、涂装和干燥；
2. 汽车表面涂装是多涂层，在整个汽车涂装过程中要多次重复进行表面处理、涂装和干燥这三个步骤。

1.2 涂装的功能

汽车经过涂装后，除使汽车具有优良的外观外，还使汽车车身耐腐蚀，从而提高汽车的商品价值和使用价值。汽车涂装的主要功能有：

1.2.1 保护作用

汽车用途广泛，活动范围大，运行环境复杂，经常会受到水分、微生物、紫外线和其他酸碱气体、液体等的侵蚀，有时会被磨、刮而造成损伤。如果在它的表面涂上涂料，就能保护汽车免受损坏，延长其使用寿命，经过涂装的板材不会与雨水直接接触，避免生锈。

涂料可以从两方面保护汽车：一方面，车身表面经涂装后，零件的基本材料与大气环境隔绝，起到一种"屏蔽"作用而防止锈蚀；另一方面，有些涂料对金属来讲还能起到缓蚀作用，比如磷化底漆可以借助涂料内部的化学组分与金属反应，使金属表面钝化，这种钝化膜加强了涂膜的防腐蚀效果。

1.2.2 装饰作用

现代汽车不但是实用的交通运输工具，而且是一种工业美术品，具有艺术性。汽车涂装的装饰性主要取决于涂层的色彩、光泽、鲜映程度和外观等方面。汽车的色彩一般根据汽车的类型、车身美术设计和流行色等来选择，主要由色块、色带、图案构成，同时要求车身颜色与车内颜色相匹配，与环境颜色相协调，与人们的爱好以及时代感相适应。

涂膜的光泽与丰满程度取决于涂料的品种和施工工艺。绚丽的色彩与优美的线型融为一体构成了汽车的造型艺术，协调的色彩烘托了汽车的造型，使汽车具有更佳的艺术美。

1.2.3 标记作用

涂装的标记作用是由涂料的颜色体现的。用颜色做标识广泛应用在各个方面，目前已经逐渐标准化了。例如，在工厂用不同的颜色标明水管、空气管、煤气管、输油管等，使操作人员易于识别和操作；道路上用不同颜色的标线标明不同用途的道路；在交通上常用不同的颜色涂料来表示警告、危险、前进及停止等信号以保证交通安全。在汽车上涂装不同的颜色和图案以便区别不同用途的汽车。例如，消防车涂成大红色；邮政车涂成橄榄绿色，字号、车号为白色；救护车为白色并做红十字标记；工程车涂成黄色与黑色相间的条纹，字和车号用黑色等。

1.2.4 达到某种特定目的

应用涂料的特殊性能，使汽车具有特殊功用以适应特定的使用条件或完成特种作业。例如，化工物品运输车辆要在车体表面或货箱、罐仓内部涂布耐酸碱、耐油、耐热、绝缘等涂料以防止化学品的腐蚀、渗漏等；军用汽车采用保护色达到隐蔽的作用等。

2 汽车涂装的特点和分类

2.1 汽车涂装的特点

2.1.1 汽车涂装属于高级保护性涂装

汽车涂层必须具备极优良的耐蚀性、耐候性和耐沥青、油污、酸碱、鸟粪等物质的侵蚀作用。汽车属于户外用品,因而要求汽车涂层适应寒冷地区、工业地区、沙漠戈壁、湿热带和沿海等各种气候条件。在国际上具有竞争能力的汽车以及汽车涂料都能很好地适应世界各地的气候条件。

在湿热带和沿海地区使用的汽车腐蚀特别严重,涂装不完善的汽车车身或车厢经过几个月就能锈蚀穿孔。北美、北欧等国家和我国北部地区在寒冷的冬季为了防止路面结冰打滑,在公路路面上撒盐撒砂,会造成汽车车身的严重腐蚀。汽车在储运和使用过程中经常落上鸟粪、路面沥青、油污等,如果涂层不耐上述污物的侵蚀就会产生斑印,影响汽车的装饰性。汽车在沙漠、戈壁地区使用或高速行驶过程中会受到飞起的砂石的撞击,如果涂层耐冲击性能和韧性不够良好,则易产生麻坑,影响装饰性和耐蚀性。在高温高湿条件下使用,涂层容易起泡;在严寒地区使用,由于发动机舱盖长期受热胀冷缩影响,容易开裂;在热带强日照条件下使用涂层容易失光、变色、粉化等,这就要求涂层具有优良的耐候性。

2.1.2 汽车涂装(以车身涂装为主)又属于中、高级装饰性涂装

汽车的车身,尤其是轿车的车身必须进行精心的涂装设计,在具有良好的涂装设备条件和环境下,才能使涂层具有优良的装饰性。汽车的装饰性除车型设计外,主要靠涂装,因此汽车涂层的装饰性直接影响汽车的商品价值。汽车涂层的装饰性主要取决于色彩、光泽、鲜映性、丰满度和涂层外观等。

汽车的色彩一般根据汽车类型、汽车外形设计和时代流行色来选择。除特殊用途的汽车(例如军用汽车)外,一般都希望汽车涂层具有极好的色彩、光泽和鲜映性。例如,运动型跑车的色彩多采用明快的大红色、明黄色等,给人以强烈的动感;高级轿车多采用较深的色调,给人以庄重、稳健的感觉。涂层的外观优劣直接影响涂层的装饰性,涂膜的橘皮、颗粒等是影响涂层外观的主要因素。一般要求汽车外表涂层平整光滑,镜物清晰,不应有颗粒。

2.1.3 汽车涂装是最典型的工业涂装

汽车工业是资金密集、技术密集、人才密集、综合性强、经济效益高的产业,汽车生产一般都是大量流水线作业。在工业发达国家,一条涂装线的年生产能力可以达到几十万台车身、上百万个汽车零部件。

很多涂装新工艺、新技术都是由汽车工业带头开发的,很多涂料新品种的探索及开发是由汽车工业促进的。汽车制造涂装流水线的生产节奏一般为几十秒至几分钟,为此,必须选用高效快速的涂装前的表面预处理方法、涂装方法、干燥方法、传送方法和工艺设备。汽车修补涂装也是如此,为恢复汽车涂层的要求,达到无痕修补的目的,汽车修补涂装也采用了与汽车制造涂装相类似的先进的涂装设备、涂料和施工工艺,因此可以达到与汽车制造涂装相同的效果。

2.1.4 汽车涂装件产品一般为多涂层涂装

汽车车身涂层如果是单涂层漆面会显得不够饱满,色彩干涩则会降低其装饰性,此外单涂层的涂层厚度较薄,抗冲击能力下降,保护性较差,所以汽车涂层多由多涂层组成。如轿车车身的涂层就是由底涂层(主要是防锈底漆层)、中间涂层(提高上下涂膜的结合能力,提供韧性和抗冲击能力)和面涂层(提供多彩的颜色)组成的,涂层的总厚度一般控制在 $100\sim200\mu m$。

2.2 汽车涂装的分类

由于涂装的对象不同,涂装的目的和要求千差万别,所以采用的涂料和涂装工艺也相差甚远。汽车涂装按涂装对象分类,大体可以分为新车制造涂装和旧车修补涂装。汽车制造涂装根据汽车类型和结构分为以下几种:

2.2.1 车身外表涂装

车身外表涂装是汽车制造涂装的重点,可达到高装饰性和抗腐蚀的目的,并且与汽车用途相适应,具有优良的耐久性。

2.2.2 车厢内部涂装

车厢内部涂装指客车车厢内部表面和载重车、特种车的驾驶室内表面的涂装。一般来说,车厢内部的包覆件自身带有颜色或加工成设计的颜色不需要涂装,因此作业量不大,主要应满足装饰性和居住性的要求,给人以舒适、赏心悦目的感觉。

2.2.3 车身骨架的涂装

车身骨架是指支撑汽车覆盖件且构成汽车形体的承力结构件总成。车身骨架的结构强度决定了汽车的使用寿命,因此对其涂装的要求主要是抗腐蚀,保护基本材料。对于车架以下的部分则还应耐水、耐油和抗冲击。对于汽车车身,要做好隔音、隔热和密封处理。

2.2.4 底盘部件涂装

汽车的底盘部件都在汽车的下部,要求涂膜具有良好的耐水、耐油、抗冲击和耐久性,尤其是底漆应有良好的附着力。

2.2.5 发动机部件涂装

发动机的温度较高,经常接触水、油等,因此要求漆膜应耐热、耐水和耐油。

2.2.6 电气设备的涂装

电气设备部分涂装主要要求绝缘和防水、防腐蚀,对于蓄电池附近的构件则要求耐酸。对于汽车制造涂装和零部件的涂装,世界各国都制定了相应的技术条件和工艺文件,许多国家还颁布了汽车涂层的防腐蚀标准,我国也颁布了相应的技术标准。

汽车修补涂装总的目的就是要恢复汽车原有的涂层技术标准和达到无痕迹修补的目的,根据需要修补部位和修补面积的大小可以分为重新喷涂(简称"重涂"或"全车喷漆")、局部修补(根据修补面积又可分"点修补"和"板修补")和零部件修补涂装。

2.3 汽车涂装的三要素

为使涂层满足底材、被涂物要求的技术条件和使用环境所需要的功能,保证涂装质量,获得最佳的涂层和最大限度的经济效益,必须精心设计涂装工艺,掌握涂装各要素。无论是汽车制造涂装还是汽车修补涂装工程,其关键是涂装材料、涂装工艺和涂装管理这三个要素。

2.3.1 涂装材料

涂装材料的质量和作业配套性是获得优质涂层的基本保障。汽车修补涂料和汽车制造涂料是不同的(有些规模比较小的汽车生产厂也把汽车修补漆用于新车涂装,其生产工艺和汽车修补工艺也相似)。因此在选用涂料时要根据实际情况,从涂膜性能、作业性能和经济效益等方面综合衡量,汲取他人经验或通过实验来确定。如果忽视涂膜的性能单纯考虑涂料的价格,有时会明显地影响涂膜质量,缩短涂层的使用寿命,从而造成更大的经济损失。

如果涂料选用不当,即使精心施工,所得涂层也不可能获得良好的效果,如内用涂料用作面漆,就会早期失光、变色和粉化;在硝基旧漆层上喷涂双组分面漆会出现咬底、开裂等现象。又如含铁颜料的涂料涂在黑色金属表面是好的防锈涂料,而涂在铝制品表面上反而会促进铝的腐蚀。

2.3.2 涂装工艺

涂装工艺是充分发挥涂装材料的性能,获得优质涂层,降低生产成本的必要条件。涂装工艺包括所采用的涂装技术的合理性和先进性;涂装设备和工具的先进性和可靠性;涂装环境条件和工作人员的技能、素质等。

如果涂装工艺与设备选择和配套不当,即使采用优质涂料,要获得优质涂膜也是困难的。若设备生产效率低则势必造成涂装工程的成本增高,使经济效益下降。涂装环境的好坏直接影响到涂膜的质量,高级装饰性的汽车车身涂装必须在除尘、通风、照明良好的环境下操作。涂装操作人员的技能熟练程度和责任心是影响涂装质量的人为因素,加强操作人员的培训,提高人员的素质是非常必要的。

2.3.3 涂装管理

涂装管理是确保制定工艺的实施,确保涂装质量的稳定,达到涂装目的和最佳经济效益的重要条件。涂装管理包括工艺管理、设备管理、工艺纪律管理、质量管理、现场环境管理、人员管理等。我国的汽车制造和修补涂装技术和车用涂料等与国外相比差距不大,但落后的主要是在管理方面。

国内汽车维修行业在涂装管理方面普遍持有以降低生产成本、注重短期效益,而不顾及涂装内在质量的管理态度,这是涂装质量不高的主要原因之一。这种态度不具备市场竞争和创品牌的意识,要靠严格的科学管理和正确的思想教育来加以改进并得到提高。

> **特别提示:**
>
> 涂装材料的质量好坏、涂装工艺的正确与否,尤其是涂装管理的水平高低对涂装工作的最终效果有决定性的作用。

2.4 常用涂装方法

涂装质量好与坏是涂装三要素综合作用的结果,其中常用涂装方法涂装工艺的正确选用也是影响涂装质量的重要方面。所谓涂装工艺的选择在某种意义上讲是涂装方法的选择,不同的涂装方法适用于不同条件下的涂装,正确选择涂装方法是非常重要的。目前常用的涂装方法主要有浸涂、喷涂、刷涂、辊涂、电泳、刮涂、静电喷涂、搓涂等8种,其中电泳、喷涂、静电喷涂和刮涂在汽车涂装中应用较多。

2.4.1 浸涂

浸涂是将经过表面处理的被涂物直接浸入大量的液态涂料中，利用涂料与被涂物表面的附着力使涂料附着在被涂物表面的涂装方法。此种涂装方法在早期的生产过程中比较常见，它适用于体积比较小、对涂装质量要求不高的零部件涂装。

浸涂对生产条件的要求较低，不要求操作人员有较高的技术水平，但是涂料浪费比较严重，对环境影响比较大。

2.4.2 喷涂

用特制的喷涂设备（主要是喷枪）将涂料雾化，并涂布于被涂物表面的涂装方法。此种涂装方法出现较晚，它的应用范围很广，大多数的零部件都可以使用喷涂的方法进行涂装。喷涂涂料相对节省，涂装质量较好、涂膜质量容易控制，但是它对操作人员的技术水平要求比较高，对喷涂设备的要求比较严格，对环境的影响比较严重。

2.4.3 刷涂

用动物毛发或植物纤维制成的刷子将涂料刷在物体表面的涂装方法。此种涂装方法出现较早，但应用范围很广。刷涂对涂装设备的要求较低，对操作人员的技术水平要求较高，涂布过程中涂料的浪费较少，对周围环境影响较小。

2.4.4 辊涂

用棉制或化学纤维制成的辊轮，通过辊轮的滚动将涂料均匀涂布在物体表面的涂装方法。此种涂装方法适合于较大面积的涂装，它对涂装设备的要求较低，但对操作人员的技术水平要求较高，涂料的浪费较少。

2.4.5 电泳涂装

将被涂物浸没于涂料中，被涂物与涂料加以不同极性的电荷，利用电荷移动的原理进行涂装的方法。电泳涂装对涂装附属设备的要求很高，技术难度较大，自动化程度高。电泳涂装的涂膜厚度能够很好地进行控制，涂装质量高，多用于新车制造中底层涂料的涂装。由于被涂物所加电荷的不同可分为阴极电泳和阳极电泳两种。

图1-1为某生产厂的电泳涂装工位，可以看到组装完毕的车身正进入电泳涂装池。

2.4.6 刮涂

用刮板将涂料刮于被涂物表面的涂装方法。刮涂对涂装设备的要求较低，对操作人员的技术要求较高，涂料浪费较少。刮涂多用于汽车修补涂装中的凹陷填充与外形修复，比如原子灰刮涂，见图1-2。

2.4.7 静电喷涂

在喷涂设备上加以一定电压的静电电量，也给涂料加以一定电压的静电，利用静电的吸附原理将涂料涂布于被涂物表面的涂装方法。静电喷涂对喷涂设备的要求较高，但对操作人员的技术水平要求不高，涂料的浪费较少，对环境的影响较小，如图1-3所示为静电喷涂装置。

图1-1 电泳涂装工位

图1-2 原子灰刮涂

图1-3 静电喷涂装置

2.4.8 搓涂

将布料或其他材料浸沾涂料后用搓拭的方法将涂料涂布于被涂物表面的涂装方法。搓涂应用较少，一般是在要获得某种特殊效果时使用。它对涂装设备的要求较低，在某些对涂装表面外观要求不高的作业中也使用搓涂，如对小面积裸露金属的底漆施涂，只要能满足防锈的要求即可。

> **特别提示：**
>
> 涂装方法的选择要根据涂装质量的要求、被涂物的特点、操作人员的技术水平、设备技术水平以及具体生产工艺的要求加以选择。

3 汽车涂装的安全知识

3.1 个人安全

3.1.1 涂料的危害

涂料的毒性主要是由所含的溶剂、颜料和部分基料等有毒物质所造成。有机溶剂一般都具有溶脂性（对油脂具有良好的溶解作用）。所以，当溶剂进入人体后能迅速与含脂肪类物质作用，特别是对神经组织产生麻痹作用，产生行动和语言障碍。有机溶剂对神经系统的毒性是共性，但因化学结构不同，各种有机溶剂还有其个性，毒性也不一样，其中有毒溶剂主要有苯类、四氯乙烷、异氰酸脂等。以苯为例，在苯的浓度约 $100\sim300\text{mg/m}^3$ 的环境下长期工作，就可能产生程度不同的慢性中毒。

轻度苯中毒：可有头痛、头晕、全身无力、疲劳嗜睡、心悸及食欲不振等，偶尔有鼻血和牙龈出血等现象。

中度苯中毒：白细胞下降到3000以下，红细胞和血小板减少，鼻、牙龈出血频繁，皮下可出现瘀血、紫斑，妇女经期延长，抵抗力下降。

重度苯中毒：白细胞下降到2000以下，红细胞和血小板大量减少，口腔黏膜及皮下出血，视网膜广泛出血，肝脏肿大，骨骼组织显著改变，多发性神经炎，再生障碍性贫血等。

涂料和稀料的挥发气体对人有害,施工操作者长期接触将受到伤害。除了通风条件要良好之外,在作业区内,施工操作者必须戴上呼吸保护器、安全手套、防护服及工作鞋等。施工作业中万一皮肤触及此类物质,应及时用肥皂水冲洗干净。

3.1.2 呼吸系统的安全与保护

磨料的粉尘、腐蚀性溶液和溶剂所蒸发的气体、喷漆时的漆雾都会给呼吸系统带来危害。即使在通风良好的环境下,操作者仍需要佩戴呼吸保护器。呼吸保护器有三种:防尘口罩、供气式全面罩和活性炭过滤面罩。

3.1.2.1 防尘口罩

防尘口罩可以防止灰尘、漆雾、烟雾等空气中浮游微粒被吸入,保护肺、预防哮喘、避免中枢神经受损害。有可更换过滤器芯式防尘口罩和一次性防尘口罩两类,如图1-4、图1-5所示。在原子灰施工和打磨、除尘等操作时使用。

图1-4　可更换过滤器芯式防尘口罩　　　　　图1-5　一次性防尘口罩

3.1.2.2 供气式面罩

供气式面罩可以防止混有有机溶剂的空气通过口鼻吸入人体,可分为全面罩式和半面罩式两种。它是利用压缩空气供气系统,通过供气软管向面罩内供应新鲜空气,也可选用单独小型空气压缩机提供新鲜空气。新鲜空气的入口必须置于清洁、远离喷漆的区域,并且须加装可滤油、滤水的空气过滤器及冷冻干燥机以确保空气品质。

供气式面罩主要在如下喷漆情况和环境下使用:大量和长时间喷漆;在封闭或不通风环境,如烤漆房、密封舱、油罐等。供气式全面罩如图1-6所示。其优点是不仅保护操作者的呼吸系统,而且保护了整个头部,特别是眼睛,但视觉上没有半面罩式清楚。

图1-6　供气式全面罩

供气式半面罩如图1-7所示。它能够给操作者提供新鲜空气及良好的视线,但缺少了保护眼睛及脸部的作用。

单元一 汽车涂装概述

图 1-7 供气式半面罩

3.1.2.3 活性炭过滤面罩

对于喷涂磁漆、硝基漆以及其他非氰化物的油漆和喷涂量较少时,可以佩戴活性炭过滤面罩,如图 1-8 所示。这种面罩由一个适应人的脸型并具有的密封作用的橡皮面具构成。它包括可拆卸的前置活性炭滤芯,可以滤去空气中的溶剂或喷雾。呼吸器还有进气和排气阀门,以保证呼吸顺畅。

图 1-8 双滤芯式活性炭面罩及滤芯

特别提示：

目前常用的双组分油漆均含有氰化物,都无法用这种面罩作过滤,同时不可在封闭或不通风的环境下使用。

活性炭过滤面罩有双滤芯式和单滤芯式两种。使用中需要及时更换活性炭滤芯。当出现呼吸困难时,应更换活性炭滤芯;定期检查面罩保持良好密封性能。

3.1.3 人体其他部位的保护

3.1.3.1 头部的保护

涂装作业时将长发扎结在头后,始终要戴安全帽。

3.1.3.2 眼睛和脸部的保护

戴防尘镜、护目镜或防护面具,如图 1-9、图 1-10、图 1-11 所示,防止眼睛受到灰尘、溶剂蒸气、飞行物、油漆及溶剂溅出等的损伤。焊接时,必须戴遮光镜和头罩,使眼睛和脸部不致受伤害。

3.1.3.3 耳朵的保护

敲打钢板或喷砂时所发出的噪声,对人们的听觉有不利的影响,重者会损伤耳膜,在钣金作业及喷砂时应佩戴耳塞或耳罩,如图 1-12 所示。

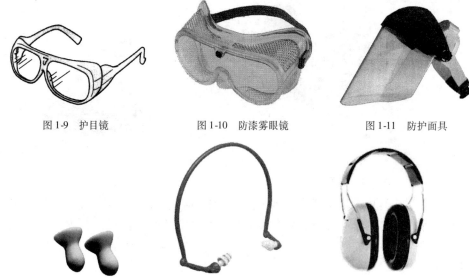

| 图1-9 护目镜 | 图1-10 防漆雾眼镜 | 图1-11 防护面具 |

图1-12 耳塞、耳罩

3.1.3.4 手的保护

为防止溶液、底漆及外层涂料对手的伤害,应佩戴安全手套进行操作,主要有普通手套、一次性手套和抗稀料手套三种,如图1-13、图1-14、图1-15所示。

| 图1-13 普通手套 | 图1-14 一次性手套 | 图1-15 抗稀料手套 |

3.1.3.5 脚的保护

在钣喷作业时,应穿带有金属脚尖衬垫及防滑的安全工作鞋,如图1-16所示。金属脚尖衬垫可以保护脚趾不受落下的物体碰伤。喷漆时还应再佩戴方便鞋套或鞋罩。

3.1.3.6 身体的保护

按规定穿着工作服进行作业。在喷漆场地应穿清洁的喷漆防护服,如图1-17所示,此类工作服面料不起毛,以免影响漆面质量。工作服的上衣应是长袖的,袖口必须是橡皮扎口。工作裤要有足够的长度,裤脚口也必须是橡皮扎口。

3.1.4 个人防护措施

3.1.4.1 接触到灰尘的工作中防护用品

打磨等可能会接触到灰尘的工作中防护用品为工作服、工作帽、安全鞋、护目镜、防尘口罩、耳塞或耳罩、劳保手套,如图1-18所示。施工作业中尽可能使用吸尘式打磨机,并在通风条件良好的场所施工。

单元一　汽车涂装概述

图1-16　安全工作鞋　　　　　　　图1-17　喷漆防护服

3.1.4.2　接触到溶剂的作业中防护用品

可能会接触到溶剂的作业中防护用品为工作服、工作帽、安全鞋、护目镜、活性炭面罩、乳胶手套，如图1-19所示。施工作业中注意确保施工场所通风良好。

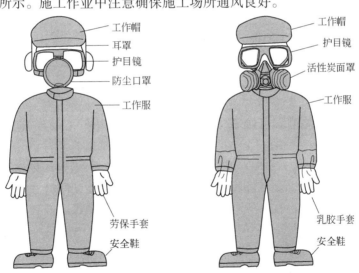

图1-18　可能会接触到灰尘的　　　图1-19　可能会接触到溶剂的
　　　　　工作中防护用品　　　　　　　　　作业中防护用品

在实际涂装作业中，可参照汽车修补涂装个人防护用品推荐表（表1-1）进行防护。

汽车修补涂装个人防护用品推荐表　　　　　　　　　　表1-1

工　序	棉质工作服	防静电工作服	安全鞋	护目镜	供气式全面罩	活性炭面罩	防护面具	防尘口罩	劳保手套	乳胶手套	耐溶剂手套	耳塞耳罩	工作帽
化学除漆			√	√		√	√			√			√
使用除油剂除油	√		√	√		√				√			
使用干磨机机械除漆	√		√	√				√	√			√	

11

续上表

工序	棉质工作服	防静电工作服	安全鞋	护目镜	供气式全面罩	活性炭面罩	防护面具	防尘口罩	劳保手套	乳胶手套	耐溶剂手套	耳塞耳罩	工作帽
用除锈水对金属进行酸处理	√		√	√		√				√			
原子灰混合、刮涂	√	√	√	√		√			√				√
干磨原子灰	√	√	√	√				√	√			√	√
调漆	√	√	√			√				√			
混合油漆	√	√	√			√				√			
工作准备	√	√	√										
喷涂油漆	√	√	√	√	2K涂料	√				√			√
油漆闪干或置干	√	√	√	√	2K涂料	√				√			√
清洗喷枪	√	√	√			√					√		
强制干燥	√	√	√										√
抛光	√	√	√					√		√			√
清洁	√	√	√					√					√

3.1.5 个人防护注意事项

为确保操作者身体健康,必须靠排气和换气来使空气中的溶剂蒸气浓度降低到最高许可浓度以下,即长期不受损害的安全浓度。有些颜料(如含铅颜料和锑、镉、汞等化合物)及车厢使用的防霉剂(如有机汞、八羟基喹啉铜盐)等均为有害物质,若吸入体内则可引起中毒反应。有些基料的毒性也很大,如聚氨酯漆中含有游离异氰酸脂,能使呼吸系统过敏;环氧树脂涂料中含有的有机胺类固化剂可能引起皮炎等。为了防止发生中毒事故,涂装施工中应该注意以下几点:

(1)施工场地应该有良好的通风条件或者安装排风设备,使空气流通,加速溶剂气体散发,降低溶剂在空气中的浓度。室内施工时应确保空气循环良好,在喷漆间进行涂装操作时必须开动进排风系统,并在喷涂工作完成后继续开动10min左右,以清除喷雾和避免溶剂气体聚集。要有吸尘装置,可以及时抽走磨料粉尘。

(2)如感觉身体不适,尽快报告并请医生进行检查。施工时如果感到头痛、眩晕、心悸、恶心,应该立即停止工作,到室外空气新鲜的地方休息,严重的应该及时治疗。

(3)长期接触飞漆和有机溶剂气体的人,有可能发生慢性中毒,所以涂装施工人员要定期检查身体,发现有中毒迹象,应该调离原工作岗位。

(4)涂料及有机溶剂通过肺部吸入人体,因此在喷涂时要戴供气式面罩或活性炭口罩。如果喷涂含有异氰酸酯固化剂的涂料,或者空气中的氧气含量低于19.5%时必须戴供气式面罩。

（5）有机溶剂蒸气可以通过皮肤渗入人体，因此在喷涂完毕后，要用肥皂洗脸和手，条件允许时，喷涂完毕后应该淋浴。为了保护皮肤，施工前可于暴露在外的皮肤上涂抹防护油膏，施工后洗干净，再涂抹其他润肤霜以保护皮肤。

（6）有些含铅质颜料（如红丹）毒性很大，不可以喷涂，只宜刷涂。一些含有毒重金属如铬、镉的底漆，打磨时一定要注意防尘。

（7）施工时溶剂溅入眼睛内，应立即用清水冲洗（图1-20），然后送医院治疗。

（8）喷涂完毕后要多喝开水，以湿润气管，增强排毒能力。平时多喝牛奶，可有利于排毒。

（9）在使用任何涂料和工具之前应仔细阅读有关技术资料，并遵守有关安全操作指示。

（10）随时清理溅在地面上的漆料及其他易燃品；施工完毕后应封闭油漆桶，清理工具和涂料；防护用品应专门保管；任何污染物料及纸张等必须立即置于有盖的金属容器内。

（11）在使用和处理涂料时必须按照表1-1的要求穿戴防护用品，如图1-21所示。使用酸洗除锈或碱液除锈时，应戴好耐酸手套和防护镜。

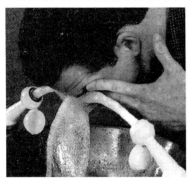

图1-20　紧急冲眼示意图

图1-21　安全防护用品的使用和佩戴

（12）在使用有毒有害的涂料及辅料时必须小心，不要使其接触眼睛、口腔和其他身体裸露部分。

（13）禁止在涂装车间内吸烟、饮食或存放饮料食物。

（14）在工作后、饮食前必须彻底清洗双手及面部。

3.2　车间安全

3.2.1　一般安全措施

3.2.1.1　工具设备的安全使用

汽车涂装作业中使用工具和设备基本的安全要求如下：

（1）手动工具要保持清洁和完好。应经常清洁沾有油污和其他杂物的工具，检查其是否有破损，以免使用时发生机械事故，伤及人身。

（2）使用锐利或有尖角的工具时应当小心操作。不要将旋具、手钻、冲头等锐利工具放在口袋中，以免伤及本人或划伤汽车表面。

（3）专用工具只能用于专门的操作，不能移作他用。

（4）用气动或电动工具从事打磨、修整、喷砂或类似作业时，必须戴安全镜。在小零件上钻孔对,禁止用手握持,必须用台钳夹住。

(5)必须确认电动工具上的电路开关处于断开位置后,才允许接通电源。电动工具使用完毕,应切断电路,并从电源上拔下来。

(6)清理电动工具在工作时所产生的切屑或碎片时,必须让电动工具停止转动,切勿在转动过程中用手或刷子去清理。

(7)气动工具必须在规定的压力下工作。

(8)使用液压机具时,应保持液压压力处于安全值以下,操作时应戴护目镜。

(9)手工清除铁锈、旧涂膜、焊渣及打磨时应该戴护目镜、戴棉纱手套、戴防尘口罩、穿工作服和带钢头的防滑皮鞋。用溶剂型清洗剂清洗工件,用脱漆水脱漆和喷涂时应该戴护目镜、橡胶手套、双筒活性炭口罩,穿抗静电工作服和带钢头的防滑皮鞋。如果喷涂的是含异氰酸酯固化剂的双组分涂料,必须带供气式面罩。

(10)施工环境要有良好的通风条件,尤其是室内施工时。在喷涂房内,充足的空气交换量不仅有利于涂层干燥,还能及时排出有害飞漆和挥发性气体。如果是干打磨,要安装吸尘装置。

(11)登高作业时,要注意凳子是否牢固,严禁穿拖鞋操作和登高,超过一定高度必须系安全带。

(12)操作人员要熟悉所使用的设备(空气压缩机、通风设备及其他设备),定期检查有关设备和装置(如气筒、安全阀等)。使用空气压缩机的安全阀时,随时注意压力计的指针不要超过极限红线。

(13)施工场地的易燃品、棉纱等要随时清除,并且严禁烟火。涂料库房要隔绝火源,要配备消防器材,要有严禁烟火的标志。施工完毕后,盖紧涂料桶盖,收拾工具,清除余料和棉纱,防护用品放在专用柜中。

3.2.1.2 涂料的存放和保管

工作间内尽可能存放少量油漆,使用过的油漆罐和空的油漆罐不可以堆放在工作间,必须放回储存处,或者每天工作结束后处理掉。涂料绝大多数都是易燃、有毒的物质,并有一定的保存期。存放时应该采取一定的措施,做到安全,防毒,保证涂料质量,防止存放超过保存期而造成损失。涂料在存放和保管中应该注意以下几点:

(1)存放涂料的库房必须专用,不得与其他物品(特别是易燃材料)存放在一起。库房要干燥、隔热,避免阳光直射。库房要有通风口,防止库房密封使得库房内有机溶剂的浓度过高而发生危险。库房内的照明应该使用防爆灯,开关应该装置在库房外面,防止开或关时产生电火花而引起火灾。

(2)库房必须远离火源,库房门口应该有"严禁烟火"的醒目标志。火柴、打火机、移动电话机不得带进库房。库房外应该放置灭火器,黄沙及其他灭火材料。

(3)库房室温不得超过28℃,夏季高温时应有降温措施,取料时避开中午高温,在早、晚温度较低时取料。

(4)库房内存放不同性质的涂料,应该分堆或者分层存放,以免由于牌号不明而混淆不清,造成错发而发生事故。

(5)库房内不许调配涂料,涂料桶不得有缝隙,使用过的涂料桶盖必须盖紧,不准存放敞

(6)库房内不准存放使用过的棉纱、纸屑。涂料空桶不可以存放在库房内,应该集中存放在通风好,无易燃物品的地方,并定期处理。

(7)库房进料应该登记涂料出厂日期、进库日期和规定的保存期,做到先进先出,防止存放过期而造成涂料变质(如干化、结皮、沉淀等)。

(8)对于用量小或容易变质凝结的涂料,不宜大量进货,防止造成积压。

(9)通风系统是喷漆作业保护最重要的环节。汽车涂装过程中,需要使用稀释剂、清洁剂等,在打磨及喷涂作业时,会排出有毒气体或颗粒。这不仅对人身体有害,且对喷漆质量也有影响。为此,常采用换气系统进行地面抽气,抽吸磨料和喷漆场地灰尘。良好的通风系统,可以将涂料、填料和稀料所挥发的有害气体排除出作业区,也可以将作业区内汽车排出的尾气及各种灰尘抽离出去。通风系统应当在其进气道设置空气过滤装置,滤去空气中的杂物,保持进入作业区的空气达到一定的纯净度;另一方面在其排气道也应放置过滤装置,以便将作业区的污物阻挡在过滤器表面上,使排出的气体不会污染大气,实现对环境的保护。湿过滤系统使用水作为过滤介质,喷漆区的污水的排出也要有相应的环保过滤措施,防止废渣、废液对环境的污染。

(10)按可燃性不同参照有关法规分类储存。如按闪点不同,分为一、二、三级火灾危险品;有的国家以涂料的燃点分类:燃点低于20℃为高度可燃性(如汽油);燃点范围20~32℃为可燃性;燃点大于32℃已不属于高度可燃性液体,有的规定燃点在55℃以上的产品标有"可燃物"的警示。

(11)储存地(漆库),应备有完善的防火及灭火设备,并应考虑在此区域内装设自动喷水系统,以提高对火灾自动防护。

(12)作为聚酯涂料固化剂的过氧化合物不可与其他物料共同存放。特别是硝基漆必须避免与抹布及有机物质接触。

3.2.2 防火灭火

汽车涂装所用的涂料及稀释所用的溶剂绝大部分都是易燃和有毒物质。在涂装过程中能够形成漆雾、有机溶剂蒸气和粉尘,它们与空气混合积聚到一定的含量范围时,一旦接触明火,就很容易引起火灾或爆炸事故。操作人员长期接触或吸入体内会引起慢性中毒,有损操作人员的健康。所以,涂装车间一般是火灾危险场所和污染源释放场所,一定要引起人们的普遍重视。现在汽车涂装线已开始采用低污染或无污染型涂料,如水性涂料、无溶剂型涂料、高固体分涂料和粉末涂料等,逐步替代传统的有机溶剂型涂料。这些新型涂料的采用显著地降低了涂装工厂的火灾危险性和涂装公害,或使操作人员有可能远离对身体健康有害的作业区,达到安全防护的目的。

3.2.2.1 防火安全

涂装作业的火灾危险性大小与使用的涂料的种类、涂装方法、使用量和涂装场所的条件等有关。如果使用的不是易燃性的或不燃烧的,则火灾危险性很小或没有,如水性涂料的涂装就基本上消除了火灾危险性。可是在使用易燃性的涂料和溶剂的场合,爆炸和火灾的危险性就非常大。爆炸和火灾事故的发生可造成生命、财产的严重损失,严重影响生产的正常进行。从事涂装的单位和人员必须高度重视防火安全。

1)火灾和爆炸的原因

根据统计资料,涂装工厂发生火灾和爆炸事故的主要原因有以下几个方面。

(1)气体爆炸。由于涂装作业时或烤漆房内换气不良,充满溶剂蒸气,在达到爆炸极限遇明火(火星、火花)时就会产生气体爆炸。

(2)电气设备选用不当或损伤未及时维修。如照明器具、电动机、开关及配线板等在危险场合使用时,若在结构上防爆考虑不充分,则易产生火花的危险。

(3)在静电涂装作业时不遵守操作规程产生火花放电,而造成气体爆炸和火灾事故。

(4)废漆、浓雾、被涂料和溶剂污染的废抹布等保管不善,堆积在一起易产生自燃。

(5)不遵守防火规则,在涂装现场使用明火或抽烟。

2)涂装作业中的常见火源

(1)自燃火源。浸有清洁剂、溶剂、涂料等的擦拭布、棉纱若不及时清除,化合物之间产生化学反应和热量,如果温度达到了自燃点,就会"自动着火"。

(2)明火。涂装车间内严禁吸烟,禁止携带火种,严禁使用产生火种和易于燃烧的工具和设备。若必须使用喷灯、电烙铁、电焊机等,应按规定进行动火申请,并在相关职能人员的监督下,在规定的区域内操作。

(3)撞击火花。用铁器敲打或者开启金属桶,铁器相互敲击或穿有铁钉的鞋子撞击铁器都容易发生冲击火花。

(4)电气火花。普通的电器设备开关在切断或闭合时,会产生接触瞬间火花,电源线超负荷时也会产生过热和剧热现象,这些都是产生火灾的隐患。必须采用防爆型照明装置和电动机,插头必须有接地线。在使用溶剂的工作场所,禁止安装闸刀开关、配电箱、断路器及普通电动机。

(5)静电。静电是火种的来源之一,两个良好的绝缘体之间的摩擦是产生静电的主要原因,也是发生火灾和爆炸事故的根源。涂装车间内的设备、管道、较大型的溶剂容器都必须接地,避免产生静电。

3)易燃物质的燃烧特征

下面介绍易燃物质的燃烧特征。

(1)闪点。可燃性液体的蒸气与空气形成可燃性混合气体,遇到明火而引起闪电式燃烧,这种现象称为闪燃。引起闪燃的最低温度称为该可燃液体的闪点。根据闪点可将溶剂和涂料的火灾危险等级分为三级:一级火灾危险品——闪点21℃以下,极易燃;二级火灾危险品——闪点21~70℃,一般易燃;三级火灾危险品——闪点70℃以上,难燃。

(2)着火点。溶剂蒸气遇火能燃烧5s以上时的最低温度,比闪点略高些。

(3)自燃点。不需要借助火源,物质加热到一定的温度后自行燃烧的最低温度,比闪点高得多。

(4)爆炸范围。可燃性气体与空气混合形成爆炸性混合气体,点火即爆炸。产生爆炸的最低浓度称为爆炸下限,最高浓度称为爆炸上限。在上限和下限之间都能产生爆炸,称为爆炸范围。为了确保安全,易燃气体和蒸气的体积应控制在下限浓度的25%以下。

(5)蒸气密度。用相同体积的溶剂蒸气与空气质量比表示。易燃性溶剂的蒸气一般比空气重,有积聚在地面和低处的倾向,因此通风换气口应该设置在接近地面处。

除上述诸特征外,在考虑危险性时还要注意挥发性、沸点和扩展性等。

4)防火防爆措施

由于涂料绝大多数是易挥发、易燃烧的物料,涂料本身遇火会发生火灾。而施工时挥发的熔剂蒸气与空气混合达到一定的浓度时,一旦遇到明火即会发生爆炸,造成重大损失。为了消除隐患,安全生产,施工时应该做好以下安全防火防爆工作:

(1)由于涂料在施工中有大量溶剂挥发,并且相当一部分溶剂是一级易燃品,其闪点低,极易燃烧,因此施工场地应该配备防火设备,涂料桶盖要盖紧,防止溶剂蒸发而使空气中的溶剂浓度超过规定的界限。

(2)施工完毕,应该清理易燃材料,盖紧涂料桶盖,并且把材料入库。

(3)清理所用过的浸有涂料、溶剂的棉纱、碎布等易燃物,应该集中存放在金属桶内,并且用清水浸没,防止材料因过热而自燃。

(4)施工场地严禁明火操作和点火、吸烟,附近不得有明火,张贴警告标识,如图1-22所示,消除发生火灾的隐患。

(5)施工现场的电气设备必须有防爆装置,专业人员必须检查电气设备,消除隐患。必须使用防爆插座,禁止使用闸刀开关。

(6)施工现场必须放置足够数量的灭火器、黄沙及其他防火器材。

(7)施工场地不准堆放易燃品,出入口及其通道上严禁堆放任何货物,易燃品应放入危险品仓库。

3.2.2.2 灭火方法

所有的火灾都可以通过抑制3个基本因素,即热、燃料、氧气来实现灭火。大多数灭火的原理是降低燃烧物的温度和隔离空气。要有效地使用灭火器,必须将灭火器对准火焰的底部进行喷射灭火。灭火器应定期检查,并安放在车间合适的地方。

图1-22 警告标识图

1)灭火的基本方法

(1)移去或隔离已经燃烧的火源,熄灭火焰。

(2)隔绝空气,切断氧气,使火焰窒息,或者将不燃烧的气体(如二氧化碳)喷射到燃烧的物体上,使空气中的氧气体积下降到16%以下,熄灭火焰。

(3)用冷却法把燃烧物的温度降低到着火点以下,即可以灭火。

2)灭火器的使用

(1)把灭火器手柄上的销子拔出来,这是一个固定销,防止平时意外压下手柄,如图1-23所示。

(2)喷嘴对准火焰的底部,距离火焰约3m,如图1-24所示。

(3)用力压下灭火器的手柄,喷射出灭火剂。如果松开手柄,灭火器就停止喷射。移动喷嘴,前后吹扫火焰的底部,如图1-25所示。火焰扑灭后,要仔细观察,防止火焰复燃。

图1-23 把灭火器手柄上的销子拔出来

图 1-24　喷嘴对准火焰的底部　　　　　　图 1-25　移动喷嘴，前后吹扫火焰的底部

3.3　环境安全

3.3.1　对环境的危害

涂装车间所使用的涂料及溶剂等绝大部分都是有毒物质，在工作中形成漆雾、有机溶剂蒸气和粉尘等，操作人员长期接触和吸入体内能够引起慢性中毒，有损健康。若将它们排放到室外则导致大气污染，有些具有光化学反应性的溶剂在受到阳光中的紫外线照射后能形成毒性更大的物质，造成公害。在进行涂装时，因所使用的材料中含有有害物质，使操作者有可能急性或慢性中毒，患职业病、皮肤病等，因此必须加强工作环境的保护、劳动保护和工人的健康工作。涂料对环境的影响主要有以下几个方面：涂料中有机物的挥发、废涂料的排放、稀释剂的处理等。

3.3.1.1　涂料中有机物的挥发

汽车维修企业生产对环境污染最严重的是挥发性有机化合物的排放。因为挥发性有机化合物主要是有机溶剂，对人类和动植物的危害很大，在太阳光的照射下有机溶剂与空气中的氧化氮反应生成臭氧（O_3），人们吸入臭氧含量超过一定限量的空气会导致严重的呼吸道疾病，损伤肺部功能。空气中的臭氧层是不同的概念，距离地球表面 40km 的同温层富集了臭氧，称为臭氧层，臭氧层能够过滤太阳光中波长 240～320nm 紫外线，这种紫外线会引起人们患皮肤癌和破坏地球植被。制冷设备中使用的制冷剂氟利昂就会破坏臭氧层，为保护臭氧层，很多国家制定的环境保护法禁止一些化合物的使用。但是如果地球表面距离其上方 10km 处的对流层中臭氧的含量超出一定的限量，会引起人体呼吸道疾病。

3.3.1.2　废涂料的排放

废涂料的处理也是汽车维修企业的重要工作。若将废涂料直接排放则会通过大气、土壤及下水道对地表及人类赖以生存的水源造成极大的破坏。如涂料中溶剂的挥发影响大气，在土壤中影响植物的生长，排放至下水道中影响河道的生物链，水中残留的重金属对人体有直接的危害等。当涂料排放至下水道中形成工业废水，工业废水分为两类，第一类废水是指含有会在环境或者动物体内积累，对人体健康产生长远影响的有害物质的水，第二类废水是指含有对人体健康产生的影响小于第一类的有害物质的水。我国对两类工业废水的排放均有严格的标准。

3.3.1.3　稀释剂的处理

汽车维修企业清洗喷枪及清洁工具所使用过的稀释剂也是产生环境污染源的主要因素。

稀释剂使用后直接排放会导致有机物的挥发。另外沾染了涂料的废弃物可能对环境产生不良影响,也应正确处理。

3.3.2 保护环境的措施

对汽车维修企业所使用的涂料对环境的影响有了正确的认识后,应该针对各种情况采取相应的措施保护环境。

3.3.2.1 对有机物排放的环保措施

挥发性有机化合物的英文缩写VOC(Volatile Organic Compound),欧洲和北美国家都制定了严格限制VOC排放的环境保护法。欧美国家的许多知名公司也在积极采取各种措施,如20世纪80年代起,美国通用汽车公司就开始采用化学方法解决喷涂车间的空气污染问题,用水吸附喷涂车间的飞漆和废气中的有机溶剂,吸附水经过过滤,分离出漆渣,再把吸附水导入特种细菌培养砂槽内,水中的混合溶剂就被细菌吃掉一部分,从而降低了空气中的溶剂量,减轻了空气污染。再如21世纪初,世界上最大的汽车涂料供应商PPG公司开发出更安全及环保的Enviro-Prime2000电泳底漆,用金属钇替代涂料中重金属铅,一年可减少约1×10^6kg的使用量,从而获得2001年度美国环境保护署颁发的绿色化学挑战奖。目前,在汽车维修行业采取以下措施可以有效降低VOC的排放。

1)选择固体含量高的涂料

可以通过选择固体含量高的涂料来降低涂料中有机溶剂的使用。这是世界发达国家的潮流,也必将对中国的汽车维修行业带来重大影响。

2)选择好的喷涂设备

通过对喷涂设备的选择来降低涂料的浪费,如HVLP(高流低压)喷枪的使用可以提高涂料的使用率而达到降低VOC的目的。德国ABAG institute(Baden Wurttemberg Waste Disposal Consultant Agency废物处理顾问协会)研究了采用不同喷涂技术保护环境和节省用量的可行性。采用HVLP喷枪可以大大降低溶剂散失,即降低VOC,同时经济效益也很可观。但是我国汽车维修企业为什么没有普遍使用HVLP喷枪呢?原因有以下几点:HVLP喷枪价格比较高;汽车维修企业的空气压缩系统供气量不足,或者压力不稳定;用HVLP喷枪会提高空气消耗量,喷涂速度比传统喷枪速度慢5%~10%,离工件距离是13~17cm,而传统喷枪距离是18~23cm。由于一些涂装工使用HVLP喷枪时仍旧按照传统喷枪工艺操作,达不到好的效果,阻碍了HVLP喷枪的推广。

随着对环境保护工作重视程度的不断提高,我们相信环保喷枪会得到广泛的应用。另外,无气喷涂和静电喷涂能更好地降低VOC,但是目前在一般汽车维修企业还没能得到应用。

3)使用水性涂料

水性涂料是降低VOC的最佳方法之一,由于水性涂料技术目前还存在一定的局限,难以在各个领域推广,如汽车修补涂料的单工序纯色面漆就很难通过使用水性涂料达到和溶剂型涂料一致或接近的效果。但在底色漆领域,水性涂料则被广泛运用。水性底色漆主要溶剂是水,因此,产品体系中的VOC同传统的溶剂型底色漆相比有非常显著的下降。通过实践证明,和传统的溶剂型产品体系相比,若结合溶剂型底漆的产品体系,可降低50%的VOC,若结合水性底漆的产品体系则VOC可降低达72%。

由此可以看出,就修补而言,若使用传统的溶剂型底漆,即使是将清漆由中固体含量型上升为特高固体含量,其 VOC 下降幅度也仅为 37%;若使用水性底色漆结合高固体含量的清漆,VOC 下降幅度可达 64%。因此在双工序的面漆体系中,使用水性底色漆是降低喷涂体系 VOC 的最佳方法。

3.3.2.2 废气的处理方法

废气的处理方法有活性炭吸附、催化燃烧、液体吸附和直接燃烧等。

1) 活性炭吸附法

利用活性炭作为物理吸附剂,有机物吸附在活性炭表面,使废气净化。具有吸附能力的物质还有氧化硅、氧化铝等,其中以活性炭应用最广泛。将活性炭装入容器内,废气从一端进入容器,通过活性炭吸附后从容器的另一端排出净化的空气。使用过的活性炭可以再生,方法有蒸气脱附,即将水蒸气通入活性炭层中干燥后再使用,还可以用减压脱附、高温燃烧脱附等。当然脱附介质还要经过处理,才可以排放。还有把使用过的活性炭直接燃烧掉,更换新的活性炭的处理方法,此法最为简便,但成本较高。

2) 催化剂燃烧法

这种方法是利用催化剂使废气中可燃物质在较低温度下氧化分解成二氧化碳和水,使废气净化。催化燃烧过程是废气进入预热室升温至起燃温度的 50% 左右,然后通过催化剂层,进行催化燃烧,废气净化。起燃温度是催化剂的重要活性指标,与废气类别、浓度有关。如果用铂和钯做催化剂,甲醇气体在 100℃ 左右开始燃烧,酯类、酮类、其他醇类和碳氢化合物等在 200℃ 开始燃烧,在 300℃ 以上时几乎所有的有机溶剂气体都能完全燃烧。

3) 液体吸附法

用吸收液吸收废气中的有机溶剂使废气净化。溶剂分为溶于水的、微溶于水和不溶于水的。溶于水的有甲醇、丙酮、丁醇、醚类等;微溶于水的有乙酸乙酯、乙酸丁酯等;不溶于水的有苯、甲苯、二甲苯等。涂装作业废气中含甲苯、二甲苯最多,可以用柴油或机油洗涤吸收。洗涤吸收装置一般做成塔式,常用的有填料塔、喷淋塔和斜孔塔三种。

4) 直接燃烧法

直接燃烧法是将含有有机溶剂气体的混合气直接燃烧生成水和二氧化碳,放出的热量还可用于涂膜干燥,是一种经济简便的废气处理方法。

3.3.2.3 对工业废水的处理

废水排放标准分为三个等级,等级数越大,排放要求越低。废水处理标准也分三个等级,但是等级数越大处理力度越大。

1) 一级处理

主要是预处理,用机械方法或者简单的化学方法使废水中悬浮物或者胶状物沉淀分离,中和溶液的酸碱度。

2) 二级处理

主要是解决可以分解或者可以氧化的有机物或者部分悬浮固体物的污染。常常采用生物化学分解废水中的有机物,或者添加凝聚剂使悬浮固体物凝聚分离。经过二级处理后水质明显改善,大部分可以达到排放标准。

3) 三级处理

是深度处理,主要处理难分解的有机物。处理方法有活性炭吸附、离子交换、电渗析、反渗透和化学氧化等。通过三级处理,废水达到地面水、工业用水或生活水的水质标准。

3.3.2.4 废弃物的处理

所有废物必须分类处理,危险废弃物需由具备当地环保局认可资质的废物处理中心,经由固体废物管理中心审批同意后进行处理,并需登记备案。

(1)浸蘸溶剂的抹布、棉纱、废纸或其他可燃物会产生热量,引起自燃,所以要浸没在水中,储存在密闭容器中,必须抛弃时应投入隔开的有盖的金属容器内,如图1-26所示,并于每日工作完后或换班时清理出喷漆场地,或送往厂房外面的安全区,以避免其自燃。

(2)严禁向下水道倒易燃溶剂或涂料。应收集回收处理或送往锅炉房当燃料处理。

图1-26 有盖的金属容器

(3)喷漆室的废漆渣绝不可与其他产品混合并储存,深埋或当燃料处理。

(4)过氧化物的抛弃应绝对小心,以防引起火灾。

(5)异氰酸硬化物的残渣需以砂、土或其他无化学变化的物质吸取后,置于密封的容器中。含异氰酸基的涂料和固化剂要废弃时,应先中和,用90%的水稀释,再用5%尿酸溶液及2%的洗衣粉中和。中和后,应放置24h以上,瓶盖应打开,如此产生物质变化,才不会污染环境。

(6)空的漆桶比装满油漆的桶更具爆炸的危险,绝不允许堆积在工厂内,必须每天处理。

(7)在搬运和涂装过程中应尽量避免敲打、碰撞和摩擦等动作,开桶应使用非铁质的工具,不穿带钉子的工作鞋,以免发生火花或静电放电,而引起着火燃烧。

(8)涂装中的废涂料、粉尘、废抹布、废纸、废溶剂等经分类及循环使用后无法再使用的一般采用直接燃烧法,在专用焚烧炉集中烧掉效果好、方法简便。

(9)国内一些汽车维修企业一般用沉淀、漂浮等分离方法处理湿打磨、水帘净化废气等产生的废水,达到初步净化后排放;用活性炭吸附法净化废气;用直接焚烧法处理废物。

思考与练习

1. 什么是涂装?涂装主要分为哪几个具体步骤?
2. 汽车涂装的主要功能是什么?
3. 涂装的三要素是指什么?
4. 常用的涂装方法有哪些?汽车涂装中常用的涂装方法有哪些?
5. 呼吸系统的安全与保护措施有哪些?
6. 如何做好车间安全和环境安全的工作?

单元二　常用涂装材料

> **学习目标**
>
> **知识目标**
> 1. 知道汽车修补用常用涂料；
> 2. 知道涂料的组成成分；
> 3. 了解树脂的分类和汽车常用树脂；
> 4. 了解颜料、溶剂的相关知识；
> 5. 了解涂料的一般命名方法；
> 6. 了解汽车用涂料的要求；
> 7. 理解涂料的成膜机理。
>
> **能力目标**
> 1. 建立初步的对涂装材料的认识；
> 2. 形成基本的汽车修补用涂装材料认识，加深对汽车涂装修理工序的认识。

1　涂料概述

1.1　涂料及其要求

所谓涂料，是指涂布于物体的表面能够形成具有保护、装饰或其他特殊性能的固态保护膜的一类液体或固体材料的总称。以前，人们大多以植物油脂为主要原料制漆，故有"油漆"之称。随着科学技术的不断发展，石油化学工业为制漆提供了各种人工合成树脂原料，丰富了漆的品种，提高了漆的质量，扩大了漆的使用范围，使"油漆"产品的面貌发生了很大的变化，"油漆"一词已经不能恰当地表示其真正的面目。从它们的功效来讲，用"涂料"一词来表示更为合适，因此现在已经正式采用"涂料"这个名词了。但在具体的涂料产品品种名称中，仍可以用"漆"字来表示涂料，例如：醇酸瓷漆、硝基清漆、丙烯酸漆等。

汽车用涂装材料一般指的是涂装和修补汽车、摩托车和其他机动车及其零部件所用的涂料及其辅助材料。由于汽车工业对涂装材料的性能（包括内在的质量和对施工工艺的适应性等）的要求很高，需要的品种多并且量很大，因而早已成为一种专用的涂料。在汽车工业发达的国家中，汽车涂料在工业用涂料的发展中处于领导地位，一般占涂料总产量的15%~20%。为适应汽车涂层的高装饰性及防腐蚀性能和现代化涂装工艺的要求，近30年来汽车涂料有了长足的发展，开发了不少涂料的新品种，实现了多次更新换代。

单元二　常用涂装材料

1.1.1　汽车用涂料要满足的要求

根据汽车的使用条件和汽车涂装的特点,要求汽车用涂料要满足以下要求:

1.1.1.1　极好的耐候性和耐腐蚀性

要求适用于各种气候条件,涂层的使用寿命接近汽车的使用寿命(一般为 10~15 年),要求在苛刻的使用条件,如强烈日照、风雨侵蚀、风沙等情况下保光、保色性好,不开裂、不脱落、不粉化、不起泡、无锈蚀现象。

1.1.1.2　极好的施工性和配套性

对于汽车制造工业要求能适应高速度流水线作业,对于汽车修理而言要求能适应手工喷涂的工艺要求和设备。对涂膜要求干燥迅速,能够适应"湿碰湿"的操作和烘干,要求涂层之间结合优良,不引起咬起(是指在涂装过程中出现下层涂料被其上层涂料中的溶剂重新溶解而隆起的现象,俗称"咬起"或"咬底")、渗色、开裂等涂膜弊病。

1.1.1.3　极高的装饰性

要求涂层色泽鲜艳和多种多样,要求外观丰满、鲜映性好,使人看上去舒适,这点对轿车用面层涂料尤其重要。

1.1.1.4　极好的机械强度

适应汽车行驶中的振动和石击,要求涂膜坚韧、耐磨、耐迸裂性和抗划伤性能优良。

1.1.1.5　耐汽油、机油和公路用沥青

要求涂膜干燥后能够耐汽油、机油和公路用沥青等的作用,在上述介质中浸泡一定的时间后不产生软化、变色、失光、溶解或产生斑痕等现象;要求能耐清洗剂、鸟或昆虫的排泄物和酸雨等的侵蚀,与这些物质接触后不留痕迹。

1.1.1.6　便于进行"三废"处理

由于车用涂料的用量大,要求货源广、价格低廉,并要求逐步实现低公害化和无公害化,便于进行"三废"处理。

1.1.2　汽车不同部位的涂装材料

由于汽车涂层基本上都属于多层涂装,加之它们在汽车上的使用部位不同,所以对于汽车用涂料的某一品种来讲,并非要求都具备上述特点。汽车涂装材料根据使用的部位不同,要求也有差异,下面举例说明。

1.1.2.1　汽车车身用涂料

是汽车用涂料的主要代表,所以从狭义上来讲,汽车用涂料主要是指车身用涂料。车身涂层一般由底涂层、中间涂层和面涂层三层或底涂层和面涂层两层构成,它们基本上要兼备上述车用涂料的 6 条要求。

1.1.2.2　车轮、车架等部件用的耐腐蚀涂料

它的主要技术指标是要求耐腐蚀性能(耐盐雾、耐水性等)好,要求涂膜坚韧耐磨并具有一定的耐机油性。

1.1.2.3　发动机部件用涂料

要求涂料具备低温快干性能和良好的耐热性、耐机油、汽油性能。

1.1.2.4　车内装饰用涂料

是指客车、轿车等内装饰件用的涂料,主要性能指标为高装饰性、耐紫外线和不粉化。

1.1.2.5 特种涂料

这类涂料主要是指包括蓄电池固定架所用的耐酸涂料;油箱内表面用的耐汽油涂料;汽车消声器、排气管等部位所用的耐热涂料;车身底盘下部表面所用的耐磨耐冲击和防声涂料;车身焊缝用的密封涂料等。

1.2 涂料的组成

涂料由三大部分组成,即主要成膜物质、次要成膜物质和辅助成膜物质。主要成膜物质为油料和树脂等,是涂料的基础,常称为基料。它既可以单独成膜,也可黏结颜料等共同成膜,并牢固地黏附在被涂物表面,所以油料和树脂等主要成膜物质又称为黏结剂或固着剂。次要成膜物质主要是颜料,它不能离开主要成膜物质而单独成膜,必须在油料或树脂的固着下形成涂膜。颜料赋予涂膜一定的遮盖能力和色彩,并增强涂膜的韧性,增加涂膜的厚度,提高涂膜的耐磨、耐热、耐化学腐蚀等性能。辅助成膜物质主要是涂料中的溶剂、稀释剂和其他添加剂等辅助材料,这些物质也不能单独形成涂膜,但它们有助于改善涂料的性能。在形成涂膜时有一部分辅助成膜物质会挥发掉,如溶剂、助溶剂、稀释剂等;有些最后存在于涂膜中而不挥发掉,如催化剂、固化剂等。涂料的组成见图 2-1 所示。

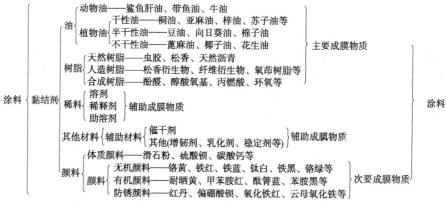

图 2-1 涂料的组成

1.2.1 树脂

现在汽车所用的涂料中已经不含油料,完全采用树脂作为主要成膜物。树脂是多种高分子复杂化合物相互溶和而成的混合物。它是非结晶的固体或黏稠液体,虽没有固定的熔点,又不溶于水,但在受热时会软化或熔化,多数树脂可溶于有机溶剂。熔化或溶解了的树脂能与颜料均匀地相互混合,其黏着性很强。将它涂附在物面上待溶剂挥发后能形成一层光亮、坚韧而耐久的薄膜。所以树脂是与颜料一起形成涂膜的主要物质,树脂的性质决定涂料加工的品质和涂膜性能的好坏。

树脂按其来源可以分为天然树脂和人工合成树脂两大类。最初在涂料工业中使用的树脂都是天然树脂,但由于一般的天然树脂在产量和性能上都满足不了日益发展的工业生产上的需要,随着近代化学工业的发展,人们已经能够生产出各种人工合成树脂,即用天然高分子化合物加工制得的人造树脂和用化工原料合成的合成树脂。人工合成树脂无论从品种、性能、产量和用途等方面都大大超过了天然树脂,我们现在使用的各种汽车涂料除个别品种外基本上都是由人工合成树脂作为基料的。树脂的分类见图 2-2 所示。

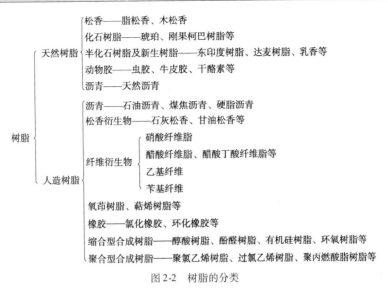

图 2-2　树脂的分类

汽车涂料中常用的树脂有以下几种：

1.2.1.1　沥青

沥青是一种由碳、氢、氧、硫、氮等组成的复杂化合物。性状或为黑色可塑性固体，或为黑色无定形黏稠状物质，易熔融，可溶于烃类溶剂或松节油中。

沥青具有独特的耐水、耐酸碱性能，电绝缘性能优良，涂膜光滑，所以被广泛用来炼制防锈、防腐涂料，多用于车辆的底盘部位。

1.2.1.2　硝基纤维素

硝基纤维素又称为硝酸纤维酯或硝化棉，是硝基漆的主要成分。硝酸纤维素是将植物纤维（如棉花纤维等）经过硝酸硝化后所得到的产品。

它具有良好的耐油性，在常温下能耐水、耐稀酸；但极不耐碱、不耐光，遇热易分解且易燃、易爆。它能与多种树脂互溶，能溶于酯、酮类溶剂而不溶于醇类和苯类溶剂。

1.2.1.3　醇酸树脂

醇酸树脂是由多元醇（如甘油、季戊四醇等）和多元酸（如邻苯二甲酸酐、异苯二甲酸等）缩合而成，分为纯醇酸树脂和改性醇酸树脂两类。

改性醇酸树脂又称聚酯树脂，是由纯醇酸树脂经植物油或其脂肪酸改性而成，具有极好的附着力、光泽、耐久性、弹性、耐候性和绝缘性等，所以在涂料中应用广泛，不但可以用来制造清漆、底漆和原子灰等，还可与其他树脂合用以相互提高性能。

1.2.1.4　氨基树脂

氨基树脂是由醛类与氨类缩聚而成的热固性树脂。涂料工业中常用的有两种：一种是尿素与甲醛缩聚，并以丁醇或甲醇改性而成的称为丁醇（或甲醇）改性尿素甲醛树脂，简称脲醛树脂；另一种是用三聚氰胺或取代三聚氰胺与甲醛缩聚并以丁醇或甲醇改性而成的称为丁醇（或甲醇）改性三聚氰胺甲醛树脂，简称三聚氰胺树脂。

氨基树脂具有优越的保色、坚硬、光亮、耐溶剂及耐化学品的性能，但附着力差且过分坚脆，因此要与其他树脂如醇酸树脂等合用方可充分发挥各自的优点，既改善了氨基树脂的低附着力和硬脆性，又提高了醇酸树脂的硬度、耐碱性和耐油性。

1.2.1.5 环氧树脂

凡分子结构中含有环氧基的聚合物即称为环氧树脂。它主要是由二酚基丙烷与环氧氯丙烷在碱性介质中缩聚而成的高分子聚合物。

环氧树脂具有粘合力强、收缩性小、稳定性高、韧性好、耐化学性和电绝缘性优良等优点。环氧树脂用来制造车用涂料,不但耐腐蚀方面优越,而且机械性能和弹性等都优于酚醛和醇酸树脂涂料,因此被广泛应用。

1.2.1.6 聚氨酯树脂

聚氨酯树脂是聚胺甲基酸酯树脂的简称。聚氨酯树脂是由各种含异氰酸酯的单体与羟基或其他活性物质反应所得的聚合物,其结构中含氨基甲酸酯基团。除此之外,根据所用原料和制漆成膜方式的不同,聚合物结构中还可以含有脂肪烃、芳香烃、酯基、酰胺基、脲基、缩二脲基和脲基甲酸基等。

聚氨酯树脂性能优越,广泛用于制造防腐涂料和室内装饰涂料,并能与其他多种树脂合用制成多种性能优异的改性涂料。

1.2.1.7 丙烯酸树脂

丙烯酸树脂是由各种丙烯酸单体聚合而成。丙烯酸树脂具有保光、保色、不泛黄、耐候、耐热、耐化学品等性能,所以可用来制造各种用途的涂料。

1.2.2 颜料

颜料是具有一定颜色的矿物质或有机物质。它一般不溶于水或其他介质(如油等),但其细微个体粉末能均匀地分散在介质中。颜料是涂料的次要成膜物质,它不仅使涂膜呈现必要的色彩,遮盖被涂物的底层,使涂膜具有装饰性,更重要的是它能改善涂料的物理及化学性能,提高涂膜的机械强度、附着力和防腐性能。有的颜料还可以滤去紫外线等有害光波,从而增强涂膜的耐候性和保护性,延长涂膜的使用寿命。例如,在有机硅树脂涂料中使用铝粉颜料,在高温下铝粉与硅形成硅、氧、铝键,能提高涂膜的耐高温性;在涂料中加入云母氧化铁可以放射紫外线和减少透水性,因而能显著提高涂膜的防锈、耐候和抗老化等性能。

颜料的品种很多,按它们的化学成分可以划分为有机颜料和无机颜料两大类。每大类中,按其来源不同又可以分为天然颜料和合成颜料之分。在涂料工业中,根据颜料在涂料中所起的主要作用不同,可分为着色颜料、体质颜料和防锈颜料三类。

1.2.2.1 着色颜料

着色颜料在涂料中的主要作用是赋予涂料各种不同的颜色,提高涂料的遮盖性能,满足涂料的装饰性和其他特殊的要求。其品种和分类见图2-3。

1.2.2.2 体质颜料

体质颜料又称为填料或填充料。涂料中凡折光率较低的白色或无色的细微固体粒子,配合其他颜料分散在有色颜料当中,用以提高颜料的体积浓度,增加涂膜的厚度和耐磨能力,几乎无着色力和遮盖力的,统称为体质颜料。其品种和分类见图2-4。

1.2.2.3 防锈颜料

防锈颜料是涂料中主要起防锈作用的底漆等的重要组成,多为具有化学活性的物质。金属的腐蚀机理分为化学腐蚀和电化学腐蚀类。金属与接触到的介质(如氧气、氯气、二氧化硫、硫化氢等干燥气体或汽油、润滑油等非电解质)直接发生化学反应而引起的腐蚀称为化学腐蚀;不纯的金属或合金与液态介质(如水溶液、潮湿的气体)或电解质(如酸碱溶液)接触时,发生电化学反应而引起的腐蚀称为电化学腐蚀。一般情况下这两种腐蚀现象往往是同时发生的,但后者更为普遍。

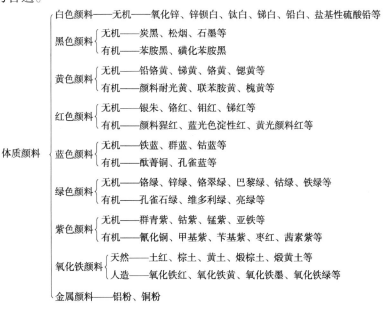

图2-3 着色颜料的类型

涂料的防腐作用是通过两种方法来实现的:一种是用物理隔绝的方法,即用与金属表面具有足够附着力的涂料将金属物体整体覆盖,使其不与外界介质直接发生接触,从而避免或减少金属化学腐蚀的发生;另一种方法是用化学侵蚀的方法,即用具有一定化学侵蚀作用的涂料涂布在金属表面,使其表面发生侵蚀作用而钝化,这样在与电解质接触时由于金属的钝化表面很难再发生电化学反应,从而达到防腐的目的。

防锈涂料由于起防锈作用的侧重点不同,有的偏重于物理防锈,有的偏重于化学活性防锈,因此采用的防锈颜料也不尽相同,见图2-5。

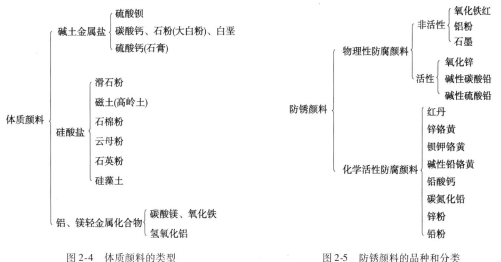

图2-4 体质颜料的类型　　　　　　　　图2-5 防锈颜料的品种和分类

防锈颜料除上述品种之外,近年来还出现了一些新的品种,如磷酸锌、磷酸铁、钼酸锌、氟化铬和磷酸铬等,分别用于带锈涂料、磷化底漆、电泳底漆和预涂底漆中,也可与其他防锈颜料配合使用,使其具有更好的防锈效果。

1.2.2.4 特殊效果颜料

汽车修补涂料中银粉漆(闪光漆)及双工序或三工序珍珠漆使用非常普遍,目前,一些汽车制造厂使用了一些特殊效果颜料,如极闪银、"变色龙"等,如凌志062、日产KV7等汽车的颜色。特殊效果颜料在汽车修补涂料中的应用非常重要,下面简单介绍几种:

1) 铝粉

铝被研磨得到的铝粉,包括各种粒度,从细到粗都有,为了方便使用,减少着火的危险,一般的供应状态为浆状,所以我们常称之为铝粉浆。铝粉是产生银粉效果的最基本颜料。铝粉又称银粉,其颗粒呈微小的鳞片状。铝粉浆有浮型和非浮型两类。不同级别的铝粉的耐候性也不同,汽车修补涂料中所选择的铝粉一般是具有耐候性的。由于其片状结构,在涂膜形成时,铝粉形成十几层的平行结构,不但产生闪烁的效果,还能提供一定的紫外光反射作用而延缓涂膜的老化。一般来说,越细的铝粉遮盖越好,但颜色越灰暗,因此细白铝粉价格往往比较昂贵。在汽车修补涂料中,铝粉一般预先分散成液态的色母供调色使用。由于纯铝非常活泼,容易被氧化,因此汽车涂装中的银粉漆一般是双工序的,即需要用罩一层清漆来保护银粉,提高涂装系统的耐候性,而单工序的金属漆将被逐步从汽车涂装领域中淘汰。

2) 珠光颜料

珠光颜料在涂料中产生的效果是珍珠光泽、彩虹效果或金属光泽。其结构一般为薄片状,在涂膜中呈层状平行排列。珠光颜料有天然和合成的,目前汽车修补涂料行业应用广泛的是"云母钛"类的珠光颜料。

"云母钛"是指以云母为基片,用钛白粉进行包膜而形成的珠光颜料。当光线照射到珠光颜料上时,一部分光线透过,一部分光线反射,通过对钛白粉包膜厚度的控制可使透过和反射的光线不同而形成不同的颜色效果,如透过紫色则反射黄色,我们肉眼看到的就是黄色;透过红色则反射绿色,我们看到的就是绿色。

珠光颜料一般在涂料中的分散性能较好,因此,在汽车修补涂料领域,珠光颜料色母可以是预分散成液态的色母,也可以是粉状的色母供调色使用。由珠光颜料调配的颜色我们一般称之为珍珠漆,在汽车修补涂装中,珍珠漆一般由双工序及三工序的施工方式来得到不同的效果。

3) 干涉珍珠

干涉珍珠也俗称"变色龙"颜料,其结构和上述云母钛珠光颜料的结构不同,其颜色是通过光的干涉而形成的。干涉珍珠的价格非常昂贵,因此目前还未普及应用于汽车颜色,但可能成为一种时尚的潮流。

除以上所介绍的颜料类型外,还有其他功能的颜料如荧光颜料、耐高温颜料等。由于这些颜料在汽车涂装材料领域应用不太广泛,因此不作详细介绍。总之,颜料在涂料中,尤其是在汽车涂料中扮演着非常重要的角色。

1.2.3 溶剂

凡能够溶解其他物质的物质叫作溶剂。涂料用的溶剂是一种能溶解成膜物质(油料和树脂等)的、易挥发的有机液体。在涂料干燥成膜后,溶剂全部或部分挥发而不留存在涂层中,因此溶剂又称为挥发成分。

溶剂是涂料的重要组成部分,起着辅助成膜的作用。它能溶解或稀释油料或树脂,降低其黏稠度以便于施工,并改涂料的流平性,避免涂膜过厚、过薄起皱等弊病。还能对涂料的成品在储存过程中起稳定作用,不使树脂析出或分离以及变稠、结皮等。

涂料施工后,溶剂能增加涂料对物体表面的润湿性和附着力,并随着涂料的干燥而均匀地挥发减少,使被涂物面得到一个薄厚均匀、平整光滑、附着牢固的涂膜。有的溶剂本身在涂料中既是溶剂又是成膜物质,如苯乙烯在无溶剂涂料中是很好的溶剂,但又能与树脂交联成膜,提高了涂膜的丰满度,同时减少了因溶剂挥发而造成的污染。

很多汽车涂料在其溶剂成分中有两种或两种以上的溶剂,这些溶剂在涂料中的作用是不同的。按其在涂料中的作用,一般将它们划分为真溶剂、助溶剂和稀释剂三类。

真溶剂是具有溶解涂料所用的有机高聚物的能力的溶剂;助溶剂又称为潜溶剂,它本身不能溶解有机高聚物,但在一定的限量内与真溶剂混合使用则具有一定程度的溶解能力,并可影响涂料的其他性能;稀释剂本身也不能溶解有机高聚物,也不具备助溶作用,但在一定量内和真溶剂、助溶剂混合使用则可以起到溶解和稀释的作用。稀释剂的价格要比真溶剂、助溶剂低很多。为降低涂料的成本,大多数涂料中都含有比真溶剂便宜的稀释剂。在施工时为了调整涂料的黏度,保证良好的喷涂雾化效果和涂膜质量,都要使用稀释剂,但稀释剂的使用量必须有一定的限度,因为溶液型涂料在储存、施工和干燥过程中都必须保持溶液状态,涂料中要保持足够的溶剂存在并使涂料中最后挥发的分子是真溶剂。如果在涂料应用的任何一个阶段中稀释剂变得过多,就会使成膜聚合物沉淀析出。这时,如果涂料是清漆就会发混;如果是色漆则会使涂膜的光泽降低。

涂料中溶剂主要有以下特性:
1)溶解力

溶解力即溶剂溶解油料或树脂的能力。溶剂的溶解力越强,被溶于其中的物质浓度越大。溶剂的溶解力与其分子结构有关,每种物质都只能溶解在和它分子结构相类似的溶剂中。比如,松节油对松香来说是溶剂,而对硝酸纤维来说它则没有溶解能力。所以,溶剂也是相对的,甲可以溶于乙中则乙是甲的溶剂;丙可以溶于丁中则丁是丙的溶剂;但甲不能溶于丁中,则丁就不是甲的溶剂。

溶剂在使用中一定要注意不可用错,如果使用错误或不当,轻则导致涂膜粗糙不光滑或影响涂膜质量,重则会导致涂料失效报废。下面是依据溶剂的官能团将常用溶剂进行简单的分类:

(1)醇类:甲醇、乙醇、丁醇;
(2)酯类:乙酸乙酯、丁酸乙酯;
(3)醚类:乙基溶纤素、丁基溶纤素;
(4)酮类:丙酮、丁酮、甲基异丁酮;
(5)硝基化物:硝基乙烷、硝基丙烷;
(6)烃类:
①脂肪烃:汽油、石油醚;

②芳香烃:苯、甲苯、二甲苯;

③卤代烃:三氯乙烯、四氯乙烯。

2)沸点和挥发率

溶剂的挥发率即溶剂的挥发速率,它能控制涂膜处于流体状态的时间长短。挥发率必须适应涂膜的形成,太快会影响流平,造成橘皮或干喷;太慢会造成针孔、起泡、流挂、干燥时间过长等。

溶剂的沸点可以作为比较挥发速率的参考数据。溶剂可根据其沸点的高低粗略地分为三类:

低沸点溶剂:沸点在100℃以下;

中沸点溶剂:沸点在100~150℃;

高沸点溶剂:沸点在150℃以上。

低沸点溶剂在喷涂时涂料从喷枪口到物面的过程中就能大部分挥发掉,使到达物面上的涂料的固体分和黏度得到必要的提高;高沸点溶剂可以用来提高涂膜的流动性,它们能使涂膜在较长时间内保持流动性;中沸点溶剂在各种场合的涂料中都能用,它们最初使涂料保持流动性,当喷涂到物面一段时间后能使涂膜较快地凝定。

根据溶剂的这一特性,汽车涂料中常将稀释剂制成快干、中性和慢干等几种。快干稀释剂用于较低的环境温度条件(15℃以下)和施工环境比较差、灰尘较多的场合;慢干稀释剂用于施工环境温度较高(35℃以上)或大面积喷涂;中性稀释剂使用的场合较为广泛,大部分施工条件均可使用。

3)闪点

闪点即指混合气体在遇火花或火焰产生爆燃的最低温度。涂料中含有大量的易燃液体,这些易燃液体会逐渐挥发。在一定空间内,挥发的易燃液体蒸汽与空气相混合形成非常危险的混合气体,此时在一定温度条件下,混合气体遇到火花或火焰会突然燃烧(爆燃)。熟知各种常用溶剂的闪点对于安全施工具有非常重要的意义。

4)毒性和气味

某些溶剂如苯,对人体有积累性毒性,而另一些溶剂在空气中的浓度超过一定数值之后对人体也是有害的。溶剂一般都有不同程度的刺激性气味,可以刺激人的呼吸道黏膜,所以在使用溶剂时一定要注意安全和劳动保护。

1.2.4 辅助材料

辅助材料又称为助剂,它虽然不是主要或次要的成膜物质,用量一般又很少,但它对改善涂料的性能,延长储存时间,扩大涂料的应用范围,改进和调节涂料施工的性能,保证涂装品质等方面都起很大的作用。涂料的辅助材料品种很多,根据它们的功能来划分,主要品种有:催干剂、防潮剂、固化剂、紫外线吸收剂、悬浮剂、流平剂和减光剂等等。这些辅助材料有些是在涂料制造时就添加到涂料中的,如悬浮剂、紫外线吸收剂等;有些需要根据施工情况进行添加,如防潮剂、流平剂、减光剂等。

1.2.4.1 催干剂

催干剂是一种能加速涂层干燥的物质,多使用于醇酸树脂涂料中。催干剂能促进涂膜中树脂的氧化—聚合作用,大大缩短涂膜的干燥时间,尤其是在冬季施工中涂膜干燥很慢的情况下,加入催干剂后即使环境温度没有变化,干燥时间也会有明显的提高。

1.2.4.2 防潮剂

防潮剂也称化白剂、化白水,是由高沸点的酯类、酮类溶剂组成的。将它加入硝基漆等自然挥发型涂料中能防止涂膜中的溶剂挥发时产生的泛白现象。此外施工环境温度过低接近露点,或空气湿度过高和喷涂用的压缩空气中含有过多的水分等,也会引起泛白。涂料中加入适量的防潮剂后,由于高沸点溶剂的增多,可减缓溶剂的挥发速度,减少水分凝结现象的发生。

1.2.4.3 固化剂

固化剂多为酸、胺、过氧化物等物质,与涂料中的合成树脂发生反应而使涂膜干燥固化。该类型的涂料在未加入固化剂时一般不会干燥结膜,与固化剂混合后在常温下即可发生化学反应而干燥固化,若适当加温(60~80℃)效果更好。不同树脂的涂料所使用的固化剂成分也不同,例如聚酯树脂用过氧化物作为固化剂;环氧树脂用胺类作为固化剂;丙烯酸聚胺酯类用含异氰酸酯类为固化剂等。

1.2.4.4 紫外线吸收剂

紫外线吸收剂对阳光中的紫外线有较高的吸收能力,添加在涂料当中可减少紫外线对涂膜的损害,防止涂膜粉化、老化和失光等。

1.2.4.5 悬浮剂

悬浮剂主要用来防止涂料在储存中结块。涂料中加入悬浮剂后,可使涂料稠度增加但松散易调和。

1.2.4.6 流平剂

流平剂能降低涂料的表面张力,防止缩孔的产生,增加涂膜的流平性能。在喷涂时,由于被涂物表面清洁不彻底,残存有油脂、蜡渍等或由于压缩空气中含有未过滤的油分,会由于该部分涂膜表面张力增大而产生缩孔现象,俗称鱼眼、走珠。在出现此类现象时,在涂料中适量加入流平剂缩孔的现象会大大改善。

1.2.4.7 减光剂

减光剂具有降低涂膜光泽的作用。有时为了喷涂特殊部位,如塑料保险杠等,需要使涂料产生亚光效果,适量加入减光剂可以达到所需的要求。涂料的辅助材料品种繁多,以上介绍的仅为比较常用的一些,还有很多这里不做过多的介绍。

1.3 涂料的干燥和成膜机理

1.3.1 涂膜的干燥

涂料的干燥成膜是指涂料施工后,由液态或黏稠状涂膜转变成固态的化学和物理变化过程。为了达到预期的涂装目的,除了合理地选用涂料,正确地进行表面处理和施工外,充分而适宜的干燥过程也是重要的环节。

涂料施工后,未经过适当的干燥,既不能保证涂膜的性能,又会影响以后的涂膜处理工作(比如抛光等),严重的甚至会前功尽弃。在涂料施工中,由于干燥不良经常造成涂膜的品质事故。所以,涂料的干燥是涂装施工中重要的环节。涂料的干燥方式主要有自然干燥、加速干燥和高温烘烤干燥三种。

1.3.1.1 自然干燥

自然干燥也称空气干燥,它是指涂膜可以在室温条件下干燥,其干燥条件是温度为15~

20℃,相对湿度不大于80%。可自然干燥的涂料包括溶剂挥发型、氧化—聚合型和双组分型涂料等。自然干燥型涂料由于在自然环境下就可以固化,对促进涂膜固化的设备要求不高或不要求,因此广泛应用在工业涂装领域,比如桥梁、汽车修理、船舶等,还可用于不适宜高温烘烤的皮革、塑料制品的涂装上色等。

1.3.1.2 加速干燥

为了缩短涂装的施工周期,加快生产速度和效率,常常在自然干燥型涂料中加入适量的催干剂以促进固化。另一种加速干燥的方法是将自然干燥型涂料在一定的温度下(50~80℃)低温烘烤。例如醇酸瓷漆在常温下完全干燥需要24h,而在70~80℃时仅仅需要3~4h。适于低温烘烤加速干燥的涂料与一般自然干燥型涂料有一定的区别。

由于涂料的主要成膜物质不同,有些树脂具有热塑性,即在常温下是固体性状,而加温到一定程度时会变软,恢复或部分恢复其可塑性,以这类树脂为主要成膜物的涂料要加速干燥,只能用加入催干剂的方法而不能用低温烘烤。

1.3.1.3 高温烘烤干燥

有许多涂料在常温下是不能干燥结膜的,一定要在比较高的温度下(120~180℃),涂料中的树脂才会在高温的作用下引起化学反应而交联固化成膜,这一类涂料称为热聚合型涂料。热聚合型涂料经烘烤干燥后的涂层在硬度、附着力、耐久性、耐腐蚀、抗氧化和保光、保色以及涂料的鲜映性等方面,都要比自然干燥型和加速干燥型涂料要好得多。许多高品质、高装饰性涂层多用这种涂料。

自然干燥型和加速干燥型涂料由于干燥温度比较低,所以又称为低温涂料。在汽车修理涂装中由于车身上许多部件不耐高温的烘烤,所以通常采用低温涂料。而大型的汽车制造厂家在新车制造的自动喷涂流水线上通常使用高温烘烤型涂料。

1.3.2 涂料的成膜机理

涂料在涂布之后到干燥成膜期间要有一系列的化学和物理变化,不同的涂料其干燥成膜机理也不同。涂料的干燥成膜方式主要有溶剂挥发干燥成膜和化学反应干燥成膜两大类。

1.3.2.1 溶剂挥发干燥成膜

溶剂挥发干燥成膜即是依靠涂料中的溶剂自然挥发而干燥成膜,如图2-6所示。这种自然干燥的涂料在干燥成膜后树脂的分子间并没有交联,所以每层涂膜干燥后要薄一些,因此需要涂装的道数要多一些,往往需要几道甚至十几道。另外这种涂料的涂膜很容易被溶剂溶解,所以其耐溶剂性能要差一些。

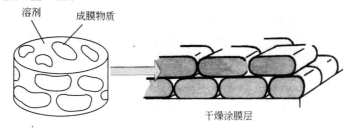

图2-6 溶剂挥发干燥成膜示意图

这种涂料的典型代表为硝基涂料。硝基涂料在被发明后成为天然树脂涂料的替代品,一度被广泛地应用于汽车的涂装,到20世纪五六十年代后逐渐退出了汽车制造涂装,但在汽车修补涂装中还在继续,现在仍有部分地区和部分车辆使用。

1.3.2.2 化学反应干燥成膜

化学反应干燥成膜又有氧化聚合型、热聚合型和双组分型三种。

1)氧化聚合型涂料的干燥成膜

氧化聚合型涂料的干燥成膜是在涂料中溶剂挥发的同时,树脂靠吸收空气中的氧而氧化聚合交联,如图2-7所示。由于涂膜的分子之间有了交联,所以涂膜的性能比依靠自然挥发而干燥成膜的涂料要有一定的提高。但因为该种涂料是有限交联,而且需要很长的时间,因此这种涂料被应用于一部分底漆和中涂底漆,在出现了双组分型涂料之后很快被代替。

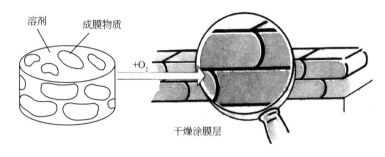

图2-7 氧化聚合型示意图

2)热聚合交联型涂料的干燥成膜

热聚合交联型涂料是在高温下树脂发生化学反应而紧密交联干固成膜,干燥后的涂膜为热固性,并不能被溶剂溶解,涂膜性能非常好。这种涂料在常温下不会干燥,所以适宜大规模的涂装生产和有高温烘烤设备的大型涂装流水线使用,因此被广泛应用于汽车制造涂装流水线,通常被称为"原厂漆"或"高温漆"。现在我们所见到的轿车的原厂漆绝大多数是这种涂料。

3)双组分聚合型涂料的干燥成膜

双组分聚合型涂料,由涂料和与之配合使用的固化剂按照一定的比例混合之后进行施工,涂膜的干燥是由涂料中的树脂和固化剂进行化学反应,分子之间产生紧密地交联而成膜,如图2-8所示。由于涂膜的分子之间有紧密的交联,所以涂膜的性能非常优越,具备与原厂涂层不相上下的质量,所以现在也被广泛应用。

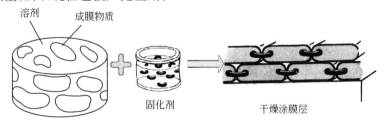

图2-8 双组分聚合型示意图

但双组分型涂料在不加入固化剂时不能干燥成膜,在加入固化剂后即引起化学反应,所以具有一定的使用时效,因此一般不用于大规模的汽车制造流水线,而广泛应用于汽车的修理涂装。双组分型涂料在加入固化剂后,常温下即可固化。但若温度过低(低于5℃)会使化学反应缓慢甚至不反应,延长固化时间而影响涂膜的质量,所以适当的加温会促进反应的速度,缩短干燥时间。双组分型涂料的加热烘烤温度一般取 60～80℃ 为宜，不可过高，这主要是因为一方面由于汽车修补涂装时往往是整车进行烘烤，汽车上有很多部件是不耐高温的，若温度过高会造成损坏；另一方面是因为如果在烘烤时温升过快或温度过高会引起涂膜在干燥过程中产生应力而影响涂膜的性能。

1.4 涂料的命名和分类

对于涂料的命名和分类，我国的国家标准有明确的规定。但是，由于现在许多国外的品牌涂料和中外合资企业生产的涂料多半沿用的是国外品牌的代号，所以比较繁杂，在这里我们简单介绍以下我国关于涂料的命名和分类的规定。

1.4.1 涂料的分类

我国国家标准 GB 2705—81 规定，涂料产品的分类是以涂料基料中主要成膜物质为基础，若主要成膜物质为混合树脂，则按其在涂膜中起主要作用的一种树脂为基础。成膜物质分为17 类，相应地，涂料产品分为 17 大类，其类别代号如表 2-1 所示。

成 膜 物 质 分 类　　　　　表 2-1

成膜物质类别	主 要 成 膜 物 质
油脂	天然植物油、鱼油、合成油等
天然树脂	松香及其衍生物、虫胶、乳酪素、动物胶、大漆及衍生物
酚醛树脂	酚醛树脂、改性酚醛树脂、二甲苯树脂
沥青	天然沥青、煤焦沥青、硬脂沥青、石油沥青
醇酸树脂	甘油醇酸树脂、改性醇酸树脂、季戊四醇及其他醇类的醇酸树脂
氨基树脂	脲醛树脂、三聚氰胺甲醛树脂等
硝基纤维素	硝基纤维素、改性硝基纤维素
纤维脂、纤维醚	乙酸纤维、苄基纤维、乙基纤维、羟甲基纤维、乙酸丁酸纤维等
过氯乙烯树脂	过氯乙烯树脂、改性过氯乙烯树脂
烯类树脂	聚二乙烯基乙炔树脂、氯乙烯共聚树脂、聚乙酸乙烯及其共聚物、聚乙烯醇缩醛树脂、聚苯乙烯树脂、含氟树脂、氯化聚丙烯树脂、石油树脂等
丙烯酸树脂	丙烯酸树脂、丙烯酸共聚树脂及其改性树脂
聚酯树脂	饱和聚酯树脂、不饱和聚酯树脂
环氧树脂	环氧树脂、改性环氧树脂
聚氨基甲酸酯	聚氨基甲酸酯
元素有机聚合物	有机硅、有机钛、有机铝等
橡胶	天然橡胶及其衍生物、合成橡胶及其衍生物
其他	以上 16 类不能包括的成膜物质，如无机高分子材料、聚酰亚胺树脂等

1.4.2 涂料的命名

可以用下式表示：

涂料的命名 = 颜色或颜料的名称 + 成膜物质的名称涂料的命名 + 基本名称

涂料的颜色位于名称的最前面，若颜料对涂膜的性能起显著作用，则可以用颜料的名称代替颜色的名称，仍置于涂料名称的最前面。例如：红醇酸瓷漆、锌黄酚醛防锈漆等。

成膜物质的名称应做适当的简化,如聚氨甲基酸酯简称为聚氨酯等。如果基料中含有多种成膜物质时,选取起主要作用的一种成膜物质命名。如松香改性酚醛树脂占树脂总量的50%以上,则划入酚醛涂料一类,小于50%则划入天然树脂涂料一类。必要时也可以选取两种成膜物质命名,主要成膜物质命名在前,次要成膜物质名称在后,例如:环氧硝基瓷漆。对于涂料的名称,仍采用我国已经广泛使用的名称,如清漆、瓷漆、罐头漆、甲板漆等。凡是烘烤干燥的涂料,名称中都有"烘干"或"烘"字样,如名称中没有"烘干"或"烘"字样,即表明该漆是常温干燥或烘烤干燥均可。

1.4.3 涂料的型号

为了区别同一类型的各种涂料,在名称之前必须有型号。由三部分组成:第一部分由字母表示涂料的类别(如表2-2所示)是按成膜物质划分的;第二部分是基本名称,用两位数字表示(如表2-3所示);第三部分用数字表示涂料产品的序号(如表2-4所示)。第二部分与第三部分之间用短划线"-"隔开。例如C04-2,其中C表示主要成膜物质为醇酸树脂;04代表瓷漆;2表示有光。

涂料类别及代号　　　　　　　　　　　　　　　　　　　　表2-2

代号	涂料类别	代号	涂料类别
Y	油脂漆类	X	烯类树脂漆类
T	天然树脂漆类	B	丙烯酸漆类
F	酚醛树脂漆类	Z	聚酯漆类
L	沥青漆类	H	环氧树脂漆类
C	醇酸树脂漆类	S	聚氨酯漆类
A	氨基树脂漆类	W	元素有机漆类
Q	硝基漆类	J	橡胶漆类
M	纤维素漆类	E	其他漆类
G	过氯乙烯漆类		

涂料基本名称及代号　　　　　　　　　　　　　　　　　　表2-3

编号	基本名称	编号	基本名称
00	清油	13	其他水溶性漆
01	清漆	14	透明漆
02	厚漆	15	斑纹漆
03	调和漆	16	锤纹漆
04	瓷漆	17	皱纹漆
05	粉末涂料	18	裂纹漆
06	底漆	19	晶纹漆
07	原子灰	20	铅笔漆
09	大漆	22	木器漆
11	电泳漆	23	罐头漆
12	乳胶漆	30	(浸渍)绝缘漆

续上表

编号	基本名称	编号	基本名称
31	(覆盖)绝缘漆	55	耐水漆
32	(绝缘)磁漆	60	耐火漆
33	(黏合)绝缘漆	61	耐热漆
34	漆包线漆	62	示温漆
35	硅钢片漆	63	涂布漆
36	电容器漆	64	可剥漆
37	电阻漆、电位器漆	66	感光涂料
38	半导体漆	67	隔热涂料
40	阻污漆、防蛆漆	80	地板漆
41	水线漆	81	渔网漆
42	甲板漆、甲板防滑漆	82	锅炉漆
43	船壳漆	83	烟囱漆
44	船底漆	84	黑板漆
50	耐酸漆	85	调色漆
51	耐碱漆	86	标志漆、马路划线漆
52	防腐漆	98	胶液
53	防锈漆	99	其他
54	耐油漆		

涂料产品的序号代号　　　　表2-4

涂料品种		代号	
		自干	烘干
清漆、底漆、原子灰		1~29	30以上
瓷漆	有光	1~9	50~59
	半光	60~69	70~79
	无光	80~89	90~99
专业用漆	清漆	1~9	10~29
	有光瓷漆	30~49	50~59
	半光瓷漆	60~64	65~69
	无光瓷漆	70~74	75~79
	底漆	80~89	90~99

在氨基漆类中,清漆、瓷漆、底漆等的产品序号划分不符合此原则,而是按自干型漆划分;属于酸固化氨基自干漆的也按此规定,但在型号之前用"＊"加以标志。氨基专业用漆按涂料专业用漆的序号统一划分。

1.4.4　辅助材料的编号规则

涂料用的辅助材料有稀释剂、防潮剂、催干剂、固化剂等,其型号由1个汉语拼音字母和1

~2个阿拉伯数字组成,在字母和数字之间有一个短划线"-"分隔。字母表示辅助材料的分类,如表2-5所示,数字表示序号,用以区别同一类型的不同品种。例如:X-5 为丙烯酸漆稀释剂;J-1 为环氧漆固化剂。

辅助材料的类别代号　　　　　表2-5

代号	辅助材料名称	代号	辅助材料名称
X	稀释剂	T	脱漆剂
F	防潮剂	H	固化剂
G	催化剂		

1.5 涂料储运过程中产生的缺陷及防治

汽车修补用涂料往往由于储运期过长,运输距离过远,在储运过程中受热(高于30℃)和受冻后产生变质缺陷。如未经补救就投入使用,可能会影响涂装工效,产生涂膜缺陷,直接影响生产,造成经济损失。常见的涂料储运过程中产生的缺陷有增稠、沉淀、结皮和胀气。

1.5.1 增稠

罐内涂料在储运过程中变浓厚,黏度增高。超过技术条件规定的原漆许可年度的上限的现象称为增稠。增稠有时有触变性,一经强烈振动即能恢复原来的黏度。增稠严重时,涂料呈豆腐脑状或块状的现象称为干化,结块或干涸。含颜料量少的涂料,不是因溶剂挥发失去流动性,而是成为胶质状称为胶化。

1)形成原因

(1)涂料容器密闭不完全或其未装满桶,造成溶剂挥发,使涂料的黏度上升、增稠;

(2)空气中的氧气,促进漆基氧化和聚合,使涂料胶化;

(3)色漆的黏稠化的主要原因是所用颜料与漆基产生反应,使色漆增稠和凝聚产生颗粒。如特黑汽车面漆在储运中易增稠,是由于带酸性的炭黑能促进酸固化的合成树脂涂料增稠,甚至硬化;

(4)在运输过程中遇到高温或储存场所的温度过高,热固性合成树脂涂料的漆基受热时会使分子聚合,黏度上升,甚至胶化;

(5)储存期过长,漆基的活性基团发生反应,引起黏度上升。

2)防治方法

(1)保持罐盖紧,确保密封,隔绝空气,容器中的涂料应装满;

(2)存放在阴凉的场所。存储场所的温度最好在25℃以下,切勿储存在日光下、暖气和炉旁;

(3)尽可能缩短储运期,尤其是活性基团多的高档合成树脂涂料,更不能长期储存,使用涂料时应遵守先进先用的原则;

(4)涂料厂需改进配方,克服在涂料储运过程中的颜料和基料之间的化学反应。

注:变浓的喷漆(热塑性涂料)再加入良好的稀释剂后通常即可再度使用。而对胶化、干化或干涸的热固性涂料,因是不可逆的,只能报废。

1.5.2 沉淀

涂料在储运过程中产生沉淀,在使用前能搅拌分散开,细度也合格,这属于正常现象。如果沉淀结块搅拌不起来,不能再分散的现象,就属于沉积或结块缺陷。

1)形成原因

(1)涂料中所含的颜料或体积颜料磨得不细,分散不良,所占比重大等因素所导致;

(2)颜料与漆基发生相互吸附,生成固态沉淀物;

(3)储存时间过长,尤其是长期静放的场合;

(4)颜料粒子处于不稳定状态结块。

2)防治方法

(1)在设计选择配方时,就应注意颜料与漆基的适应性;注意和强化颜料的研磨分散工艺;提高黏度或制成触变型涂料,防止沉淀可加防沉淀剂或润湿悬浮剂;

(2)减少库存,缩短储存时间,存货先用;

(3)存放在阴凉场所;

(4)要定期倒转漆罐;

(5)不要储存稀释过的漆料。稀释过的漆料因黏度较低,故比原漆更易沉淀。

1.5.3 结皮

自干转化型涂料在储运过程中与空气接触的涂料表面易氧化固化的现象称为结皮。自干型的沥青漆、油性漆、油性原子灰和干性油改性醇酸树脂涂料等,在储运中易产生结皮。

1)形成原因

(1)表面干料添加过多或用桐油制的涂料易结皮;

(2)容器不密闭或桶内未装满,使涂料面与空气接触;

(3)储存场所温度过高或有阳光照射;

(4)储存期过长。

2)防治方法

(1)涂料中不预先加入促进表面干燥的干燥剂,在使用时按比例加入;

(2)容器内应尽量装满涂料,并要密封好;如果能在装桶时通入二氧化碳或氮气,则待置换出容器上层的空气后,再加盖封存,那就更好;

(3)加入抗结皮剂。常用的抗结皮剂有苯酚、邻苯二甲酚、松木油、丁醇等;

(4)缩短涂料的储存期。开桶后的涂料应尽可能地用掉,未用完的可在涂料上倒些溶剂,则可保持几天不结皮。

若已经结了皮的涂料,则应除掉,搅拌和过滤后方可使用。

1.5.4 胀气

由于产生气体而在漆罐内形成压力的现象。

1)形成原因

(1)漆料过于陈旧,库存期太长;

(2)分子间的化学反应;

(3)储藏场所温度过高。

2)防治方法

(1)漆料存放在阴凉处;

(2)不要储存过多的漆料;

(3) 以正确的轮换方式使用。

1.6 涂料的调制

1.6.1 涂料调制用具

1) 调漆桶

要求干净,无异物,使用调漆棒进行涂料调制,则桶必须是圆柱形。

2) 黏度计

涂料的稀稠用涂料黏度的高低(大小)表示,计量单位为"s(秒)"。在实际生产中。常用黏度计有:涂1、涂4、落球黏度计,汽车修补涂料一般适宜用涂-4 杯(涂-4 黏度计)来测量。涂-4 黏度计用于测定黏度在 10～150 s 之间的各种涂料产品,涂-4 黏度计的黏度测定值近似于美国福特 4 号杯的黏度测定值。涂-4 黏度计有金属和塑料两种。上部为圆筒形,下部为圆锥形,其底部有不锈钢制的可以更换的漏嘴,圆筒上沿有杯形凹槽,可做多余试样溢出用,如图 2-9 所示。黏度计容量为 100ml。

涂-4 黏度计的操作步骤如下:

(1) 将黏度计装置于带有两个调节水平螺钉的支架上。

(2) 每次测定前过滤涂料样品。将涂料试样搅拌均匀,温度调为 25±1℃,然后静置 2min 以上,使试样中的空气逸出。实验前必须将黏度计用溶剂仔细擦拭干净,然后置于空气中干燥。

(3) 将黏度计调至水平位置。在黏度计漏嘴下面放置容量为 150ml 的容器。用手指堵住漏嘴孔,将涂料试样倒满黏度计。松开手指,使试样漏出,并同时开动秒表,当试样漏丝中断时,停止秒表。试样从黏度计流出的全部时间(s)即为试样的黏度,如图 2-10 所示。

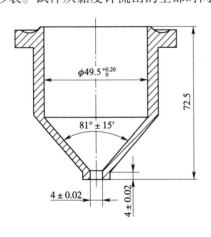

图 2-9 涂-4 黏度计

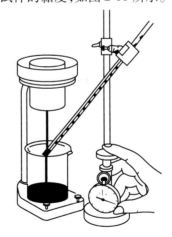

图 2-10 涂-4 黏度计的操作

(4) 用同样方法再测试一次。两次测定值之差不应大于平均值的 3% 即为测试结果。

3) 纸漏斗

过滤掉容易堵塞喷枪或影响涂层表面质量的颗粒物。一般用 120～180 目的纸漏斗过滤,素色漆和清漆应使用 180 目以上的纸漏斗过滤,金属漆可用 120 目的纸漏斗过滤,也可先粗后细两次过滤,以提高过滤速度。过滤时,不能使用硬质工具在纸漏斗内搅拌,以免损坏纸漏斗。

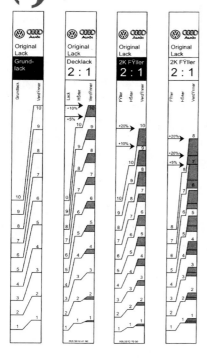

图 2-11 调漆比例尺

4)调漆比例尺

作用:非常容易的将涂料、稀释剂和添加剂按要求的比例混合,如图2-11所示。

1.6.2 混合比例

在涂料调制中,涂料、稀释剂、添加剂成分的表示方法有:百分数、质量分数和比例三种。

1)百分数

例如:某涂料中稀释剂为50%,即涂料:稀释剂=2:1。

2)质量分数

涂料:稀释剂=4:1,即稀释率为25%。

3)比例

4:1:1 表示 4 份涂料,1 份固化剂,1 份稀释剂。

1.6.3 涂料的调制方法

(1)核对涂料的类型、名称、型号及品种应与所选的涂料完全相符。开盖前摇晃或搅拌,使涂料均匀。

(2)开盖后检查涂料是否变质,否则处理更换。

(3)按比例调好涂料,检查黏度,调整黏度。

(4)对于双组分和多组分涂料的混合调制,采用调漆棒调制,涂料-固化剂-稀释剂。

(5)辅助材料的添加。

(6)过滤。

(7)辨别涂料调制质量主要通过施工过程来检验。

1.6.4 涂料调制注意事项

(1)熟悉涂料的性能用途;

(2)熟悉涂装工艺;

(3)掌握被涂表面的材质,涂装方法及设备工具;

(4)涂装环境条件;

(5)各涂层间厚度要求;

(6)防止涂料污染;

(7)双组分涂料在调制时应注意熟化期和活化期;

(8)涂料调制中的安全防护。

1.6.5 调制涂料可能出现的病态

1)树脂析出

原因:硝基涂料误用苯类溶剂。环氧涂料误用汽油溶剂。虫胶清漆吸入水分,酒精不断挥发析出。

2)漆液分离

属于稀释能力差的溶剂的使用导致漆液分离。

3)混色或色污染

由于调制器材不洁净,残留其中颜色涂料而引起的。

4)固化时间过短

固化剂加入过多充当稀释剂,调节黏度只能加入稀释剂。

1.6.6 影响涂料消耗的因素

1)涂料特性

颜色浅,遮盖力低,固体分含量低,则涂料的消耗也就越大,反之越小。

2)涂装方法

高压喷涂利用率只有20%~40%,消耗量大,低压喷涂利用率为65%~95%,刷涂利用率较高为95%。

3)被涂物面的材料质量

形状及大小:木质比金属吸收率大;粗糙比平滑消耗率大;曲面复杂面比平面消耗大。

4)操作熟练程度

操作不熟练,则涂料消耗量大,容易出现涂层缺陷,返工,造成浪费。

5)施工条件的影响

环境的温度、湿度、空气洁净度及风速,照明度不同也会对涂料造成影响。

2 汽车修补用涂料

汽车用涂料近几十年发展迅速,到目前为止已有大量的高品质、高性能产品,在涂料家族中独树一帜,其品种和用途也非常多样。汽车修补用涂料为适应涂装修理的条件,多为低温涂料,且绝大部分为双组分型,配合固化剂使用在常温或低温烘烤条件下即可干燥并能达到相当高的品质。

汽车修补用涂料多用于汽车表面的涂装修复和一些不能高温烘烤的大型轿车制造等,包括涂前处理用品、涂装修复用品、涂膜后期处理用品和其他一些专门涂料等,下面简单加以介绍。

2.1 底漆

直接涂布于物体表面的打底涂料称为底漆。底漆是被涂物面与涂层之间的黏结层,以使之上的各涂层可以牢固地结合并覆盖在被涂物体上。同时,底漆在钢铁表面形成干膜后,可以隔绝或阻止钢铁表面与空气、水分及其他腐蚀介质的直接接触,起到缓蚀保护作用。一旦面漆层破坏,钢铁也不至于很快生锈。

2.1.1 底漆的特性

底漆为了能起到上述作用,应具备下述特性:

(1)底漆对底材表面应有良好的附着能力;对其他面漆或中涂层要有良好的结合能力。

(2)底漆干燥后要有很好的物理性能和机械强度,能随金属伸缩、弯曲,能抵抗外来的冲击力而不开裂、不脱落,能够抵抗其上面涂层的溶剂溶蚀而不会咬起。

(3)底漆要具有一定的填充力,能够填平底材上微小的高低不平、孔眼和细小的纹路等。

(4)底漆要便于施工,涂膜流平性要好,不流挂、干燥快而且要容易打磨平整、不粘砂纸,保证漆面平滑光亮。

底漆的使用应根据涂装的要求和使用的目的,采用不同类型的底漆;根据工件表面状态和底漆的性质选择适当的涂装方法。

底漆涂膜的强度和结合能力的大小决定于涂膜的厚度、均匀度及其是否完全干燥,底漆涂膜一般不宜过厚,以 $15\sim25\mu m$ 为宜(在汽车表面装饰性要求不高,底漆上直接喷涂面漆的情况下膜厚可以在 $50\mu m$ 左右),过厚则涂膜干燥缓慢,还容易造成涂膜强度不够和附着力不良。

2.1.2 底漆的种类

底漆的种类比较多,现在汽车涂装中以环氧树脂底漆和侵蚀底漆最为多见。

2.1.2.1 环氧树脂底漆

简称环氧底漆,是物理隔绝防腐底漆的代表。环氧树脂是线型的高聚物,以环氧丙烷和二酚基丙烷缩聚而成。它具有极强的黏结力和附着力、良好的韧性和优良的耐化学性,因此环氧底漆具有如下优点:

(1)附着力极强,对金属、木材、玻璃、塑料、陶瓷、纺织物等都有很好的附着力和黏结力。
(2)涂膜韧性好,耐挠曲,且硬度比较高。
(3)耐化学品性优良,尤其是耐碱性更为突出。因为环氧树脂的分子结构内含有醚键,而醚键在化学上是最稳定的,所以对水、溶剂、酸、碱和其他化学品都有良好的抵抗力。
(4)良好的电绝缘性,耐久性、耐热性良好。环氧树脂类涂料也存在一定的缺点,比如表面粉化较快,这也是它主要用于底层涂料的原因之一。

环氧底漆使用胺类作为固化剂,胺类对人体和皮肤有一定的刺激性,因此在使用时要加以注意。

2.1.2.2 侵蚀底漆

侵蚀底漆是以化学防腐手段来达到其防腐目的的,主要代表为磷化底漆。磷化底漆是以聚乙烯醇缩丁醛树脂溶于有机溶剂中,并加入防锈颜料四盐锌铬黄等制成,使用时与分开包装的磷化液按一定调配后喷涂。品牌漆中的磷化底漆一般都已经制成成品,按一定的比例加入固化剂使用即可。

金属表面涂装磷化底漆后,磷化液(弱磷酸)与防锈颜料四盐锌铬黄反应生成同一般磷化处理相似的不溶性磷酸盐覆盖膜,同时生成的铬酸使金属表面钝化。由于聚乙烯醇缩丁醛树脂具有很多极性基团,它也参与了锌铬颜料与磷酸的反应,转变成不溶性络合物膜层,与上述的磷酸盐覆盖膜都起防腐蚀和增强涂层附着力的作用。

磷化底漆作为有色及黑色金属的防锈涂料,能够代替金属的磷化处理,在提高抗腐蚀性和绝缘性、增强涂层与金属表面的附着力等方面比磷化处理层更好,而且工艺和设备要求比较简单。但磷化底漆涂膜很薄($8\sim15\mu m$),因此一般不单独作为底漆使用,所以,在涂装磷化底漆后通常仍用一般底漆打底。

磷化底漆在使用时要注意的一点是,因其具有一定的侵蚀作用,所以不能用金属容器调配,使用的喷枪罐也应使用塑料罐,在喷涂完毕后应马上清洗喷枪。磷化底漆施涂完毕后不要马上喷涂其他底漆,而应等待一段时间($20℃,2h$)再进行下一步操作。

环氧底漆与磷化底漆对底材都具有良好的防腐性,对其上的涂层也都具有良好的黏结能力,一般在汽车修补中常使用环氧底漆做打底用,而在汽车制造或大面积钣金操作后对裸金属进行磷化防腐处理时常采用磷化底漆。

2.2 原子灰

2.2.1 原子灰简介

原子灰又称加乘聚合型腻子,是一种膏状或厚浆状的涂料,它容易干燥,干后坚硬,能耐砂磨。原子灰一般使用刮具刮涂于底材的表面(也有使用大口径喷枪喷涂的浆状原子灰,称为"喷涂原子灰"),用来填平补齐底材上的凹坑、缝隙、孔眼、焊疤、刮痕以及加工过程中所造成的物面缺陷等,使底材表面达到平整、匀顺,使面漆的丰满度和光泽度等能够充分地显现。

原子灰俗称腻子,但与通常所指的腻子是有区别的。通常所指的腻子一般是用油基漆作为黏结剂,和以熟石膏粉等填充料,并加入少量的颜料和稀释剂调和后填补用。这种腻子干燥时间长,干燥后质地比较软而且会出现不同程度的凹陷,对其上面的涂膜具有一定的吸收作用,不利于涂装修补和面漆的美观,现已不用。20 世纪 80 年代我国研制出了水性腻子,用水作为稀释剂调和后使用,该种腻子在一定程度上对油性腻子的性能有所改善,但仍存在塌陷、吸收、质软等缺点,现在也已经不常用。

而原子灰硬化时间短,常温下半个小时即可干燥硬化,可以进行打磨;经打磨后的原子灰表面细腻光洁,表面坚硬,基本无塌陷,对其上面的涂料吸收很少甚至不吸收;附着能力强,耐高温,正常使用时不出现开裂和脱落现象,因此现在被广泛应用于汽车的制造和修补工作中,用于填补作用。

原子灰是涂料,所以也是由树脂、颜料、溶剂和填充材料等组成的。现在较为常用的原子灰树脂有聚酯树脂和环氧树脂等,环氧树脂原子灰具有良好的附着力、耐水性和防化学腐蚀性能,但涂层坚硬不易打磨,由于其附着力优良,可以刮涂得较厚而不脱落、开裂,多用于涂有底漆的金属或裸金属表面。聚酯树脂原子灰也有着优良的附着力、耐水性和防化学腐蚀性能,而且干后涂膜软硬适中,容易打磨,经打磨后表面光滑圆润,适用于很多底材表面(不能用于经磷化处理的裸金属表面,否则会发生盐化反应造成接触面不能干燥而影响附着力),经多次刮涂后,膜厚可达 20mm 而不开裂、脱落,所以是应用最为广泛的一种,现在常见的原子灰基本都是聚酯树脂原子灰。

原子灰中的颜料以体质颜料为主要物质,配以少量的着色颜料。填充材料主要使用滑石粉、碳酸钙、硫酸钡沉淀等,起填充作用并提高原子灰的弹性、抗裂性、硬度以及施工性能等。

着色颜料以黄、白两色为主,主要是为了降低彩度,提高面层的遮盖能力。原子灰多为双组分产品,需要加入固化剂后方能干燥固化,以提高硬度和缩短干燥时间。聚酯树脂型原子灰多用过氧化物作为固化剂,环氧树脂型原子灰多用胺类作为固化剂。

2.2.2 原子灰的种类

2.2.2.1 普通原子灰

普通原子灰多为聚酯树脂型,膏体细腻,操作方便,填充能力强,适用于大多数底材,如良好的旧漆层、裸钢板表面等。因其具有良好的附着力和弹性,也可用于车用塑料保险杠和玻璃钢件,但刮涂不宜过后。

普通型原子灰不适用于镀锌板、不锈钢板和铝板等和经磷化处理的裸金属表面,附着能力会达不到,造成开裂。但在这些金属表面首先喷涂一层隔绝底漆(通常为环氧基)后即可正常使用。

2.2.2.2 合金原子灰

合金原子灰也称金属原子灰,比普通原子灰性能更加良好,除可用于普通原子灰所用的一切场合外,还可以直接用于镀锌板、不锈钢板和铝板等裸金属而不必首先施涂隔绝底漆,但不适用于经磷化处理的裸金属表面。合金原子灰因其性能卓越,使用方便,所以应用也很广泛,但价格要高于普通原子灰。

2.2.2.3 纤维原子灰

纤维原子灰其填充材料中含有纤维物质,干燥后质轻但附着能力和硬度很高,因此能够一次刮涂得很厚,可以直接填充直径小于50mm的孔洞或锈蚀而无须钣金修复,对孔洞的隔绝防腐能力也很强。纤维原子灰用于有比较深的金属凹陷部位填补效果非常良好,但表面呈现多孔状,需要用普通原子灰填平。

2.2.2.4 塑料原子灰

塑料原子灰专用于柔软的塑料制品的填补工作。调和后呈膏状,可以刮涂也可以挡涂,干燥后像软塑料一样,与底材附着良好。虽然干后质地柔软,但打磨性很好,可以机器干磨,也可以用水磨,常用于塑料件的修复。

2.2.2.5 幼滑原子灰

幼滑原子灰也称填眼灰,有双组分的也有单组分的,以单组分产品较为常见。填眼灰膏体极其细腻,一般在打磨完中涂层后,喷涂面漆之前使用,主要用途是填补极其微小的小坑、小眼等,提高面漆的装饰性。因其填补能力比较差,且不耐溶剂,易被面漆中的溶剂咬起,所以不能作为大面积刮涂使用。但它干燥时间很短(几分钟),干后较软易于打磨,用在填补小坑非常适合,可以提高生产效率并能保证质量,所以也是涂装必备的用品。

2.3 中涂漆

2.3.1 中涂漆简介

中涂漆层是在底漆层与面漆层之间的涂层,也称作"中涂底漆"、"二道底漆"等,俗称"二道浆"。

普通载重汽车、农用车辆等对涂装的装饰性等要求并不是很高,所以在底漆上直接喷涂面漆;在涂装修理时如果旧漆层比较良好,可以不用喷涂中涂漆;但对车辆外观装饰性要求很高的小轿车、豪华客车等均要求必须喷涂中涂。在进行了原子灰填补的区域,由于原子灰对面漆涂层具有一定的吸收作用,会在面漆上留下明显的修补痕迹,所以需要喷涂中涂漆加以隔离封闭。

中涂漆都比较黏稠,涂膜也要厚一些,一道喷涂通常可以达到 $30\sim50\mu m$。中涂漆多为灰色或白色等易于被遮盖的颜色,但也有可调色中涂漆,用于进一步提高面漆的遮盖力和装饰性。中涂漆在选用时要与底漆、原子灰或旧涂层的类型相匹配,否则会出现咬底、起皮的现象。

2.3.2 中涂漆的特性和作用

中涂漆层作为面漆层与底漆层、原子灰层、旧涂层之间的媒介层,必须具有对以上各涂层的良好配套性。当前汽车上使用的面漆、底漆、原子灰品种繁多,性能各异,正确选择中涂漆层不仅关系到合理使用涂料、发挥中涂漆层的品质,还关系到节约面漆、降低成本、方便施工以及提高面漆质量等一系列问题。另外,中涂底漆的施工方法和条件,如漆膜厚度、干燥条件、喷涂技术、稀释剂选用、涂料黏度、施工设备、施工环境、原子灰作业的质量等都会影响中涂底漆涂装后的质量,进而影响面涂层的质量。因此,在进行涂装施工中必须重视中涂漆层的作用,重视中涂漆层的施工工艺。

2.3.2.1 中涂漆的特性

中涂漆应具有以下特性:

(1)应具有足够的填平性,能消除被涂底漆表面的划痕、打磨痕迹和微小孔洞、小眼等缺陷。

(2)与底漆层、原子灰层、旧涂层、面漆层有良好的配套性,能够同时为底漆层和面漆层提供良好的附着力。

(3)打磨性能良好,不粘砂纸,在打磨后能得到平整光滑的表面。(现在有许多品牌漆中都有免磨中涂,靠其本身的展平性得到平整光滑的表面)

(4)干燥后的中涂漆层硬度适中,有良好的耐水性,湿磨后表面平整光滑,无起皱、脱皮等,局部漆层边缘平滑性好,无接口痕迹。

(5)有良好的隔离性能,防止底漆层、原子灰层、旧涂层中的不良物质向面漆层渗出而污染漆膜表面,破坏面漆层的装饰性。同时能阻止面漆层的溶剂渗透到底漆层、原子灰层、旧涂层中,不被面漆的溶剂所咬起。

(6)能提供给面漆层一个吸附性一致的涂面,同时由于其本身具有良好的防渗透性,可以提高面漆的光泽度,因此可以极大地提高面漆的装饰性。

(7)中涂漆层应具有良好的施工性能,如温度适应性、干燥迅速、施工容易等。

(8)具有良好的韧性和弹性,抗石击性良好。

2.3.2.2 中涂漆层的作用

中涂底漆在涂层组合中是在面漆之下涂层,主要起到增强涂层间的附着力的作用,同时还起到加强底涂层的封闭性和填充细微痕迹的作用,因此中涂底漆要有一定附着力、耐溶剂性及填充性,以保证为面漆提供一个完美的施工表面,并突出面漆的装饰性。其主要作用有:

(1)增强涂层间的附着力。

(2)填补微小划痕、凹凸不平,平整表面。

(3)隔离封闭作用,防止面漆涂料溶剂浸透产生渗色。

(4)保证面漆涂层具有一定的弹性、韧性,以提高面漆的丰满程度。

2.3.3 中涂底漆的种类

中涂底漆的种类根据组分分为单组分和双组分;根据树脂种类分为环氧、硝基和双组分丙烯酸聚氨酯等。

2.3.3.1 环氧中涂底漆

氨基固化的双组分环氧底漆一般是底涂、中涂二合一的底漆。该涂料用于涂有底漆或原子灰层的涂面上,对底层附着力好并有填平原子灰层砂孔、砂痕的能力,有防止面漆的光泽被底涂层吸附的作用。

2.3.3.2 硝基中涂底漆

硝基底漆干燥迅速、易于打磨,经打磨后表面平整光滑,适合用于中涂底漆,硝基底漆的使用方法及注意事项如下：

(1) 硝基底漆含颜料较多、易沉淀，使用时应彻底搅拌均匀，其黏度用硝基稀释剂调整。

(2) 工作黏度以 15～20s(涂-4 杯,20℃)为宜。由于固体含量较低，一般需喷 3 道以上。

(3) 硝基底漆在常温下表干 10min，实干 1h，具体产品请参照供应商提供的参数。

(4) 可与各种硝基面漆以及双组分丙烯酸聚氨酯面漆配套使用。

2.3.3.3 双组分中涂底漆

双组分丙烯酸聚氨酯面漆的固化剂为异氰酸酯，一般小面积修补直接用于黑色金属或磷化底漆、环氧底漆等表面。其附着力、耐水性、耐热性、耐化学性很好，而且干燥快，打磨性及对面漆的保光性都非常好，因此在汽车修补涂装行业有着广泛的应用。

双组分丙烯酸聚氨酯中涂底漆使用方法注意事项如下：

(1) 一般以喷涂为主，也可刷涂或滚涂。

(2) 直接用于金属表面时，材质必须经过处理，处于无水、无油、无酸碱、无机械杂质、无灰尘的状态。

(3) 严格按照供应商的要求配比，搅拌均匀后方可使用，并在使用时效内用完。干燥温度一般为 60℃(指金属表面温度)，时间 30～35min，具体情况参照供应商要求。

2.3.3.4 可调色中涂

如果要喷涂的面漆遮盖能力比较差，但是底材颜色比较深的情况下需要喷涂可调色中涂漆。比如有些塑料保险杠本身为黑色，在修补喷涂颜色比较浅、遮盖力比较差的面漆时，如果按照平常的方法处理，喷涂上面漆后底材颜色有时会渗透出来使面漆的颜色发生变化，与其他金属表面的面漆颜色产生色差。此时可以采用可调色中涂漆对底材进行遮盖，然后再喷涂面漆。

可调色中涂即在中涂漆中加入适量的已经调色好的面漆或与面漆颜色相近的面漆色母来改变中涂的颜色，使中涂的颜色与面漆基本相同来增加面漆的遮盖力。中涂中加入颜色的量要根据面漆的遮盖力和底材的颜色不同对待。面漆遮盖力差，底材颜色深的情况下，色母加入量要多，面漆遮盖力比较好、底材颜色较浅的情况下色母加入量适当减少，但不要超过产品说明中规定的添加量。调色好的中涂漆作为一整份，按规定比例统一添加固化剂和稀释剂。其喷涂的方法基本与普通中涂一样。

可调色中涂漆是一种单独产品，并不是所有的中涂漆都可以进行调色处理。可调色中涂的漆基一般与配套使用的面漆漆基相同，只有如此才能实现在中涂漆中加入面漆色母进行适当的调色操作。

2.4 面漆

2.4.1 面漆简介

所谓面漆并不是一个独立的油漆品种，而是相对于底漆而言，涂装于被涂物面的最上层的涂料。在涂装时应首先用底漆打底，再用面漆罩面。面漆的主要作用是对被涂物体提供防护作用的同时，提高被涂物面的装饰作用。一种优良的面漆必须具备相当高的保护性能和装饰性能，使被涂物体在一定使用寿命的时间内，以颜色的光泽条件来衡量是否能保持它的装饰效果。

汽车车身面漆是车辆最外层的涂层，它是车辆外观装饰及防腐的直接反映，一般都希望汽车涂层具有极好的光泽度。光泽的优劣除与汽车车身外形设计、车身加工的外表精度有关以外(如一般感觉圆弧面或凸出面的光泽较平面要好)，还与选用的涂料与表面涂层的配套工艺有关。必须进行精心的涂装设计和良好的涂装环境条件，才能使表面涂层有优良的装饰性。同时，汽车涂装属于高级保护性涂装，所得的面漆涂膜必须具有优良的耐腐蚀性、耐候性和耐崩裂性。

2.4.2 面漆的功能和选用

2.4.2.1 面漆的功能

面漆指涂于物体最外层漆膜，起着装饰、标识和保护底材的作用。面漆是涂层组合中唯一可见部分，给人直观第一印象。色彩合理搭配能美化环境，调节人们精神生活；颜色可以作为识别标志，使繁忙的都市交通井然有序，特种车辆专用颜色和标志一目了然。另外，面漆还直接与各种气候条件(如雨、阳光、雪、寒冷、酷暑等)及有害物质(如酸、碱、盐、二氧化碳、硫化氢)接触，是阻挡这些侵蚀的第一层，配合底漆起到对底材的保护作用。当然，不同的汽车涂层质量因等级要求及使用环境等因素，面漆装饰性和保护性也会各有侧重，如轿车对装饰性要求高；而装载油料、酸、碱化学物品的载重汽车，对面漆耐油、耐酸、耐碱等化学性的要求很高，而将装饰性放到第二位。由此，为适应各种需要，涂料工业也生产出各种性能的面漆。

涂层的保护功能实际上也是多元化的，若单靠底漆来承担，是不能满足当今保护底材的质量要求的。不管是如何优良的涂层，都会遭受潮湿和化学品的侵蚀，涂层总是存在着渗水、渗氧、渗离子的致命弱点，金属发生腐蚀只是时间问题。为了延长涂层的保护功能，除选择优良涂料外，一般不采用单一涂层，而是选择底漆、中涂层、面漆的复合涂层，进行层层把关，使每层都发挥各自的防护功能。面漆的保护功能不仅是配合底漆对底材进行保护，清漆层也保护金属漆层。例如酸雨落在车身上会与颜色中的金属发生反应，使其变色、变暗、形成点蚀，既损害面漆层的装饰性，又失去保护性，而清除层能有效防止此类侵蚀。

2.4.2.2 面漆的选用

在选用汽车面漆时应从以下几个方面考虑：

(1)外观，色彩鲜艳，丰满；

(2)硬度和抗崩裂性好；

(3)耐候性，抗光化性好，是选择的重要标准之一；

(4)耐湿热和防腐蚀性；

(5)耐化学品性；

(6)修补应与原车面漆相匹配；

(7)施工性能(重涂性，修补性)。

2.4.3 面漆的分类

面漆在汽车涂层修补中使用得最多，起着装饰与保护的双重作用。面漆的分类方法很多，按颜色效果可分为素色漆、金属漆；按成膜物质种类可分硝基漆、醇酸漆和丙烯酸漆等；按固化机理可分溶剂挥发型、氧化固化型和热固化型、双组分型和催化固化型；按施工工序可分单工序、双工序和三工序等。而每一种分类方法互相的界线不是绝对的，可以相互交叉，如图2-12所示。

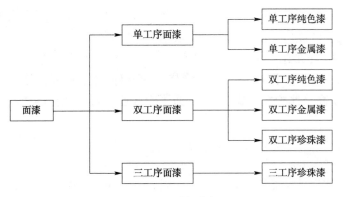

图 2-12 面漆的分类

2.4.3.1 按施工工序可分

按施工工序可分单工序、双工序和三工序等。

1）单工序面漆

单工序面漆指喷涂同一种涂料即形成完整的面漆层的喷涂系统，如图 2-13 所示。单工序素色面漆喷涂完成后，面漆层即具有良好的光泽，一般不用再喷涂罩光清漆，所以称为"单工序"。

2）双工序面漆

双工序面漆指喷涂两种不同的涂料才能形成完整的面涂层的喷涂系统，通常是先喷涂色漆，然后再喷涂罩光清漆，两种涂层结合在一起才能形成有质量保证的完整的面漆层，如图 2-14 所示。

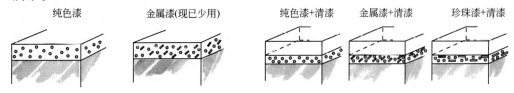

图 2-13 单工序面漆　　　　　　　　图 2-14 双工序面漆

由两道以上的喷涂工序完成的面漆称为多工序面漆或多涂层面漆。金属面漆中银粉漆的喷涂即为典型的双工序喷涂。双工序面漆即先喷一层有颜色的面漆，在其上面再喷涂一层无色透明且具有很高光泽的罩光清漆来增加光泽度和保护底下的有色面漆，因这种面漆的喷涂是由两道工序——有色面漆和罩光清漆组成，所以称为"双工序"。

3）三工序面漆

三工序则更为复杂，如三工序珍珠漆通常是先喷一层打底色漆，然后喷一层珍珠漆，最后喷罩光清漆，三个涂层结合才能形成完整的面涂层。金属面漆中的珍珠漆情况又比较特殊，珍珠漆中所含的云母颗粒通透性很高所以遮盖能力极差，在喷涂时需要先喷一层与底色漆颜色相近或相同的色漆底提高遮盖能力，然后喷涂珍珠漆，珍珠漆上再喷涂罩光清漆。这种面漆用三道喷涂工序完成，所有称为"三工序"。一般单工序面漆的颜色比较单调，而三工序面漆的效果比较丰富，但工序越多，施工及修补越复杂，如图 2-15 所示。

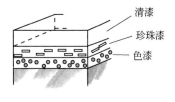

图 2-15 三工序面漆

2.4.3.2 按颜色效果分

现在,汽车修补用面漆主要有素色面漆和金属面漆两大类型。

1)素色面漆

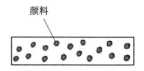

图 2-16 素色面漆

素色面漆俗称"瓷漆或纯色漆",是将各种颜色的着色颜料研磨得非常细小,均匀地分散在树脂基料中而制成各种颜色的油漆,如图 2-16 所示。素色漆本身在涂装后即具备良好的光泽度和鲜映性,涂膜厚度在达到 50μm 后即可显现完全的色调。素色漆随着色颜料不同也具有不同的遮盖力,遮盖能力比较强的颜料,会使涂膜在日光照射时光线只能穿透 20μm 左右,就被反射出来;而遮盖能力较弱的颜料往往需要比较厚的膜厚才能完全遮盖底层。因为素色面漆本身就具有良好的光泽和鲜映性,所以在喷涂完毕后整个面漆层即告完成,所以又称"单工序纯色漆"。

2)金属面漆

金属面漆具有不同的名称,如"银粉漆"、"金属闪光漆"、"星粉漆"、"宝石漆"等等,不论何种名称,基本上都是以金属粉颗粒(以铝粉颗粒最为普遍)和普通着色颜料加入到树脂基料

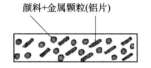

图 2-17 金属面漆

中而制成,如图 2-17 所示。自金属面漆问世以来,在汽车涂装上使用的比例越来越大,已经成为汽车修补作业时的主要项目。但因为其性质特殊,所以在调色及喷涂施工等方面要比素色面漆困难许多。在修补过程中,除调色需要一定的准确性外,还需要喷涂技巧的适当配合,金属面漆才能在汽车修补作业上发挥完美的效果。

金属面漆中的着色颜料比一般素色面漆为少,若不加入金属粉颗粒,光线会直接穿透涂膜而达底层,涂膜的遮盖力就不能完全发挥。金属粉同其他的颜料颗粒一样能反射光线,正是由于金属粉的大量存在,使金属面漆的遮盖能力比一般素色面漆要高,通常喷涂 20～30μm 的膜厚即可完全遮盖底层。涂膜中金属粉的排列并不是有序的,所以对光线的反射角度不同,造成金属漆本身的无光效果,因此必须在金属漆上面再喷涂罩光清漆后才能显现出光泽度和鲜映性,其金属闪光效果才能充分发挥。由于金属面漆必须由两步工序(金属漆层和清漆层)完成,所以又称为"双工序金属漆"。

"珍珠漆"也被归为金属面漆的一类,与普通金属漆的区别在于它在树脂中加入的不是铝粉颗粒,而是表面镀有金属氧化物的云母颗粒,如图 2-18 所示。由于云母颗粒除可以反射一定的光线外还可以投射和折射部分光线,所以这种面漆可以使被涂物表面产生类似珠光的光晕,有的还可以产生从不同的角度观察可以得到不同的色相的特殊效果。

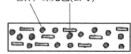

图 2-18 珍珠漆

珍珠色的种类大致可以分为干扰型和不干扰型两种。干扰型珍珠色即云母反射、折射和投射的光线相互干扰,可出现奇异的光晕。不干扰型珍珠色一般为高光泽不透明漆,主要用于调色。干扰型云母颗粒一般为半透明状,即在云母颗粒上薄薄镀上一层氧化钛,镀层的薄厚程度决定了光线折射后的颜色效果,如图 2-19 所示。例如纯闪珍珠,微粒钛颜料呈半透明状,有些正面反射的光为黄色,而侧面散乱光为蓝色;又如银状云母,是在一般纯闪珍珠的云母微粒表面再薄薄镀一层银,该种珍珠色偏光性强,可以得到立体性金属光泽,在微弱光线下也可以发出悦目的光泽。

不干扰型珍珠色的云母多镀有不透明的金属氧化物如氧化铁、氧化铬等,会使其变为不透明色,通常这种珍珠色多与普通的色母进行混合调色而不单独使用。

珍珠色面漆也同普通金属面漆一样需要在色漆层上再喷涂罩光清漆层来提高光泽度和鲜映性,同时来体现珍珠色特有的光晕效果。因为珍珠色面漆的遮盖能力非常差,在喷涂时需要首先做一层与面漆颜色相同或相似的底色漆来提高面漆的遮盖力,然后喷涂珍珠面漆,珍珠面漆之后还要喷涂清漆,所以该种面漆也称为"三工序珍珠漆",如图 2-20 所示。

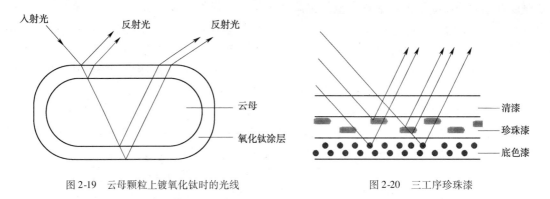

图 2-19　云母颗粒上镀氧化钛时的光线　　　　图 2-20　三工序珍珠漆

2.4.3.3　按成膜物质分

1）硝基漆（硝基纤维素涂料）

它属溶剂挥发型涂料,其施工性能良好,有一定的装饰性。但保色性、保光性、丰满度以及耐汽油性均差,并易磨损、老化、失光、粉化迅速。

组成:硝基纤维素,不干性醇酸树脂。

特点:施工方便,适应性强,涂层均匀干燥快,易打磨,但耐候性差,涂层易发黄。

2）醇酸树脂

组成:醇酸树脂为主要成膜物质,可刷涂,喷涂,自干和低温烘烤。

特点:属于氧化聚合性干燥,不宜粉化,褪色,保光性好,涂层坚韧结实,耐摩擦,耐矿物油,醇类溶剂好,采用烘烤则耐水,耐油性大大提高,与硝基、过氧乙烯涂料配套性好,但在其上涂挥发漆需完全干燥后喷涂,否则会起皱或咬底,但干燥慢,打磨耐水性差,适用于要求不高的场合。

3）丙烯酸树脂漆

组成:丙烯酸聚氨酯是最好的双组分涂料,是氰基便携式聚合物与含有异氰基丙烯酸类聚合物的催化剂按一定比例调配而成。

特点:具有快干、耐候性、保光、保色性能良好,涂层的物理力学性能和耐介质性优良。室温固化,可抛光,特别适合汽车修补施工,已成为汽车修补涂料的主要漆种,但毒性较大。

4）聚氨酯类

组成:组分一为多异氰酸脂聚合物,组分二为含氰基丙烯酸树脂颜料、助剂。聚氨酯溶剂组合而成。

特点:涂层丰满,光泽,机械强度及耐候性好,低温性能、施工性能等优于其他涂料,是当今汽车维修涂料中应用最多的涂料之一。

5) 过氯乙烯漆

组成：过氯乙烯为主要成膜物质，为改善其性能，通常与其他树脂配合使用。

特点：过氯乙烯对酸碱具有良好的耐腐蚀性，且对盐水、海水、油、醇类也有很好的防腐蚀性。保光、保色、耐候、耐低温性均好于硝基漆和醇酸漆。但耐热性差，80～90℃时便开始分解，使涂层颜色变深，韧性丧失而脆裂。

6) 氨基树脂漆

组成：以氨基树脂和醇酸树脂为主要成膜物质的一种涂料。

特点：具有两种树脂的优点，是一种优质的热固性汽车面漆，一般采用烘烤干燥，从而增强涂层的附着力和耐水性、硬度、涂层外观光亮丰满、颜色鲜艳，涂层坚韧、附着力好，机械强度高，耐候性、抗粉性、耐水性、耐磨性、绝缘性好。

2.4.3.4 按固化机理分

1) 溶剂挥发型

如硝基纤维素涂料，热塑性丙烯酸树脂涂料，改性的丙烯酸树脂涂料。

2) 氧化固化型

如醇酸树脂涂料，丙烯酸改性醇酸树脂涂料。

3) 热固化型

如热固性丙烯酸树脂涂料，热固性环氧树脂涂料。

4) 双组分型

如丙烯酸-氨基树脂，聚酯-聚氨酸树脂，丙烯酸-环氧树脂涂料。

5) 催化固化型

如热固性有机硅改性丙烯酸树脂，过氧化物固化丙烯酸树脂。

2.5 车用特种涂料和后处理材料

车用特种涂料主要是指车身上需要特别处理的部位所使用的涂料和针对特殊底材使用的涂料，例如车底盘需要使用的防撞击和隔声涂料、修补焊缝密封涂料、塑料制品涂料等，车用后处理材料主要系车身涂装后对涂膜进行必要处理使用的抛光蜡、上光蜡等。

2.5.1 焊缝密封胶和底盘涂料

为了提高车身的密封性（不漏水、不漏气和隔音性能），提高汽车的舒适性和车身缝隙间的耐腐蚀性，车身的所有焊缝和内外缝隙在涂装过程中需要涂密封涂料进行密封。

随着汽车和公路的发展，汽车的速度大大提高，致使路面的砂石对汽车的下表面及底盘部位造成很大的撞击和冲刷，使车身下表面和底盘涂层容易损坏而失去防腐能力。为延长车身的使用寿命，通常在车身的下部和底盘等部位增涂1～2mm厚的具有抗石击性的涂层，称为车底涂层，所用的涂料称为车底涂料，也叫防撞胶。

车底涂料以前采用溶剂型（如沥青系列和合成树脂系列），后因易起泡，抗石击性和机械性能比较低已经不常使用。现在多采用的是以聚氯乙烯树脂（PVC）为主要基料和增塑剂制成的一种无溶剂涂料，其不挥发成分高达95%～99%，称这种涂料为PVC涂料。该涂料用量比较大，在汽车制造时，每台轿车的用量可达20kg，在汽车涂装修补中有些部位也要进行涂装修补。

焊缝密封涂料和车底涂料一般通用一种PVC涂料,但因为使用的目的和施工的方法不同,在要求高的场合两者要区别对待,以适应各自的特殊性能,如车底涂层使用的PVC涂料要求抗石击性要好,易喷涂施工,因此施工黏度低一些比较好;焊缝密封胶对其涂层的硬度、延展度、剪切强度、抗拉强度等都有要求,施工黏度高一些比较好。

除PVC涂料外,在汽车修补涂装中还用到另外一些防撞涂料,例如聚氨酯型抗石击涂料。聚氨酯型抗石击涂料以聚氨酯为主要漆基,具有一定的弹性,有用于中涂层的,也有用于面涂层的,多用于车底或门槛及车辆下围部位抗石击层的修补涂装。

2.5.2 汽车塑料件用涂料

随着合成化学工业的发展,塑料品种增多,其性能也不断提高,采用工程塑料代替部分金属是一种技术进步的趋势。塑料的耐腐蚀能力优良,密度低,有些工程塑料的机械性能不亚于金属材料,因此汽车要减轻质量,节约成本和降低油料,大量地采用塑料制品代替金属材料。

车用塑料件已经不仅仅限于内饰件,在车辆外部也有应用,例如前后保险杠、防撞护板、车轮罩等,一台轿车上的塑料用量可达总量的15%。塑料制品的涂装是为了提高外表的装饰性,消除表面缺陷和改善表面性能,但因塑料的材质、性能、软硬等不同,除部分品种外,一般不耐高温;另一方面,由于聚合系列塑料的表面能比较低,表面极性小,涂料的湿润性差往往造成涂膜附着力不良。

在品牌漆中都有独立的塑料底漆,主要针对车上的聚丙烯类塑料制品和收缩、膨胀比较大的、较软的塑料件在涂装修复时与面涂层黏结能力差的现象。塑料底漆的作用主要是增强塑料底材和面漆层的黏合能力。较柔软的聚丙烯类塑料件和收缩、膨胀比较大的较软塑料件底材,与汽车修补面层涂料的直接黏和能力并不是很好,经常会出现面漆层脱落的现象。这主要是因为一方面这些塑料制品在注塑成型的过程中要使用脱模剂,而脱模剂与涂料几乎没有任何附着能力,若在涂装修理时脱模剂没有完全清理干净(脱模剂在清除时比较困难,应使用专门的清洗液)则造成表面涂层脱落;另一方面,常用的面漆与塑料制品的附着能力并不是很强,在长时间的外界因素影响下,也会造成漆膜脱落。

对于ABS等质地比较坚硬的塑料件,常用面漆与它们的黏结能力比较好,一般不使用塑料底漆也可达到令人满意的附着力。塑料底漆通常为单组分,开罐即可使用,直接喷涂一薄层,等待10min左右(常温),待稍稍干燥后就能继续喷涂中涂层或面漆。除专用塑料底漆外,各品牌还有专门的塑料面漆,多为双组分聚氨酯基产品,性能优良,但颜色比较单一。为了达到良好的装饰效果,使车身外部塑料部件与车身没有色差,通常在使用塑料底漆的基础上可以直接使用普通的中涂和面漆。

2.5.3 抛光材料

在喷涂完面漆后,为了消除漆膜表面缺陷,如脏点颗粒、虚漆和较大的橘皮等,要用抛光材料进行局部的抛光修饰,抛光材料有以下两种:

1)抛光蜡

抛光蜡的主要成分为水溶性蜡(也有油性蜡)内加研磨颗粒组成,按研磨颗粒的粗细程度一般分为三个等级。粗蜡也称研磨蜡,主要作用是对经过细砂纸(P1000~P1500干磨或P2000水磨)打磨的部位进行更加细致的研磨,消除砂纸痕迹使漆膜具有光亮,或对良好的失光旧漆层进行抛光美容时使用。

抛光粗蜡须配合羊毛轮使用,对细砂纸打磨的痕迹有良好的研磨作用,但因研磨颗粒比较粗大,经研磨后虽然消除了砂纸痕迹,但漆膜的光亮程度和鲜映性不能达到要求,因此在使用粗蜡研磨后仍需要用中粗或细蜡进行抛光操作。中粗蜡的研磨颗粒比粗蜡要细得多,经中粗蜡研磨后的漆膜光亮,鲜映性良好基本无须在做其他上光处理。但使用中粗蜡直接研磨经细砂纸打磨的部位或良好的失光旧漆层,生产效率低一些,对小范围抛光操作完全可以一次成型,但大面积抛光时,首先使用粗蜡研磨,然后用中粗蜡进行二次抛光效果比较好,而且效率高。中粗蜡是汽车修补涂装进行涂膜抛光处理最为常用的产品。

细蜡的上光作用要优于其研磨作用,主要用于高档轿车的最终抛光处理和一般微小擦痕和划痕的抛光美容工作。细蜡一般配合海绵轮使用,边研磨边收蜡,最终达到反光和提高鲜映性的效果。

2)上光蜡

上光蜡中不含研磨颗粒,只起漆膜保护和上光作用。现在市场上有油性上光蜡和水性上光蜡两类。油性上光蜡不易干燥,耐水性比较好,保光时间长,可达一个星期左右。但油性蜡不溶于水,不易用水清理干净,脱蜡时须采用专门的除硅清洁剂;另外由于其干燥慢,容易在车身上黏附很多的细小沙尘,影响光亮,而且细小沙尘如不清理,在擦车时会像研磨颗粒一样对车身漆膜造成损伤。因此不推荐使用油性蜡。水性上光蜡可溶于水,干燥时间较短,车身上沾染细小沙尘后很容易用水洗的方法清理干净,但因其耐水性差,保光时间比较短,通常为两天到一个星期。上光蜡在使用时只需用干燥的海绵或柔软的布揩涂于干净的车身表面,等候其干燥变白后,用柔软的干布擦拭干净即可。上光蜡不要涂于车身橡胶件上,否则很难清理影响车辆美观。

思考与练习

1. 涂料一般由哪几部分组成?
2. 汽车常用树脂有哪些?各有哪些特点?
3. 颜料可以分为哪几类?
4. 溶剂具有哪些特性?
5. 涂料的成膜机理有哪些?
6. 一种涂料的命名是如何进行的?
7. 汽车修补用涂料可分为哪几类?

单元三　新车制造过程中的涂装

> 学习目标
> 　知识目标
> 　1. 了解新车制造过程中的涂装流程；
> 　2. 了解阴极电泳与阳极电泳的区别。
> 　能力目标
> 　1. 建立对新车制造中涂装过程的认识；
> 　2. 了解新车制造涂装的流程及各工序的作用。

新车涂装是汽车制造厂家在进行车辆生产制造过程中的重要环节，新车涂装的工艺水平的高低、新车涂装质量的好与坏直接关系到所制造车辆的销售情况，此外新车的涂装费用在整个新车制造成本中所占的比例达到10%～20%，因此新车涂装工艺直接关系到车辆的制造成本和最终售价，最典型的事例就是同一型号的车辆由于不同种类的涂料所造成的价格差异。

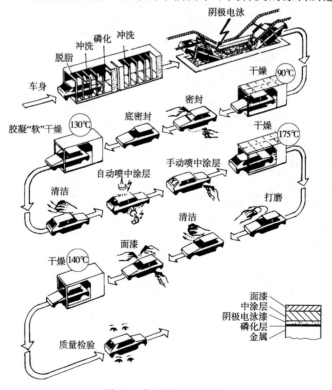

图 3-1　典型轿车涂装过程

由于车型众多,不同车型采用的涂装工艺也有所不同。比如现代大批量生产的小轿车大多采用自动流水线生产,涂装过程自动化程度高、速度快、产量大,所采用的涂料、工艺过程都和汽车修补涂装有相当大的差别。而大型车辆的生产尤其是国内大型车辆制造过程中的涂装,由于其生产制造速度相对较慢、产量相对较小,所选用的涂料、工艺方法更接近于汽车修补涂装。图 3-1 为一典型的小型轿车的涂装过程(此时车身上未安装任何部件和总成),可以看到其中既有自动化机械操作也有工人的工作,但是工人的工作已经居于次位,只是作为机械操作的补充和修正。

下面就制造过程中的工艺流程进行介绍。

1 涂装前的清洗和磷化处理

涂装前的清洗工作是对已经焊接成型的车辆进行彻底的清洁,去除由于冲压成型、焊接过程中黏附于板件上的油污,以及焊接成型后在储运过程中出于防锈目的涂附的防锈油脂,为后面的磷化处理作准备。

> **特别提示:**
>
> 磷化处理是一种增强车身钢板防腐能力的特殊工艺。一般是将成型的车身浸没于磷酸锌溶液中(有些厂家采用喷淋的方法),由于化学反应在钢板表面形成一层致密的磷酸锌膜,这层磷酸锌膜不易与酸、碱发生反应,以此提高钢板的防腐性能,因此磷化也可称为钝化。采用浸没的形式进行磷化要比喷淋磷化所获得的磷化层更致密。

1.1 磷化处理前的清洗

磷化处理前的清洗如图 3-2 所示。

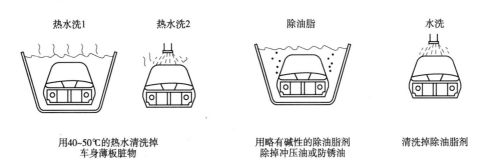

图 3-2 磷化处理前的清洗

首先浸泡:将成型后的车身置于 40~50℃ 的水中浸泡;其次冲洗:用同样水温的水进行冲洗,去除附着在车身上的污物;第三步除油:将清洗干净的车身浸没在含有弱碱性的除油剂中,或用碱浴喷淋于车身,去除车身上的油污;最后再次冲洗:用水将除油干净的车身冲洗干净,去除残留的碱性除油剂。

> **你知道什么是碱浴吗？**
>
> 碱浴是清洗过程中除油这一步骤的别称。碱浴的形式主要有喷淋和浸洗两种，浸洗的除油效果要比喷淋彻底。

1.2 磷化处理

1.2.1 浸没式磷化处理

首先将车身浸入磷酸肽溶胶中，磷酸肽在车身钢板表面形成凝胶状表层。然后将车身浸入由磷酸锌、磷酸和加速剂组成的处理溶剂中，使车身钢板表面形成磷化层，如图3-3所示。

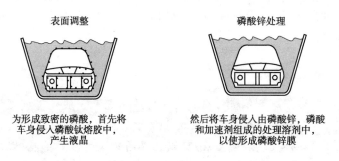

图 3-3 浸没式磷化处理

1.2.2 喷淋式磷化处理

将清洗过的车身用磷酸盐溶液喷淋，使车身钢板表面在喷淋过程中形成磷化层。

1.3 磷化处理后的清洗、干燥

或称电泳底漆前的清洁，如图3-4所示。

图 3-4 磷化处理后的清洗和干燥

首先将经过磷化处理过的车身用大量的水冲洗，清除磷化处理后残留的磷酸锌等残留物。然后用纯水冲洗车身，为电泳底漆去除残留的、阻碍电泳底漆附着的多余磷酸锌离子。最后将清洗干净的车身在温度为100℃以上的加温炉内加温以干燥清洗残留的水渍。

2 电泳涂装底漆

2.1 涂装电泳底漆

经过加温干燥的车身全部浸入装满电泳底漆的电泳池中,此时车身和电泳池中的涂料被加以相当高的直流电压(通常为 200～300V,车身与电泳池中的涂料极性不同),涂料中的离子在电动势的作用下聚积于车身表面,如图 3-5 所示。

电泳分为阴极电泳和阳极电泳两种,所使用的电泳涂料为水溶性涂料。使用电泳涂装,车身外表面能够得到良好的保护,其车身结构中一些腔体内壁也能得到很好的涂装保护。

图 3-5 涂装电泳底漆

> **你知道如何区分阴极电泳和阳极电泳吗?**
>
> 所谓阴极电泳和阳极电泳是指加于涂料的极性是正极还是负极。
>
> 如加于涂料的电极为正极,加于车身上的电极为负极则此种电泳为阳极电泳;如加于涂料的电极为负极,加于车身上的电极为正极则此种电泳为阴极电泳。阳极电泳比阴极电泳更加节省电力,所获得的涂膜具有更好的防腐能力。

2.2 沥干电泳底漆

将电泳涂装完毕后的车身吊入倾斜架,使车身上多余的电泳底漆由车身表面和结构腔体中流出,如图 3-6 所示。

那么在电泳涂装后,电泳底漆会不会干燥而固化呢? 答案是:不会! 电泳底漆为高温烘烤型涂料,如不经过高温烘烤不会固化,所以不必担心电泳涂装完毕后,在进入倾斜架时电泳底漆干燥固化。

2.3 冲洗

用大量的水冲洗经过倾斜架的车身,冲洗掉附着不牢的电泳底漆,如图 3-7 所示。

图 3-6 沥干电泳底漆

图 3-7 沥干后的冲洗

由于电泳底漆是靠涂料粒子的沉积实现电泳底漆的涂装,因此不必担心用水洗会将已经

图3-8 加温干燥

沉积的涂料冲洗掉。同时电泳底漆为水溶性,不会出现多余涂料不能清洁干净的情况。

2.4 加温干燥

将水洗过的车身送入烘烤炉,加温至120℃以上并保持25~40min,使沉积在金属表面的底漆干燥固化,此时涂层厚度为15~20μm,如图3-8所示。

3 车身内外密封剂和车底保护涂料的涂装

车身的结构上有很多的焊点、接缝,如果不加以处理,在车辆使用过程中含有酸碱等有腐蚀作用的水或气体会侵入这些部位,使车身的防腐能力下降。此外在车辆行驶过程中汽车底盘部分安装有大量的运动部件,运行过程中振动较大,同时要经受砂石撞击造成底盘部分的涂层损坏,进而造成底盘防腐能力的丧失。

为了防止这种情况的发生,在电泳底漆涂装完毕后,进行车身焊点、接缝部位密封和车身底盘部位防撞减振涂料的涂装。

3.1 涂装密封剂的主要部位

车身上需要进行密封剂涂装的部位主要有车门外蒙皮与车门框架的卷边、发动机和行李舱盖蒙皮与框架的卷边、框架与蒙皮的接触部位、底盘框架板材连接部位的焊点和焊缝,如图3-9所示。

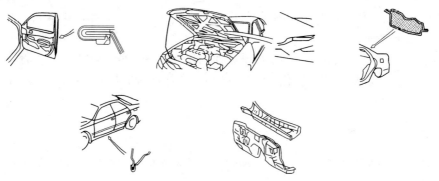

图3-9 涂装密封剂的主要部位

3.2 涂装防撞减振涂料的部位

底盘需要涂装防撞减振涂料的部位主要是轮胎罩盖、乘员舱底面等部位(如图3-10中的暗区),这些部位容易受到砂石的撞击。

3.3 车身密封剂的涂装方法

车身密封剂一般是在进行底盘防撞涂料前,使用无气泵压胶枪或手动胶枪进行涂装。根据涂装部位的特点,有些部位要人工操作,有些部位可以使用机器人施工。

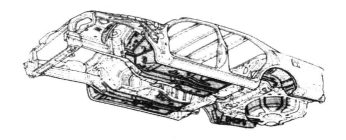

图 3-10 涂装防撞涂料的部位

3.4 底盘防撞减振涂料的涂装方法

在进行完密封剂的涂装后,用遮盖材料将不需要涂装防撞减振材料的部位遮盖、遮挡底盘上的通孔和安装定位孔。然后根据部位的不同用人工或机械喷涂防撞涂料。防撞减振涂料中主要含有沥青或极细小的胶体,起到防撞减振的作用,如图 3-11 所示。

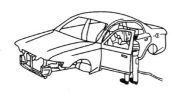

图 3-11 底盘防撞减振涂料的涂装

4 中涂漆涂装

中涂漆底涂装是在进行完车身内外密封剂和车底保护涂料涂装完毕后进行的重要的涂装过程,其作用是增强底漆与面漆之间的附着力,提高面漆的机械强度,保证面漆表面的平整度。

4.1 使用静电喷涂方法涂装中涂漆

已经涂装完防撞涂料的车身随流水线进入中涂漆涂装工位,此时机器臂按设定程序进行涂装。车身内外全部由机械臂自动喷涂完成,为提高喷涂速度、减少涂料的浪费,大多数汽车制造厂使用自动静电喷涂,如图 3-12 所示。

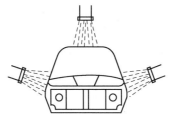

图 3-12 涂装中涂漆

> **你知道静电喷涂吗?**
>
> 请参阅第一章汽车涂装概述。汽车生产厂自动静电喷涂设备如图3-13所示。
>
>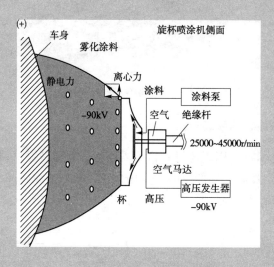
>
> 图3-13 自动静电喷涂设备

4.2 涂装后静置

进行完中涂漆涂装后的车身需要静置一段时间,让车身表面涂料内的溶剂蒸发出一部分。由于汽车生产厂所使用的涂料为高温热固性涂料,干燥加温温度一般在100℃以上,此时溶剂蒸发速度非常快。若在加温之前不让溶剂有缓慢的蒸发过程,就加以高温使涂层干燥,大量的溶剂蒸汽会破坏已经涂装好的涂层表面(具体现象在以后章节详述)。

4.3 加温干燥

经过静置的车身进入烘干炉加温至120~140℃,保持20~30min令涂层充分干燥。此时涂层厚度大约为40μm。

4.4 中涂漆涂装完毕后的打磨

中涂漆经过加温干燥后需要进行打磨,去除涂层表面的杂质和粗糙物,如图3-14所示。

在中涂漆表面形成平整表面,保证面漆与中涂漆的附着能力,为面漆提供平整的基础。汽车生产厂多使用自动打磨机进行湿打磨(有些汽车生产厂也使用人工干式打磨)。此时自动打磨机高速旋转,利用打磨机刷头打磨干燥的中涂漆表面,以获得平整的表面。

打磨完毕后用水冲洗掉车身表面的打磨颗粒,然后用空气吹净车身表面多余的水分,最后进入烘干炉进一步加温,使车身内外的水分完全干燥。此时整个中涂漆涂装过程完毕可以进入面漆涂装工序。

图 3-14 打磨中涂漆

5 面漆涂装

面漆涂装决定车身表面涂层的最终效果,面漆涂装的好与坏对产品质量的好与坏有着重要的作用。

5.1 涂装前的遮盖

现在新车制造过程中多采用人工方式在面漆喷涂前对不需喷涂面漆或一些有特殊要求的部位进行遮蔽,避免在喷涂面漆过程中被污染,如图 3-15 所示。

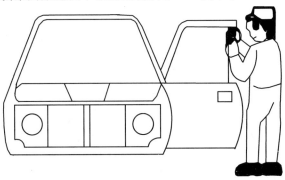

图 3-15 涂装前的遮盖

新车制造过程中(尤其是面漆涂装)涂料的加温干燥温度相当的高,一般情况下要求加温温度要在 100℃以上,这就要求遮盖所用的遮蔽材料要有很好的耐高温性能。

5.2 涂装前的清洁

面漆涂装是整个涂装过程的最终体现,可以说面漆涂装质量的好与坏直接关系到涂装全部过程的成败,因此在面漆涂装前的清洁在某种意义上讲要比前面工序所进行的清洗或清洁更加的彻底和全面。由于新车制造大部分采用流水线作业,汽车表面能够被油脂污染的机会不多,反而是生产线上无处不在的细小尘粒成了最容易威胁面漆涂装质量的因素,因此面漆涂装前的清洁重点放在除尘的工作上,如图3-16所示。

图3-16 涂装前的清洁

现在汽车制造厂仍然沿用比较常用、也是比较可靠的人工除尘操作,即依靠人手使用黏性树脂粘尘布对车身上需要喷涂面漆的表面进行清洁。

你知道什么是粘尘布吗?

所谓粘尘布,是在生产过程中使网状纤维布上均匀地布满适量的黏性树脂。因此在使用粘尘布进行擦拭除尘时,由于黏性树脂的黏性使灰尘或细小的尘粒黏附在粘尘布表面而不会脱落或再次被扬起,避免造成二次污染。

5.3 面漆的初次涂装

汽车车身上有很多部位是机械喷涂不能达到的部位,这些部位主要是车身上的一些缝隙,例如,车门与车身连接接缝处、车门与车身框架的重叠处等,如图3-17所示。

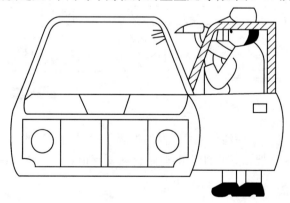

图3-17 面漆初次涂装

这些部位虽然平时处于遮盖状态,但是从车辆整体美观角度出发,要求这些部位具有与车身其他部位具有同样的颜色和涂装质量。由于机械喷涂只适合喷涂较大的表面和能够使用机械臂进行喷涂的部位,因此大多数汽车制造厂家在进行机械(或自动)喷涂面漆之前首先使用人工喷涂那些机械臂不能喷涂的部位。此时的人工面漆涂装可以称之为面漆的初次涂装或面漆预涂装。

5.4 面漆涂装

在进行完面漆初次涂装(面漆预涂装)之后,大多数汽车制造厂使用自动喷涂设备进行高速、大面积的整体喷涂,此时自动喷涂设备多为程序控制的机械臂,如图3-18所示。

为减少涂料的浪费和污染,喷涂方法多采用静电喷涂,所使用喷涂设备的雾化部分有压力雾化型、空气雾化型和旋杯雾化型。

面漆喷涂根据车辆所喷涂面漆种类的不同,适当调整喷涂工艺顺序。若喷涂素色面漆(单工序面漆),则在喷涂完面漆之后就可以进行下一道工序的操作。若喷涂金属效果或珠光效果的面漆(双工序或三工序面漆),则在喷涂完底色漆之后再喷涂清漆,方可进行下一道工序的操作。

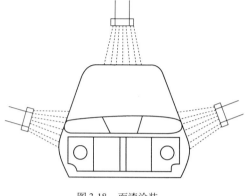

图3-18 面漆涂装

5.5 面漆的干燥

在喷涂完面漆的车身在室温条件下静置7~10min,以便于面漆中的溶剂有足够的挥发时间。防止由于突然加温使溶剂大量快速挥发,造成涂膜破裂,如图3-19所示。

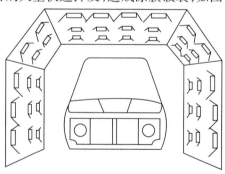

图3-19 面漆干燥

当涂膜中所含溶剂已经充分挥发后,就可以使涂装好的车身进入到高温烘烤炉中并逐渐提高温度到120~150℃并保持20~30min,当车身涂膜已经基本干燥后就可以进入最终质量检验工序。

5.6 外观质量检验

面漆为整个涂层的最外面的一层,当面漆喷涂完毕并干燥后此时就需要对整个涂装质量有一个总体的检验,并对整个涂装过程进行总体评价,如图3-20所示。

因为新车涂装生产过程中的质量控制非常严格,此时主要目视检查面漆表面有无划痕、灰尘颗粒、针孔和气泡。而对整个涂层的附着力、硬度等指标,只进行抽样检测。

此时整个新车制造过程中的车身涂装工序已经全部完成,经过检验合格的车辆进入总装。

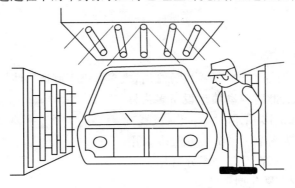

图 3-20　目视外观质量检验

思考与练习

1. 思考新车制造过程中的涂装过程是否符合前处理、涂装、干燥这三个基本步骤。
2. 如何区分阴极电泳和阳极电泳?

单元四　汽车涂装修理常用设备

 学习目标

 知识目标

1. 知道汽车涂装修理的常用设备；
2. 了解喷枪雾化过程；
3. 了解喷枪的一般结构；
4. 了解喷枪的类型和使用常识；
5. 了解其他涂装常用设备的使用和维护方法。

能力目标

1. 通过实训锻炼学生的动手能力；
2. 通过实训使学生掌握一般的喷枪操作要领；
3. 养成良好的工作习惯。

汽车涂装修理常用设备主要包括供气设备、喷枪、烘干设备、打磨设备、抛光设备等。

1　喷　　枪

喷枪是涂装修补的关键设备，其质量对涂装修补的质量影响很大。喷枪的类型和规格较多，适用于不同场合的喷涂，但其基本功能和原理是一致的。

1.1　空气喷枪的类型

按涂料供给方式分：重力式（上壶式）喷枪（图4-1a））；虹吸式（下壶式、吸上式、虹吸式）喷枪（图4-1b））；压力式喷枪（图4-1c））。

1.1.1　重力式喷枪

涂料罐位于喷枪的上方，涂料由于重力流向喷嘴，见图4-2所示，空气帽气孔的大小及数量影响涂料的雾化，涂料靠喷嘴的负压及重力喷出，喷出量较大，因而喷出的涂层更湿润，因此，对于相同的喷涂产品，重力式喷枪使用较小的喷嘴即可达到与吸上式喷枪相同的效果，此种喷枪适合喷涂固体含量大的涂料，如二道浆。

优点：涂料黏度不变，喷漆量不变；涂料罐的位置可使喷涂操作自由度大，施工容易。

缺点：涂料罐在喷嘴上方，影响喷枪的稳定性；涂料罐容量小（一般在500mL左右），不适合喷涂较大面积。

图 4-1 喷枪类型

1.1.2 虹吸式喷枪

压缩空气流在空气帽处产生真空,见图 4-3 所示,产生虹吸现象,称之为文丘理(Venturi)效应。负压促使涂料从涂料罐流向喷嘴,空气帽气孔的大小及数量影响涂料的雾化,喷嘴较空气帽稍向前凸出。

 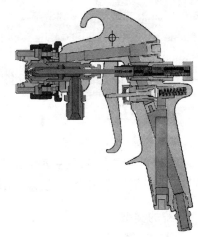

图 4-2 重力式喷枪　　　　　图 4-3 虹吸式喷枪

优点:喷涂稳定性好,便于向涂料罐中添加涂料或变换颜色。

缺点:喷涂水平表面困难;涂料黏度变化对喷漆量影响较大,涂料罐容量比重力式大(一般在 1200mL 左右),因而操作人员易疲劳。

> **小知识**
>
> 文丘里效应(Venturi effect):当风吹过阻挡物时,在阻挡物的背风面上方端口附近气压相对较低,从而产生吸附作用并导致空气的流动。这种现象叫作文丘里效应。

单元四 汽车涂装修理常用设备

1.1.3 压力式喷枪

喷枪上没有储液罐,涂料用软管与一个压力储料罐连接,压缩空气作用于储液罐上,其难点在于涂料压力与喷枪空气压力的协调,见图4-4。

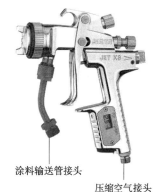

图 4-4 压力式喷枪

优点:涂料罐容积大,喷涂大型表面时不必停下来向涂料罐中添加油漆;也可使用高黏度涂料。

缺点:不适合小面积喷涂,变换颜色及清洗喷枪需要较多时间。

喷枪口径选用依据:吸力式喷枪要高的气压和气流才能将涂料吸出,所以一般底漆选用2.5mm左右为宜,面漆1.8mm左右为宜,喷涂清漆时要膜厚一些,因此用2.0mm为好;重力式喷枪因出漆量不受黏度限制,所以压力、流量小一些,底漆选用1.9mm左右,面漆选用1.3mm,清漆选用1.4mm;压力式喷枪因出漆压力高,所以选用口径较重力式又小,一般选用0.5mm左右。

1.2 喷枪的工作原理和结构

1.2.1 喷枪的雾化

空气喷枪是指利用空气压力将液体转化为小液滴的喷涂工具,该过程即雾化。雾化的过程就是喷枪工作的过程,雾化使涂料成为可喷涂的细小且均匀的液滴,当这些小液滴被以正确的方式喷上汽车表面后就会结合形成一层厚度极薄的、平整的膜。

雾化分为以下三个阶段进行(图4-5)。

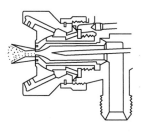
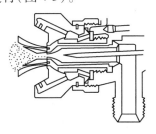
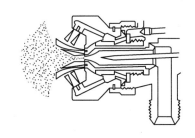

a) 第一阶段　　　　b) 第二阶段　　　　c) 第三阶段

图 4-5 雾化的三个阶段

第一阶段,涂料由于虹吸作用从喷嘴喷出后,被从环形口喷出的气流包围,气流产生的气旋使涂料分散。

第二阶段,涂料的液流与从辅助孔喷出的气流相遇时,气流控制液流的运动,并进一步使其分散。

第三阶段,涂料受从空气帽喇叭口喷出的气流作用,气流从相反的方向冲击涂料,使其成为扇形的液雾。

1.2.2 喷枪的结构

喷枪主要由空气帽、喷嘴、针阀、扳机、气阀、调节钮和手柄等组成,典型的吸上式空气喷枪的结构如图4-6所示。

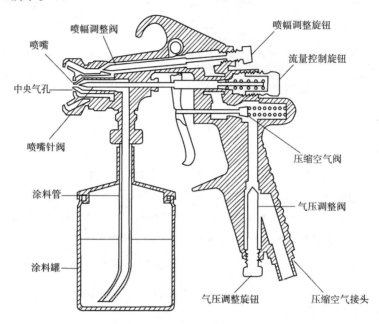

图4-6 吸上式空气喷枪的结构

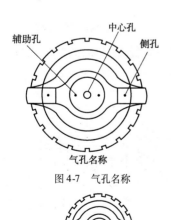

图4-7 气孔名称

空气帽引导压缩空气撞击涂料,使其雾化成有一定直径的漆雾。空气帽上有三个小孔为中心孔、辅助孔、侧孔(如图4-7所示)。

中心孔位于喷嘴末端,产生喷出涂料所需的负压。辅助孔可促进涂料的雾化,喷出空气量的多少与涂料雾化好坏有很大关系(如图4-8所示)。侧孔喷出的气流可控制喷雾的形状,当扇形调节旋钮关上时,喷雾的形状是圆形,当调节旋钮打开时,喷雾的形状变成长方形。

图4-8 辅助孔的大小与喷枪工作性能的关系

1.3 喷枪的调整与使用

1.3.1 喷涂模式的调节

喷涂模式的调整是指喷雾扇形区域的调节,喷雾扇形取决于空气和雾化的涂料液滴的混合是否合适。涂料的喷涂应平稳,喷涂出的湿润涂层应没有凹陷或流泪现象,在一般情况下要想获得合适的喷雾扇形,有三种基本调节方式。

1.3.1.1 喷雾扇形调节

通过调节喷雾扇形控制旋钮可以调节喷雾直径的大小。调节喷雾形状时,将扇形控制旋钮旋紧到最小,可使喷雾的直径变小,喷涂到板件上的形状变圆;将扇形控制旋钮完全打开,可使喷雾形状变成宽的椭圆形。较窄的喷雾可用于局部修理,而较宽的喷雾则用于整车喷涂,如图4-9所示是扇形控制旋钮从完全打开到旋紧到最小时,喷雾形状的变化。

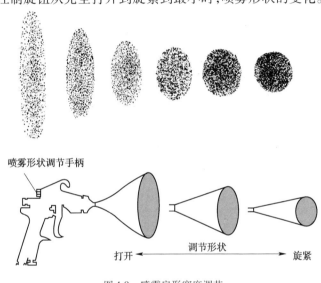

图4-9 喷雾扇形宽度调节

1.3.1.2 涂料流量调节

调节涂料控制旋钮可调节适应不同喷雾形状所需的涂料流量,如图4-10所示。逆时针转动涂料控制旋钮可增大出漆量,而顺时针转动将减小出漆量。

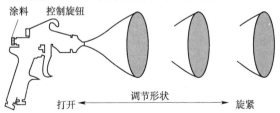

图4-10 调节涂料控制旋钮控制出漆量

1.3.1.3 空气压力调节

喷枪喷嘴处的压力对得到合适的喷雾扇形有明显的影响。空气压力的调节一般可通过分离/调压器来调节,但由于空气从调压器经过输气软管到达喷枪还受到摩擦力作用,因此存在压降。调压器处测得气压与喷枪处测得气压的差值取决于输气管的长度和直径,一般来说孔径越大压降越小,管长越短压降越小,但管长一般不超过10m。因此,应该在喷枪处测量气压值,而且我们所提到的压力值都是指喷枪处的气压。

测量气压的最可靠的方法是使用一块插在喷枪和输气管接头之间的气压表,如图4-11所示。有些喷枪本身就带有气压表(图4-12),可用来检查和调节喷枪处的压力值,而大多数喷枪的气压表是可选件,建议在生产实际中使用气压表。

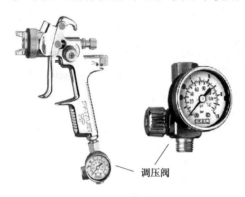

图4-11 带气压表的调压阀　　　　图4-12 带内置式数字显示式压力表的喷枪

最佳的喷涂压力是指获得适当雾化挥发率和喷雾扇形宽度所需的最低压力。压力过高会产生过多弥漫的喷雾,从而导致用料量增加,而涂层流动性降低,因为在涂料到达喷涂表面之前已有大量的溶剂被蒸发掉了,易产生橘皮等缺陷。如果压力过低,会使涂层的干燥困难,因为大多数溶剂都保留下来了,所以容易产生起泡和流挂。

1.3.2 喷涂试验

设定好空气压力、喷雾扇形、出漆流量后,就可以在遮盖纸或报纸上进行喷雾形状测试。喷涂清漆类涂料时喷枪与测试纸相距为15~20cm,而喷涂瓷漆时则相距20~25cm。试验应在瞬时完成,将扳机完全按下,然后立即释放。

喷射出来的涂料应在纸上形成长而窄的形状。然后旋转喷雾扇形旋钮,使试样高度达到一定高度为止。一般情况,进行局部修理时,试样高度从底部到顶部应达到10~15cm;进行大面积或全身修理时,试样高度从底部到顶部应长23cm左右;通常情况,试样高度在15~20cm即可。

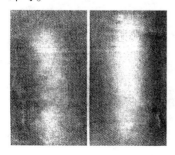

图4-13 涂料雾化质量

图4-13表示了涂料雾化质量的两种情况,右图所示的质量好一些。如果涂料颗粒粗大,可以旋进涂料流量控制旋钮1/2圈以减少流量;如果喷得太细或过干,则旋出涂料流量控制旋钮1/2圈,以达到调节涂料喷出量的目的。

进行这种喷涂测试,既可以确定涂料雾化是否均匀,又可以确定涂料雾化的颗粒是否足够小,以保证合适的流动性。完成以上测试后,还应测试涂料分布是否均匀,松开空气帽定位环并旋转空气帽,使喇叭口处于竖直位置,此时喷出的图案将是水平的(如图4-14所示)。再喷一次,按住扳机直到涂料开始往下流,这叫作"流泪",检查流泪的长度。

如果所有的调节都合适,流痕的长度应大致相等;如果流痕两边长中间短,是喷雾形状调得太宽或气压太高,将喷雾扇形控制旋钮转回半圈或增加压力,反复进行这两项调节,直到流痕的长度相等;如果流痕中间比两边长,说明喷涂量太大,调节流量控制旋钮,直到流痕的长度相等。

图4-14 喷涂测试图形

1.3.3 喷涂操作

对喷涂工作而言,要想获得良好的效果,正确的喷枪操作是非常重要的。主要有如下要领:

1.3.3.1 喷枪在移动过程中与被喷件的角度

为了便于操作,操作人员应以一字步或丁字步站立,在喷枪移动过程中,不论是横形的喷雾还是纵形的喷雾,在上下或左右移动时,均要保持喷枪与工作表面成90°直角,并以与表面相同的距离和稳定一致的速度移动,否则漆膜可能不均匀。绝不可由手腕或手肘作弧形的摆动,否则被涂构件的漆雾流厚薄不匀,厚处可能出现"流挂",薄处可能出现"露底",一部分漆雾在空气中流失。只有在小面积喷涂时才允许喷枪作扇形摆动,因为这时要求漆膜中间厚两边薄,如图4-15和图4-16所示。

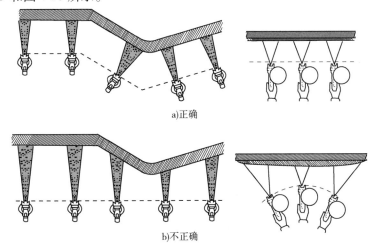

图4-15 喷枪与喷涂表面的角度(水平方向)

1.3.3.2 喷枪嘴与待喷件之间的距离

喷枪与待喷件表面保持适当的距离非常重要,一般情况下距离20cm左右(可按油漆供应商提供的工艺条件操作),如果喷涂距离过近,喷涂气流的速度就较高,从而会使涂层出现波纹;如果距离过远,就会有过多的溶剂被挥发,导致涂层出现橘皮或发干,并影响颜色的效果。使用延缓挥发的稀释剂,可以使喷涂时喷枪的位置不太重要,但如果喷涂距离太近就会导致流泪现象(如图4-17所示)。喷涂距离过远,就会导致涂料的浪费,因为会形成飘散的喷雾。

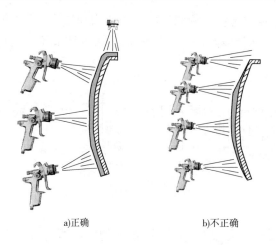

a)正确　　　　　　　　b)不正确

图 4-16　喷枪与喷涂表面的角度(竖直方向)

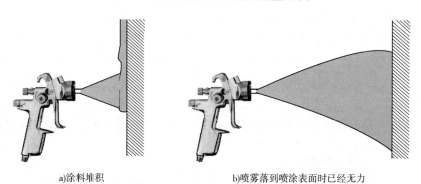

a)涂料堆积　　　　　　b)喷雾落到喷涂表面时已经无力

图 4-17　喷涂距离对喷涂效果的影响

1.3.3.3　喷枪移动的速度

移动喷枪的速度应稳定,喷枪的移动速度与涂料干燥速度、环境温度、涂料的黏度有关。移动速度过快,会使漆膜粗糙无光,漆膜流平性差;移动过慢,会使漆膜过厚发生流泪。所以速度必须一致,否则漆膜厚薄不匀。喷涂过程中绝对不能让喷枪停住不走,否则会产生流挂。使用干燥较慢的涂料,可适当提高移动速度。

1.3.3.4　喷涂方法、路线

喷涂方法有纵行重叠法、横行重叠法和纵横交替喷涂法。喷涂路线应从高到低、从左到右,从上到下、先里后外顺序进行。应按计划好的行程稳定地移动喷枪,在抵达单方向行程的终点时放开扳机,然后再扳扳机,开始相反方向仍按原线喷涂。在行程终点关闭喷枪可以避免出现流挂,并把飞漆减少到最少。难喷部位,如拐角或边缘要先喷,要正对被喷涂部位,喷枪距离要比正常距离近,所有边缘和拐角都喷好后再喷水平表面。对竖直面板通常从板的最上端开始,喷嘴与上边缘平齐。喷枪第二次单方向移动的行程与第一次相反,喷嘴与第一次行程的下边缘平齐,雾形的上半部与第一次雾形的下半部重叠,重叠幅度应第二层与上一层重叠约1/3 或 1/2(图 4-18)。下半部喷涂在未喷涂过的区域。应一直与前次喷涂部分的"湿边"混涂,开始喷涂的搭接处选择行合适,可避免出现双涂层和流挂。各涂层之间要留出几分钟的闪干时间。

（1）扣下扳机前，喷枪应先开机，而关机之前应先松开（涂料）扳机。这样才能平稳过渡，防止大起大落。

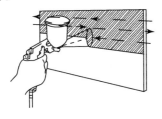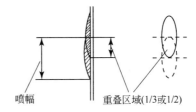

图4-18　喷幅重叠情况

（2）喷涂时不要转动，喷枪的运动不要呈曲线形，否则会造成漆膜不均匀。喷漆时唯一可以转动的情况是进行局部喷涂时"飞喷"的特殊手法。

（3）喷涂终了时应松开扳机，然后在反向喷涂开始时再扣下扳机。也就是说掉头时应先松开扳机再扣下扳机。这样有利于避免流泪，减少多余的喷雾，以及节省涂料。扣扳机的正确操作分四个步骤：先从遮盖纸上开始走，扣下扳机一半，仅放出空气；当走到喷涂表面的边缘时，完全扣下扳机，喷出涂料；当走到另一头时，松开扳机一半，涂料停止流出；反向喷涂前再往前移动几厘米，然后重复上述操作步骤。

（4）边角这些难喷涂的部位应先喷涂。直接对准这些部位，以使两侧平面喷涂均匀。喷涂距离应比一般的近3～5cm，或将喷雾扇形控制旋钮旋进几圈。如果离的较近，则移动速度应快一些，以使漆膜厚度保持一致。喷涂完所有边角后，就可以开始喷涂平面或接近平面的部件了。

（5）喷涂表面非常窄的时候，应更换喷涂图案较小的喷枪或空气帽，而不必重新调节。喷涂图案较小的小修补喷枪比较易于操作。另外，降低气压和涂料流量后，小心操作也能使用大号喷枪。

（6）一般而言，直立的表面应从顶部开始喷涂，喷嘴应与该表面的顶部齐平。第二次喷涂向反方向进行，喷嘴应与上一次喷涂的下边缘齐平，使喷涂出扇形的一半与上一行程重叠。持续来回操作，每走到头应松开扳机，并降低喷涂图案一半的距离。最后一趟应使喷雾的一半低于已喷涂平面。对门而言，喷雾的下一半就射空了。

（7）手持喷枪一次移动的水平距离为50～100cm，如果面层水平喷涂尺寸超过100cm，就需分两次移动喷涂。两次喷涂应有10cm的"湿边缘"重叠。在重叠区操作时，应掌握好扣动扳机的时机与力度，以免产生双涂层或形成涂料下垂现象，最后喷涂应位于表面的下缘。

上述步骤是针对单涂层的，对于双涂层，应在此基础上重复上述操作。一般而言，良好的喷涂面层是由双涂层或多涂层涂料组成，在两个涂层之间应有一段快速蒸发的时间，即溶剂蒸发以使涂层稍微变干的所需时间，一般为几分钟。这可以观察到涂层外表稍微变暗。瓷漆外涂层一般需要2～3个单涂层。

1.3.4　持枪问题

持枪应注意倾斜、曲线运动、移动速度、重叠、覆盖等问题。

倾斜是指漆工将喷枪向下倾斜时。因为喷枪与喷涂斜面不相垂直，因此会导致喷雾过多，喷漆发干以及橘皮。

曲线运动是指漆工移动喷枪的轨迹与喷涂平面不平行。在曲线行程的两头，喷枪距离喷涂平面比行程中间远。其后果是漆膜不均匀，局部喷涂过厚以及橘皮。

如果移动速度太快,涂料就不会均匀地覆盖喷涂表面;如果移动速度太慢,就会产生流挂及流泪。正确的移动速度主要依靠严格的训练和经验来保证。

不正确的重叠会导致漆膜厚度不均匀,颜色的对比度也不均匀以及流挂。在板的边缘如果扣扳机不当,会导致漆膜厚度不均匀,应注意交替部分。

1.4 喷枪的日常维护

1.4.1 喷枪的清理

不注意保养和清洗是喷枪发生故障的主要原因。使用后应立即清洗喷枪及其附件,往磨损表面添加润滑油,放置推荐的时间,并小心操作(不要扔或摔)对于保养喷枪是非常重要的。

清洗吸力进给式喷枪时,首先应先卸下涂料罐(如图4-19a)所示),将吸料管流在杯内,接着松开空气帽2~3圈,用一块叠好的抹布挡住空气帽,然后扣扳机(如图4-19b)所示),这样能使喷枪内的涂料流回涂料罐内。

> **特别提示:**
> 使用的气压要低,当涂料罐还装在枪上时,不要进行上述操作,否则涂料会从罐内飞溅出来。

重新将空气帽上紧,并把涂料罐中的涂料倒回原来的大罐中。用溶剂和稀毛刷清洗杯内和杯盖,如图4-19c)所示,用一块浸过溶剂的抹布擦掉残余物。然后向杯内倒入少许干净的清洁剂,扣动扳机,将清洁剂喷出,清洗输料管。

然后将空气帽卸下,泡在稀释剂或溶剂中,用像圆头牙刷或稻草扫帚样的软刷子清洗堵塞的小孔,如图4-19d)所示。

> **特别提示:**
> 决不能用铁丝或铁钉这样的东西清理这些小孔,因为这些小孔都是精加工钻出的。

用喷枪刷和溶剂清洗喷嘴,如图4-19e)所示。用泡过稀释剂的抹布将枪体外部擦干净,注意擦掉所有涂料的痕迹,如图4-19f)所示。

目前,在一些地区和单位已开始使用喷枪自动清洗机,结合人工手洗来清洗喷枪,清洗效果非常好。喷枪自动清洗机将在本章第四节中进行介绍。

在美国空气污染严重的地区,如加州,需要使用封闭式喷枪清洗设备。喷涂设备,包括喷枪,储料杯和滤网,都要放到喷枪清洗/再循环利用机器的大桶内。盖上桶盖,然后打开气动泵使清洗桶内的清洗液旋转,从而清洗各部件的内部和外部。不用1min,该设备就能清洗干净各部件以供使用。

喷枪清洗器可节省漆工的时间。与传统的手工清洗方式相比,自动清洗液可节省更换涂料操作10min的时间,该清洗器增加了漆工的安全,因为皮肤不再接触到那些溶剂。该系统的设计上,底部有一个螺塞,可容易地将废液排掉。

单元四　汽车涂装修理常用设备

a)拆下储料杯　　　　　　　　　b)放掉涂料

 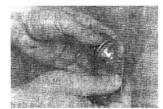

c)清洗杯盖　　　　　　　　　d)清洗涂料喷嘴

e)清洗涂料杯的外面　　　　　　f)清洗堵塞的小孔

图 4-19　清洗喷枪的步骤

特别提示：

喷枪在使用完后如果不立即清洗,喷嘴就会部分或完全堵上,导致喷枪喷出来的喷雾分裂(喷出干燥的涂料碎片)或喷雾形状不对。对加有添加剂的瓷漆,尤为如此,因为在使用后如果不立即清洗,瓷漆就会在喷枪的内部硬化。

1.4.2　喷枪的维护保养

最好每天工作完后进行润滑喷枪,用轻机油润滑如图 4-20 所示的各部件。由于正常的磨损和老化,密封圈、弹簧、针阀和喷嘴必须定期更换,更换应按生产厂家的说明进行。由于机油过量就会流入涂料和机油通道,造成喷涂缺陷,因此润滑时必须非常小心,机油和涂料混合后就会降低喷涂质量。不要把喷枪长时间浸泡在清洗液中,这样会使密封圈硬化,并破坏润滑效果。

1.4.3　喷枪使用

为了获得最佳的修补效果,在不同的情况下要使用不同的喷枪。建议每人配备四把喷枪,一把用于底漆、中涂层喷涂,一把用于面漆、清漆层喷涂,一把用于银粉漆喷涂,还有一把小修补喷枪用于点修补时使用。如果这些喷枪保持良好的清洗和工作顺序,就会节省大量换枪时的调整和清洗时间。

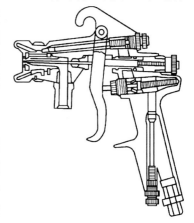

图 4-20　空气喷枪需要润滑的部件

1.5 喷枪故障的诊断

1.5.1 喷枪漏气
喷枪漏气的故障原因及对策见表4-1。

喷枪漏气的故障排除　　　　　　　　　　　　表4-1

原　因	对　策
空气阀或阀座被污物堵塞	清洗
空气阀或阀座损坏	修理或更换
空气阀弹簧断裂	更换
后座磨损太松	拧紧垫座或更换密封
喷嘴针阀缺润滑油	加润滑油
喷嘴针阀弯曲	更换
压盖螺母太紧	松开一点,在填料上加油
密封损坏或没装	更换或安装

1.5.2 漆液泄漏
漆液泄漏的故障排除见表4-2。

漆液泄漏的故障排除　　　　　　　　　　　　表4-2

原　因	对　策
前垫座磨损,喷嘴端部磨损或裂纹	拧紧喷嘴,更换有裂纹的喷嘴
喷嘴针阀或喷嘴损坏使喷嘴针阀无法到位	修理或更换
喷嘴堵塞,喷嘴针阀封闭不严	取下喷头清洗
螺母太紧	松开一点
压紧螺母松动	拧紧螺母
喷嘴针阀弹簧断裂	更换
垫圈损坏	更换
喷嘴针阀填料缺油	注油,然后拧紧螺帽

1.5.3 雾束顶部或底部太大
雾束顶部或底部太大(图4-21)的故障排除见表4-3。

图4-21　雾束顶部或底部太大

雾束顶部或底部太大的故障排除　　　表4-3

原　因	对　策
漆料喷嘴顶或底部堵塞	清洗
空帽或漆料喷嘴被污染	清洗
犄角气孔部分堵塞	清洗

1.5.4 雾束不稳,时大时小
雾束不稳、时大时小故障(图4-22)的排除见表4-4。

单元四　汽车涂装修理常用设备

雾束不稳、时大时小的故障排除　　　表 4-4

原　因	对　策
出漆孔堵塞	清洗
喷杯中涂料不够	加足涂料
喷枪倾斜角度太大	减小倾斜角度或增加喷杯中的涂料
喷杯上空气出口被堵	清洗
连接喷杯或压料罐的管道破裂或安装不紧	紧固所有接头，更换损坏管道
喷嘴松动或喷嘴座损坏	拧紧喷嘴或更换喷嘴座
涂料黏度太大	稀释涂料，或改用压送式
喷杯与枪体间连接螺母松动、污染或损坏	拧紧、清洗或更换
填料缺油或喷嘴针阀螺母松动	加轻润滑油、拧紧
空气压力过低、漏气	提高空气压力，修理漏气处
密封螺钉塞漏气	旋紧密封螺钉，使密封垫压缩，补偿磨损

1.5.5　雾束集中
雾束集中故障(图 4-23)的排除见表 4-5 所示。

图 4-22　雾束不稳　　　　图 4-23　雾束集中

雾束集中的故障排除　　　表 4-5

原　因	对　策
对扇幅而言，供漆量太大	减少供漆量，将雾束控制阀开大些
对压送式喷枪，空气帽选小了	换大一些
对于压送式喷枪，空气压力太小	增加空气帽中雾化空气压力
喷嘴尺寸太大	更换尺寸小些的

1.5.6　雾束分散
雾束分散(图 4-24)的故障排除见表 4-6 所示。

雾束分散的故障排除　　　表 4-6

原　因	对　策
对于扇幅而言，供漆量太小	增加供漆量或减小一些扇幅
对压送式喷枪，雾化压力太高，供漆量不足	增加些压料的压力，同时降低雾化压力
喷嘴尺寸太小	更换尺寸大些的喷嘴

图 4-24　雾束分散

77

1.5.7 漆雾无圆形雾状

漆雾无圆形雾状现象的故障排除见表 4-7 所示。

漆雾无圆形雾状的故障排除　　　　表 4-7

原　因	对　策
气流喷嘴和喷嘴的安装密封面有余漆,影响扇形和圆形雾状气路畅通	检查气流喷嘴和喷嘴密封面,消除异物
喷嘴与枪体密封面扇形雾状气路和圆形雾状气路窜通	检查喷嘴与枪体密封面,使扇形气路与圆形雾状气路各自隔绝密闭

1.5.8 雾不偏右或偏左

雾束偏右或偏左现象(图4-25)的故障排除见表4-8所示。

图 4-25　雾束偏右或偏左

雾束偏右或偏左的故障排除　　　　表 4-8

原　因	对　策
犄角右边或左边部分堵塞	清洗
漆料喷嘴右边或左边被污染	清洗

1.6 环保型喷枪

环保型喷枪又称为 HVLP 喷枪,意为高流量低气压式喷枪,即使用大量空气,在低气压下将涂料雾化成低速的小液滴。它与传统喷枪的区别在于其材料传递效率非常高。传统喷枪主要利用高压气体将涂料"吹"成小液滴,在这一过程,将产生大量多余的喷雾。高压系统的转化效率受多余喷雾的影响,小液滴被"吹"起来又被弹了回去,即回喷现象非常明显。相反,HVLP 喷枪将涂料分解成小液滴的气压不超过 70kPa。

当涂料流进入气流后,由于没有反弹现象,减少了弥漫的喷雾,因此传递效率有了很大的提高。HVLP 喷枪适用于任何可用喷枪雾化的液体溶剂材料,包括双组分涂料、氨基甲酸乙酯、丙烯酸漆、环氧树脂、瓷漆、清漆、着色涂料、底层防锈涂料等。

高传递效率可以很好地保护环境,还可以有效地提高车间的工作环境以及喷涂的质量。多余的喷雾不但使工作场合的环境有害健康,而且降低了能见度,从而导致容易操作出错和工作效率下降。多余的喷雾是喷涂操作维护的主要项目之一,因此减少了多余的喷雾就节省了大量的时间。

HVLP 喷枪的材料传递效率一般是传统喷枪的 2 倍左右,传统喷枪的材料传递效率在 35%～40%,而 HVLP 喷枪的材料传递效率高达 65% 以上,这样喷漆间的维护与用料费用都相应降低了许多。

HVLP 喷枪和传统喷枪的操作基本相同,但有一些细微的差别。例如,HVLP 喷枪离喷涂表面应该近一些,因为漆流的速度较慢,喷涂时应距离 15～20cm,距离过长会导致喷涂发干且漆膜厚度不够。气压在 150～200 kPa 左右就能使涂料很好地雾化。

许多第一次使用 HVLP 喷枪的人都注意到 HVLP 喷雾速度要比传统喷枪喷涂慢,但漆膜厚度通常比传统喷枪要厚一些。这是因为达到所需厚度的喷涂次数要少,可以提高工作效率。有时喷涂速度较慢,主要是因为气源的压力不足,并非所有系统在实际情况下都能达到额定供气压力。HVLP 喷枪工作时非常安静,好像工作效率不高,它不像传统喷枪那样,工作时好像轮胎泄漏一样。

2 喷烤漆房和烘干设备

2.1 喷漆房

喷漆房能够提供一个清洁、安全、明亮、有利于健康的工作场地。它可以使喷涂场地没有飞扬的粉尘,并能限制和安全排放掉进行车身喷涂工作时产生的挥发性气体。现代喷漆房的设计非常科学,它能提供合适的空气环境,必要的照明,保证喷涂工作的安全。

2.1.1 喷漆房的结构类型

喷漆房主要由墙体、换气系统、空气过滤系统、照明装置及废气、废渣处理装置等组成。

2.1.1.1 换气系统

换气系统应达到每小时换气两次或更多次的要求。冬季气温较低时,冷空气对冷物料喷成的冷面层会带来不利影响,应在空气供给系统增加恒温装置,以提供温度适宜的空气来满足喷漆需要。目前的换气系统有三种形式:正向流动喷漆房、反向流动喷漆房和下向通风喷漆房。

1)正向流动喷漆房

即汽车从空气进口进入,沿着气流方向驶入喷漆房,从另一端空气出口离开,气流是从汽车尾部向前吹的,如图 4-26 所示。

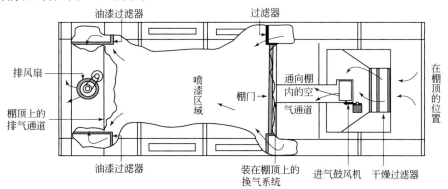

图 4-26 正向流动喷漆房

2)反向流动喷漆房

气流从车前吹向车后,即汽车倒向喷漆房,汽车迎着气流方向驶入。

3)下向通风式喷漆房

即气流是从喷漆房的天花板向下流动,从地板栅格处排出。气流在汽车表面形成一层包围层,使漆雾不会沉积、污染已喷过的表面,保证喷漆作业的质量。此类喷漆房目前应用最广泛,如图 4-27 所示。

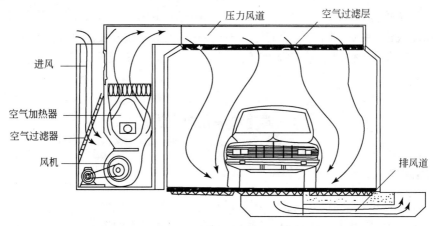

图4-27 下向通风式喷漆房

2.1.1.2 空气过滤系统

喷漆房最重要的系统是空气过滤系统,其作用是把进入喷漆房内的空气进行过滤,以保证喷漆质量;其次是把在喷漆房中产生的漆雾和其他污物过滤掉,使排入大气的气体无污染。它不仅关系到喷涂质量,还关系到保护喷涂工人的身体健康及环境。因此喷漆房的空气过滤系统的维护非常重要。目前喷漆房常用的空气过滤系统按去除飞漆和尘埃的方式主要分为干式过滤系统和湿式过滤系统。

1) 干式过滤系统

包括两大装置,即空气供给装置和排风、漆雾过滤装置。常用的下通风式喷漆房中,空气进入喷漆房的通道中设置进风口棉和顶棉进行两级过滤。进风口棉安装在进风口处。在排风道安装有底棉,来收集喷漆房在喷漆作业中产生的过量喷漆游离粒子,使排放气体达到环保的要求。

干式空气过滤系统主要使用纸、棉、玻璃纤维、聚酯纤维等,对空气进行过滤,其工作原理类似于网,当空气通过这些过滤材料时,将其中的飞漆、尘埃及其他污物分离掉,有些过滤材料能粘住小纤维或捕获飞漆,如玻璃棉过滤材料具有捕获飞漆的特征。目前汽车修理行业广泛使用的喷涂烤漆房,以使用干式空气过滤系统为多,通过粗滤、中滤、细滤三级过滤的有效措施,去除飞漆率达到99.8%,并能全部滤去人眼在涂膜表面所能见到的最小尘埃(10μm粒径),有效防止在涂膜表面产生粗粒的缺陷。使用时要经常检查过滤材料的过滤状况,并清洗或更换过滤材料。虽然购置安装费比湿式过滤系统低,但更换过滤材料需一定的费用。

2) 湿式过滤系统

其空气供给系统与干式过滤系统相同,而排气过滤采用的是湿式结构。湿式过滤系统能够有效地滤。清除喷涂时产生的飞漆或漆雾,湿式空气过滤系统能滤清喷涂时产生的飞雾,并不受涂料黏度和干燥速度的影响,工作容量大,能减少更换过滤网、棉的费用和不便,并符合环保要求,广泛应用于气流下行式喷漆房。在湿式空气过滤中主要有喷淋式、水旋式、水帘式、无泵式等,其中水帘式处理效果最好,喷漆房的废气经过水帘式清洗,与空气混合在一起的飞漆被水从空气中冲洗掉而净化,同时倒流板按与空气相反方向转动,利用离心力的作用收集小液滴,使空气干净、干燥,如图4-28所示。

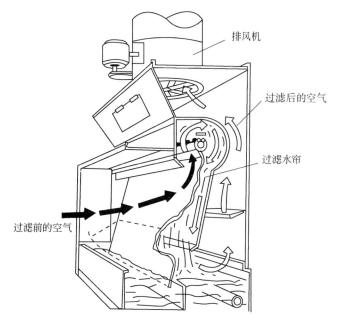

图 4-28 湿式过滤系统

2.1.2 对喷漆房的技术要求

(1) 喷漆房的空气必须进行过滤,温度、湿度可以调节。
(2) 室内空气自上而下,不易形成气流死角和漆雾回落而影响喷涂的质量。
(3) 室内空气流速应在 0.3~0.5m/s 范围内,过快过慢均影响流平性。
(4) 排风量应稳定,供风量略大于排风量。
(5) 室内产生的气体应先处理,后排出,以免污染。
(6) 照明应不小于 800Lux 的亮度,灯具不得与漆雾直接接触。

2.1.3 喷漆房的正确使用和维护

(1) 定期清洗墙体,地板及固定表面的灰尘、油污,做好例行保洁工作。
(2) 喷漆房内不准存放零件等其他物品。
(3) 不能在喷房内进行涂装前的表面打磨、清洁及涂料调整等工序。
(4) 用水清洗地板时,防止飞溅到车上。
(5) 定期检查喷漆房周围的密封情况,以防灰尘进入。
(6) 定期检查更换干式过滤系统中的滤网。
(7) 汽车进入喷房前,进行彻底的清洁。
(8) 湿式过滤系统中水位应保持正常,并正水中加入添加剂。
(9) 喷漆房内必须的物品,应存在密闭的储藏室内。
(10) 定期对电风扇、电动机进行维护。

2.1.4 喷漆房对涂装质量的影响

(1) 抽气大于空气则涂膜下垂,超负荷,爆裂,喷涂不均匀。
(2) 大气中有污物:污染涂层。
(3) 气压过大:涂层遮蔽力差,涂膜下垂,超负荷,过喷。

(4)使用不当的添加剂:污染涂层,火灾危险。

(5)污物积累:污染涂层,火灾危险。

2.2 烤漆房

烤漆房的种类繁多,根据能源来分有燃油型和电热型;根据干燥方式有热空气对流干燥,远红外线辐射干燥等。因在维修涂装中的汽车整车经不起高温烘烤,所以汽车修补涂装中一般使用的是自干型或双组分型涂料。为了提高涂装效率和涂层质量,可选用低温烘烤型涂料和低温烘烤设备。在修补涂装产量大的场合,一般都独立设置一套低温烘烤房。在局部修补时,还可使用移动式烘烤设备。

烤漆房可以单独设置,也可以与喷漆房连成一体。如果喷漆房带有无尘的干燥室,可以加速漆膜的干燥。在普通维修企业通常使用喷—烤两用房(俗称喷烤漆房),即可以在其中进行喷涂施工,等涂膜经过充分晾干后,再实施烘烤工序。可满足修补涂装中的喷涂施工和低温烘烤两方面的要求,但工效低且漆雾粒子的除净率低。

喷烤漆房在使用中有两种工作状态:喷涂状态和烘烤状态,如图4-29所示。目前使用的烤漆房一般采用气流下行式,即空气从天花板进入,经过车顶向下从车身两侧的排气地沟排出,经三级(粗、中、细)过滤后干净、干燥、适温的空气,在流过车身时不会流下形式减少了喷涂操作人员可能吸入的飞漆和溶剂蒸气,有利于喷漆工的身体健康。

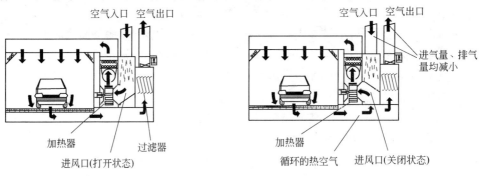

图 4-29 喷烤漆房的喷涂状态和烘烤状态

由于喷涂烤漆房喷与烤在同一室体进行,喷涂时与烘烤时空气流速是有差别的,一般喷涂时空气流速最好控制在 0.3~0.6m/s。对涂膜进行加温烘烤时空气流速应在 0.05m/s 左右。

2.2.1 烤漆房的类型

根据烤漆房对漆膜的干燥方式不同,有热空气对流式烤漆房和辐射式烤漆房。

2.2.1.1 热空气对流式烤漆房

采用热风对流加热方式,被烘干件的金属底材温度在烘烤过程中不超过80℃。热源一般由煤油、柴油、废油、天然气、电力或蒸气产生。目前国内燃油式热空气对流干燥的低温烤漆房在汽车修理行业中使用较普遍,该烤漆房采用高性能钢组件式房体,无接缝式无机过滤棉,配合进风过滤系统及正风压,可保证施工环境的洁净。房体采用夹心式隔热棉提供极佳的保温效果。烤漆房内的照明设备采用无影灯式日光照明灯管,其发出的光的光谱与太阳光线相似,使涂料工对颜色的辨别提供了良好的光源。应用计算机技术全自动操作控制台经设置程序后,能自动控制风压、温度、时间。在结构上采用了过压原理,室内风压高于室外 4~12Pa,使灰尘不能进入室内,再加上进入室内的空气经多次过滤,因而空气净化度较高。在烘烤过程中空气循环加热,每次大约补充 10% 的新鲜空气,这样热量利用充分,节约能源。废气经过过滤后排放于室外,排放浓度符合环保标准要求。适合于各种轿车和面包车在生产和维修涂层的喷涂和烘烤,如图 4-30 所示。

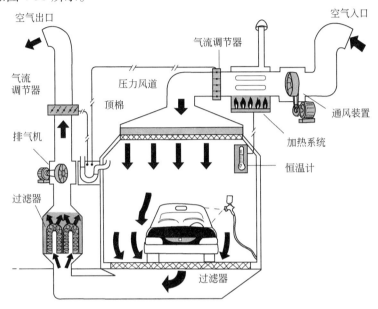

图 4-30 热空气对流式烤漆房

2.2.1.2 辐射式烤漆房

烘烤干燥方式除热空气对流式外,也可采用辐射式。可将辐射式干燥器根据烘烤室的结构合理布置在内,也可用于局部烘烤,如图 4-31 所示。

2.2.2 烤漆房的特点和技术要求

2.2.2.1 烤漆房的特点

(1)空气流动好,新鲜空气不断进入,废气及时排至外室。根据喷涂状态和烘烤状态的需要调节排气管和进气量,使喷涂状态时排出废气,烘烤时则不断循环空气并将热空气反复使用保持温度节约能源。

(2)室内温度可调节,烘干时最高 80℃。室内温度均匀,每一点的温度变化范围为 ±2℃。升温迅速,一般室温从 20℃ 升高至 60℃ 不超过 20min。

图 4-31 辐射式烤漆房

(3)空气循环量可达 12 000m³/h,装机容量为 62kW,其中加热量最高容量为 54kW。喷涂室正压送风时,其送风气压一般保持室内高于室外 4~12Pa,可通过调风门调节;照明采用 40W 日光灯每组四只,共八组,从房顶两侧向下照射,室内光线明亮,工作时可达无影效果,噪声不大于 80dB。

(4)在对汽车涂膜加温烘烤时,烘烤温度要适当控制,汽车修补涂装温度调节一般以被烘烤物体表面温度为 60℃ 为宜,若温度达到 85℃ 以上会造成仪表、塑料件变形等,若 90℃ 以上则可能引起燃油起火、爆炸等。

2.2.2.2　烤漆房应达到的技术要求

(1)室内温度均匀,可调,控温正确。

(2)热空气密封循环且风速可调,一般风速 3.3m/min。

(3)供给的空气必须过滤,废气排出必须有处理装置。

(4)带门封闭型烘干室必须配备防爆泄压装置。

(5)绝热,保护措施良好,保温层厚度一般为 10cm。

2.2.3　烤漆房的日常维护和正确使用

2.2.3.1　烤漆房的日常维护

烤漆房的日常维护非常重要,遵循的主要原则有:

(1)烤漆房内不能进行任何原子灰打磨及其他打磨工作,也不要进行抛光作业。

(2)必须经常检查过滤系统,按时更换各级过滤网或过滤棉,定期检查排风系统、加热系统、电器系统、控制系统以确保安全,正常运行。照明设备损坏应及时修复。

(3)喷涂工作结束后烤房内的喷涂工具、喷涂材料清理出烤房后,才能加温烘烤。

(4)烤漆房内工作结束后,车辆驶离后应清除一切杂物,如遮蔽纸、残留废弃物,并擦净地板、墙壁及烤漆房内的其他设备。压缩空气输送软管要盘好。

(5)除每天的日常清扫外,定期对烤漆房进行彻底维护。

(6)更换因高温而老化的门封条,防止因破裂而使灰尘吸入和热量流失。

2.2.3.2　烤漆房的正确使用

(1)待烤车辆在进入烘干室前,应留有充足的晾干时间,以防烘干过程中溶剂挥发量过大而不安全。

(2)按照烘烤规范参数调整好烤漆房的温度,即控制好升温的时间、保温时的温度和时间、降温的速度等。

(3)控制好烤漆房内的风速。风速过高或过低对涂膜的形成质量有些很大。一般室内喷涂时的风速控制在 0.3~0.6m/s,烘烤时的风速控制在 0.05m/s 左右。

(4)为了防止烘烤过程中的溶剂过度积累而产生危险,必须持续排出和补给 10% 的空气。

(5)烘干室内不允许存放任何多余的物品,特别是涂料、溶剂、稀释剂等挥发性材料。

2.2.4　烤漆房对涂装质量的影响

(1)过滤器肮脏:涂层脱落或发软。

(2)过滤器损坏或开裂:涂层脱落或发脏。

(3)恒温器工作不良:涂层脱落或发软。

(4)10% 的进、排气口堵塞:着火或爆炸,无光泽。

(5)灰尘进入烤漆室:涂层发脏。

2.3　烘干设备

2.3.1　烘干设备的分类

2.3.1.1　按干燥设备的外形结构分

按干燥设备的外形结构,烘干设备分为室式、箱式和通过式三种。修理厂常用的喷烤漆房就属于室式烘干设备;箱式烘干设备适用于小批量,间歇式生产;通过式主要用于汽车生产厂大批量、机器化生产。

2.3.1.2 按生产操作方式分

按生产操作方式分,烘干设备分为连续式和周期式两种。前者适合于批量生产,后者适合于大批量流水作业。

2.3.1.3 按加热和传热方式分

按加热和传热方式分,烘干设备分为对流式、辐射式和感应式三种。对流式是指用蒸气、电热和炉火加热空气,使热空气在房内对流加热;辐射式是指将热能转变为各种波长的电磁波,对物体加热,利用红外线作辐射源的称为红外线辐射干燥设备;感应式是指用电磁感应加热的设备。

2.3.2 对流干燥式烘干室

对流干燥也称热空气干燥,应用对流传热的原理,利用空气为载热体,传递给被涂层,加快涂层的干燥。一般来说温度越高,涂层的化学反应越快,涂料干燥也越快。

2.3.2.1 对流烘干室的特点

对流烘干室有以下一些特点:对流烘干加热均匀,从而保证了涂层颜色的一致性;烘干温度范围较大,基本上能满足一般类型涂料烘干温度的要求;设备使用管理和维护较为方便,运行费用较低。但是,对流烘干室也有一定的局限性,如升温时间长、效率低;设备庞大,占地面积大;涂料表面成膜快,阻碍内部溶剂的挥发,易产生针孔、起泡、皱纹等涂膜病态。

2.3.2.2 对流烘干室的类型

按生产组织形式分为间歇式烘干室一般为单室或多室的单门式,适用于小批量生产或间断性生产。连续生产烘干室一般为通道式,适用于大批量生产,一般与其他工序组成涂装流水线,在汽车行业主要被制造厂采用。

(1)按照使用的热源,对流烘干室可分为电或燃气等形式。

(2)按照加热空气介质的方式,对流烘干室又有直接加热和间接加热两种类型。

(3)按照热空气在烘干室内的对流方式,对流烘干可分为强制对流式和自然对流式。

2.3.2.3 对流烘干室组成

对流烘干室不管是何种类型,一般由烘干室体、空气过滤层、温度控制系统等组成。下面就燃气、油式、电热烘干式、对流烘干室以及温控净化喷涂烤房做简单介绍。

1)燃油对流烘干室结构

室体:烘干室室体的作用是使循环的热空气不向外流出,维持烘干室内的热量,使室内温度保持在一定的范围之内,室体也是安装烘干室其他部件的基础。

加热系统:对流烘干室的加热系统是加热空气的装置,它能把进入烘干室内的空气加热至一定的温度范围,通过加热系统的风机将热空气引进烘干室内,并形成环流在室内流动,连续地加热工件,使涂层得以干燥,为了保证烘干室内的溶剂蒸气浓度处在安全范围之内,加热系统需要排除一部分带有溶剂蒸气的热空气,同时,需从室外吸入一部分新鲜空气给以补充。加热系统一般由进风管、空气过滤器、空气加热器和风机等部件组成。

空气帘装置:通道式出口始终是敞开的,为了防止热空气从烘干室流出和冷空气流入,减少烘干室的热量损失,提高其热效率,通常在烘干室进出口处设置空气帘装置,用分机喷射高速气流而形成空气帘。

温度控制系统：温度控制系统的作用是调节烘干室内温度的高低和使室内温度均匀。对流烘干室温度控制有循环热空气量调节和循环热空气温度调节两种方法。

2）电热烘干室的结构

电热烘干室是一类最简单的热空气对流式烘干室，主要用于烘烤小型涂装工件。电热烘干室规格很多，烘干室内部装有 1 000~3 000W 的电热丝多根，分布在烘干室内部两侧及底层。室体分内外两层，层间填满隔热保温材料，如石棉粉、玻璃丝、紫石等。烘干室的顶部装有排雾管及测温用的热电偶。烘干室内部的底面，装有小钢轨两根，便于推盘出入烘干室。烘干室门上装有一个玻璃小窗，便于观察工件涂层在烘干室内的干燥情况。

用电热作为烘干室的能源不污染环境，但电量耗量大，使用成本高，目前汽车维修企业广泛使用燃油为能源的烘干室。

2.3.3　红外线辐射式干燥设备

2.3.3.1　辐射干燥原理

辐射加热使涂层加速干燥通常是使用红外线加热设备。热辐射的热能是以电磁波的形式传递的，不需中间媒介，即可由热源直接辐射在被加热的物体上，利用辐射热使物体受热干燥，即为辐射干燥。所有物体，包括固体、液体和热气体，只要它的温度高于绝对零度，就可进行热辐射，因此，热辐射又可称为温度辐射。辐射加热要比对流加热速度快，热能损失少。红外线辐射加热就是一种辐射形式的加热方法。

2.3.3.2　红外线

日光通过三棱镜，可分为赤、橙、黄、绿、青、蓝、紫七色可见光，在红色和紫色光两端还存在着不可见光，即红外线和紫外线。可见光、红外线和紫外线都是电磁波，它们的区别仅是波长不同而已。电磁波的波长范围很宽，它包括宇宙射线、X 射线、紫外线、可见光、红外线和无线电波。

红外线介于紫外线与雷达微波之间，其波长范围在 0.76~1000μm 之间，一般将波长为 0.76~5.6μm 这一段称为近红外线，而将波长为 5.6~1000μm 这一段称为远红外线。当红外线辐射到达物体时，一部分被物体表面反射，一部分被物体所吸收，其余部分透过物体。被吸收的红外线辐射能量就转变成热能，使物体温度升高，被吸收的能量愈大，物体的温度就升得愈高。红外线波长不同，其穿透漆膜的能力也不同，波长愈短，穿透能力愈强，不同波长红外线的穿透能力如图 4-32 所示。

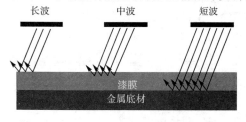

图 4-32　不同波长红外线的穿透能力

不同的物质对红外线的反射、吸收和透射是不同的，即使是同种物质，也可因其结构和表面状况的不同而不同。同一物体对不同波长的红外线，其反射、吸收和透射也是不相同的。

到达被加热物体上的红外线辐射能量与红外线传播的距离有着密切的关系。红外辐射源至被加热物体之间的距离每增加一倍，达到物体的红外辐射能量便减少到原来的 1/4。所以应用红外加热时，辐射源与被加热物体之间的距离很重要。

红外加热的效果，主要决定于被加热物体吸收红外辐射能量的多少，这就需采用辐射率大的材料做辐射和缩短辐射的距离,使到达被加热物体的红外辐射能量尽可能的大;同时,要使被加热物体的红外吸收率也要大,以吸收尽可能多的辐射能量。

红外线辐射使涂料吸收能量产生热量,溶剂由内向外挥发,热能损耗小。涂层干燥内外一致、透彻,有利于提高涂层质量。远红外线比近红外线更适合用于涂料的干燥。远红外线辐射干燥速度快,时间是热空气对流干燥的1/10,近红外线辐射干燥的1/2。红外线辐射无气流的流动,减少灰尘沾上涂面的可能性。设备投资费用低,高效、节能、无污染。但对形状复杂的物件,辐射距离会产生远近不同,导致同一物体不同部位干燥速度存在差异。

2.3.3.3　常见的红外辐射加热装置

1）远红外线辐射加热器

远红外线辐射加热器虽有各种型号,但一般都由金属板、管,碳化硅板、陶瓷三部分组成。远红外线辐射加热器形状,一般分为管状、平板状及灯泡状三种。

辐射器一般包含两个基本部分——热源和远红外辐射层。热源的作用是给辐射层提供热能,使之辐射远红外线。辐射层的作用是在受到加热后,从其表面辐射出与其温度相对应的红外辐射能量,由有效辐射远红外线的材料所组成。

由于汽车修理行业的特殊性,要求干燥加热装置具有移动性、可变性,因此常使用可移动的远红外加热装置用于原子灰、底漆、面漆各个部位的局部强制干燥,提高工作效率。这种远红外线加热器的性能特点主要有如下几个方面:独立开关控制;整个发射管可作360℃旋转;发射管支架由气压撑杆支撑,上下自如;电子计时器可分别控制预热、全热过程,自动转换;可烘烤汽车车身任何部位,如车顶、前后盖。

2）红外线烤灯

红外线烤灯是一种可移动式的、方便的小工件烤干设备,依靠被照物吸收光能转换成热能,而使物体升温,它适用于所有可加热固化的涂料的烘干和干燥工序。红外线辐射加热与热风对流加热相比,具有如下特点:热能靠光波传导,被涂膜和物体吸收,升温速度快;基于涂膜和物体吸收红外线而升温,热量从物体和涂膜内向外传,与涂膜干燥过程中溶剂的挥发方向一致,这样就不易产生由于有溶剂封在涂膜内部而生成针孔的缺陷;设备简单,生产效率高;由于红外线辐射有方向性,可以进行局部加热。移动式远红外线烤灯如图4-33所示。

红外灯也可设计成方阵热装置,用于局部修补加热用。由灯射出的放射红外线能展开成扇形,离灯20~30cm的距离内,中心与外部的温度分布基本均匀,用多个组合可互补热量,以获得均匀的温度。

图4-33　移动式红外线烤灯

3）连续式通道烘干室

连续式通道烘干室是广泛地应用于大批量生产的一种烘干设备。目前,连续式通道烘干室大多采用远红外干燥或红外线干燥。根据输送带运行的路线和方向,可分为单程和双程、水平单程和双程、垂直单程和双程的通道烘干室。在每个阶段的若干节烘干室内,配制数量不等的远红外线辐射装置。烘干室内设有排风装置,以排除烘干时挥发的溶剂蒸气。由于在通道烘干室内,涂有涂层的工件是连续或间歇地移动的,移动装置可采用架空式单线和双线输送带、板式小车输送带、杆式输送带等各种不同的传送形式。

4)短波红外线烤漆房

使用红外线的辐射原理加热,具有环保、高效、节能的特点。烤漆房为一工位轿车涂层烘干室,烘干室内短波红外线装置每边上下各一排,每排四个红外线装置,每个装置有2根红外线灯管的管状热源向涂层辐射热量。每个红外线灯管功率1.2kW,室内装有16个红外线装置,共32根红外线灯管,总功率38.4kW,辐射距离≥500mm,可用于对整车涂层烘烤,独立式开关系统也可对汽车涂层的原子灰、底漆、面漆进行局部烘烤。短波红外线烘烤如图4-34所示。

该烤漆房升温快,在同样温度下比对流烘干效率提高70%,极大提高涂膜的干燥速度,并具有涂膜干燥彻底、内外一致的优点,提高涂膜质量,由于室内没有空气流动,干净无尘,减少涂膜沾尘的概率。

2.3.3.4 红外线干燥的特点

(1)干燥由内层向外,溶剂容易挥发,干燥彻底、迅速,如图4-35所示,一般可提高效率2~5倍。

图4-34 短波红外线烘烤

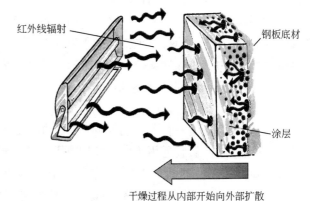

图4-35 红外线的干燥过程

(2)涂层干燥均匀,可大大减少由于溶剂挥发而产生的针孔、气泡现象,干燥质量好。

(3)升温迅速,缩短了干燥时间。

(4)红外线干燥设备结构简单,投资费用低、效率高、节能、无污染、占地面积小。

(5)红外线辐射具有方向性,可用于局部加热。

(6)使用时,尽量使工件表面受到红外线的直接照射。

3 压缩空气供给系统

3.1 压缩空气供气系统的组成

如图4-36所示,压缩空气供给系统一般由空气压缩机、储气罐、油水分离器、冷干机、压力调节器和空气分配系统等组成。

3.1.1 空气压缩机

空气压缩机是所有气动工具的核心,它以电动机为动力,将空气压力从普通大气压升到更高的压力,为汽车维修企业的气动设备提供动力(如喷枪的喷涂及其他气动工具的使用),是现代汽车维修企业必不可少的设备。目前使用的空气压缩机根据机械运动的方式基本有三种,即活塞式、螺杆式和隔膜式。

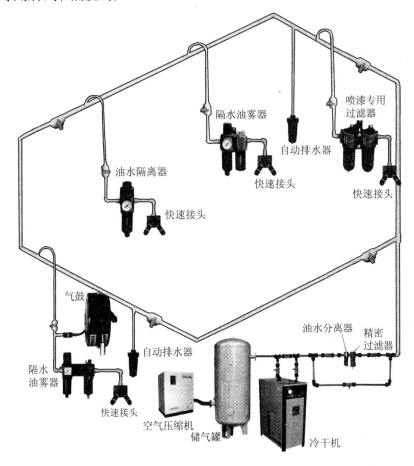

图 4-36 压缩空气供给系统

3.1.1.1 往复活塞式空气压缩机

往复活塞式空气压缩机(图 4-37)是利用活塞的往复运动来压缩空气,并不断提高压力,特性是气量中等;性能随寿命的延长而减退;油或油蒸气会进入空气管路。

根据生产情况和需要,所需的空气量和压力值是各不相同的,可选择单缸及多缸及一级压缩或双级压缩的往复活塞式空气压缩机。空气由进气阀直接进入储气罐,为一级压缩式,如图 4-38 所示。压缩后空气由排气阀再进入高气压缸,经二次行程压缩后,由高气压排气阀送入储气罐,为双级压缩式,如图 4-39 所示。

双极压缩机工作时空气被吸入后在内径较大的气缸中被压缩成中等压力,然后经过内置冷却器,再进一步在内径较小气缸中第二次被压缩成高压力。双级压缩机在 0.7~1.4MPa 的压力范围内提供稳定压缩空气的性能很好,能很好地满足汽车维修企业的需要,适用于具有中等气量要求的汽车维修企业。活塞式空气压缩机更耐用,而且能提供足够的压缩空气。适合耗空气量较多和压力较高的喷涂设备、气动设备及铺设气管供全厂同时使用。

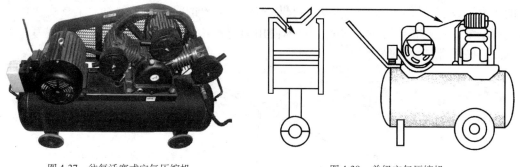

图4-37　往复活塞式空气压缩机　　　　　　图4-38　单级空气压缩机

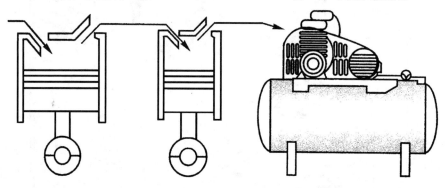

图4-39　双级空气压缩机

往复活塞式压缩机的组件和组成如下:

(1)曲轴箱。两侧有供拆除和检查用的窗口,两端面装有轴承盖,下部设有放油孔,上部铸造有互成90°的气缸支撑平面以及固定呼吸管和仪表板用的支撑面。

(2)曲轴。曲轴用球墨铸造铁制成,有单曲拐和双曲拐。两端装有滚动轴承,曲轴上装有飞轮,并与弹性联轴器相连。

(3)连杆。连杆截面呈"工"字形,小头内有衬套,大头轴瓦分为两体,内表面浇有轴承合金,瓦盖上装有油沟,用瓦口垫来调整瓦衬与轴颈的颈项间隙,连杆为开口式结构,用加杆螺栓连成一体。

(4)活塞。活塞采用铝合金材料较多,一级和二级活塞上装有二道气环和二道刮油环。活塞销为浮动式,两端卡有弹簧挡圈,以防窜出。

(5)缸体、缸盖。缸体与缸盖采用"O"形圈密封。水冷式空气压缩机的缸体及缸盖上均铸造有冷却水套。风冷式的缸体及缸盖上则有散热片。

(6)进、排气阀。进、排气阀采用环状结构。阀座、阀盖均用可锻铸造铁。一级气阀为三环片,二级气阀为二环片。

(7)中间冷却器,中间冷却器为片状结构。冷却器芯体装有冷却水管,管上穿有散热片。在壳体上有进出气孔与法兰连接。一级安全阀安装在冷却壳体上。

(8)润滑系统。润滑方法一般为飞溅式,在每个连杆的大头盖上装有油沟,当曲轴连杆运动时,油沟随之划开油面,将油润滑溅至各摩擦部位。

(9)冷却系统。空气压缩机冷却方式有风冷式和水冷式两种。风冷式主要靠缸体和缸盖的散片散热;水冷式的冷却器与一二级气缸体串联供水,每级缸体与缸盖亦为串联供水。中间冷却器接于一级进气口和二级进气口凸缘上。空气压缩机启动前,首先通入冷却水。总进水管位于中间冷却器上,当冷却水进入中间冷却器后,分别进入一二级气缸体内,然后从缸盖上排水管口排出。如因故障间断供水时,阀室与气缸壁的温度将会升高,此时应立即停机。为防止空气压缩机处在高温状态下马上通入冷却水而造成机件裂纹,必须在温度下降后可继续供水,重新启动运转。

(10)自动调节系统。为了使空气压缩机有效、安全、节能、降低机械损耗,空气压缩机上安装有自动调节系统,控制气压、开关时间及切断电源等。它包括调压阀、安全阀、压力开关等。

3.1.1.2 螺杆式空气压缩机

螺杆式空气压缩机(图4-40)通过两个凹凸不平转子的高速运动产生压力。此型的空压机风压风量恒定,且噪声较小,特性是气量大,是新一代空气压缩机,具有美观、高效、低速、低噪声、节能、计算机仪表控制等特点。螺杆式空气压缩机的工作效率和可靠性很高,已在工业领域成为标准配置,在汽车修理企业将有逐步取代活塞式空气压缩机的趋势。适用于耗气量大的汽车修理企业。

图4-40 螺杆式空气压缩机

螺杆式空气压缩机的结构特点如下:

(1)计算机控制系统。控制面板的仪表板设计排列清晰、操作简易,并有灯光显示。电源指示、运行指示、排气温度、排气压力、计时器开机、关机以及电器故障、空气滤清器阻塞、油气分离器阻塞等故障会自动显示,全自动安全保护。

(2)新型的滤清材料。双层浪型尼龙进气过滤网,高温不易变形,能捕捉大量纤维棉丝及灰尘,避免异物吸入,堵塞冷却器,简易拆洗减少维修工时。重复使用降低成本,减少污染,抛弃式W形过滤网,扩大过滤面积,能捕获微小颗粒、粉尘与油污。抽取式设计更换容易,能有效阻止油、尘的进入,避免冷却器阻塞及机油炭化,减少机械损耗,延长使用寿命。

(3)超合金材料与5∶6齿比螺旋转子。超合金材料耐高温、耐磨损,具有耐用、低噪音、高效率的特性。全系统5∶6齿比螺旋转子效率超越4∶6螺旋转子出气量增加10%。使用6轴承及7轴承设计,减轻轴承功率负载,轴承寿命延长,运转顺畅,振动大幅降低,超低速运转,造成大排气量。

(4)二重温度设置保障安全。温度感应开关,可检测油槽内机油温度并附指针重叠跳脱开关,为防止一重温度开关故障,导致机件烧毁,特设最终温度防线,强制高温跳闸,并设有电器指示灯,以方便检查检修。

(5)有效的消音装置。内衬标准难燃型防火级高密度消音材料,辅以迂回隔离进气防音格栅式进气消音箱设计,彻底防止机械运转噪声外传,低转速高角度排热风扇,有效抑制噪声扩散,排气导流风管与消音箱,使风扇噪声再经二次侧消音,仅有和谐的高流量输出声。

(6)汇流式铝合金冷却器。散热片具有强热交换能力与加大型散热材质,提高散热气流静压,降低气流噪声,轻量化及耐热设计,减轻电动机负荷,可变角度散热风扇,依不同频率调整风扇角度达到可变散热风量的最佳散热效果。

(7) 油气分离器。四合一油气分离系统,结合保压系统,机油过滤系统、节温系统控制排气含油。多重油槽预处理,出口远离油雾,油气扩散降温,油气分离器炭化降低,抛弃式油气分离器更换快速方便,并可检视油气分离器内分离状况,出气含油量小于 $3mg/m^3$。

3.1.1.3 隔膜式空气压缩机

隔膜式空气压缩机适用于小型喷枪或小型物件的专一定制喷涂工作,但不适合汽车修理所需消耗较大气量和较高气压的喷涂,所以汽车维修企业使用较少。隔膜式空气压缩机的内部,有一张永久性的膜片绷在极浅的压缩腔的孔口处。安装在电动机转轴上的偏心轮带动与膜片相连接的平板,进行推拉膜片,便膜片上下运动。当膜片被推向下时,空气被吸入膜片上方的小腔内,当膜片被推向上时,被吸下的压缩空气腔内的空气受到挤压,并被排进储气罐和供漆系统内。膜片式空气压缩机每一个工作循环只能压缩极少量的空气,压力范围在 0.2 ~ 0.3MPa,但上下运动速度极快,每分钟能超过 500 个冲程。

空气压缩机尽可能安装在通风、清洁、干燥的地方。最好放在室内,以利用清洁的空气。空气压缩机进口气避免靠近有蒸汽排放或潮湿的场所;墙和其他障碍物应距离空气压缩机 30cm 以上,以有利于空气流动及有助于散热冷却。空气压缩机应水平放置,机脚下要垫放减振垫片防止振动而损伤机械。飞轮一边应靠墙,防止伤及人身。空气压缩机尽可能放在用气工作点附近,减少压降。

3.1.2 储气罐

空气压缩机输出的压缩空气一般都要进入储气罐暂时储存。只有当储气罐气体的压力达到气动工具所需要的压力值时,气动工具才能正常工作。储气罐实质上是个蓄能器,其容积越大,所能储存的压缩空气量越多。只有当气动工具使用时,压力下降到一定值,压缩机才会启动重新向储气罐充气。可见储气罐的作用在于减少压缩机的运转时间,同时又能保证供给气动工具用气的需要,因此可以减少压缩机的磨损和维修工作。储气罐或其他容器通常为圆柱形,市场上可以购买到水平和垂直固定安装式,以及垂直安装在轮子上的便携式。储气罐用来储存空气压缩机所产生的压缩空气,如图 4-41 所示。

图 4-41 储气罐

储气罐的工作压力必须大于车间工具所需压力,其作用如下:

(1) 储存一定压力和容积的压缩空气。
(2) 排水。
(3) 保持气压和气流量的平衡。
(4) 避免空气压缩机的频繁启动。

3.1.3 冷干机

冷干机也叫降温空气干燥器,能更进一步压缩空气,由于经压缩机压缩的空气,通过排气阀的温度高达 100 ~ 150℃,气体降温后,混合在压缩空气中的油和水变成水滴和油滴就比较容易滤去。冷干机工作原理如图 4-42 所示。

虽然质量好的空气过滤器能过滤掉大部分的水、油气及微粒,但难免会有少量的无法滤去,会给高装饰涂层的喷涂造成涂膜质量问题,如涂膜表面产生缩孔、针孔及小凸点。而降温空气干燥器组成的净化系统,能有效阻止水汽、油气及微粒通过。空气干燥器有多种类型,最常见的有化学式、除湿剂式(使用干燥器)和冷冻式。通过净化系统的一系列流程,能消除压缩空气中的 0.1μm 颗粒、水滴净化率可达 100%,油污净化率可达 99.99%。

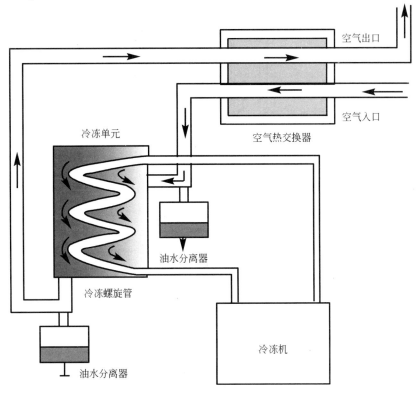

图 4-42　冷干机工作原理

3.1.4　油水分离器

油水分离器,又称为水分分离调节器或空气转换器,是一种多功能的仪器。它可将油、脏东西和水从高压气体中分离出来;过滤和分离空气;以及为诸如喷枪、吹尘枪、打磨机等气动工具提供多头空气输出口。油水分离器保证压缩空气干净、无水、无油、干燥。空气中含有水分,经压缩机压缩后的气体中会带有水分和油气,若直接用于喷涂作业,这些水分和油气会随着飞漆一起喷涂到工件表面上,使涂膜表面产生水泡和麻点,影响喷涂质量。为了保证压缩空气无尘、干燥,必须在空气压缩机的输送管道上安装油水分离器,起过滤空气的作用。

油水分离器通过其内部一系列过滤单元的作用,将气流中的脏东西、油、水气分离出来,从而从输出口只输出清洁、干燥的空气。装有控制阀的输出口可将高压气分配到需要的工作地点。排水阀则可以放掉包含油、脏东西、水气的沉积物。图 4-43 所示的是典型的油水分离器。

油水分离器的类型一般有两种:圆柱形气筒油水分离器和叶片旋风式油水分离器。

圆柱形气筒油水分离器是一种有气密性顶盖的圆柱形气筒,气筒内放着几层薄薄的毛毡,在毛毡之间装满焦炭,或金属网、PVC 海绵等空气滤清器,当压缩空气通过时能去除细微的灰尘。水、气、油在筒内膨胀所导致的降温使水分、油气成为水滴、油滴。筒的底部有一个排放开关,水滴、油滴由此排出。此种油水分离器一般安装在排量较大的空气压缩机上。圆柱形气筒油水分离器要定期更换滤芯或清洗金属网。

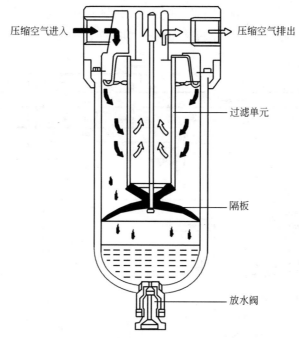

图 4-43 油水分离器

叶片旋风式油水分离器利用叶片旋转产生离心力将油水从压缩空气中分离出来从而确保纯净而干燥的空气输送到喷枪等气动工具上。叶片旋风式油水分离器和微孔过滤器结合使用,效果会更好。

在使用时应注意维护,每日打开放水阀 1~2 次,将积存于杯中的油、水放掉,过滤杯和存水杯要定期清洗。

3.1.5 气压调节器

气压调节器是用于降低气流压力的装置。它能够自动地维持需要的气压,并且使波动最小。气压调节器用于已经装配空气冷凝器或其他类型过滤器的管路。气压调节器有多种口径和压力规格,另外还有是否附带仪表之分,以及不同的灵敏度和精度。

目前已有集空气过滤与气压调节为一体的装置,如图 4-44 所示,实际上就是把原来两个装置有机结合起来。气压调节阀可自动控制,确保气压均匀稳定,同时还显示调节后的气压和进气管道的气压值。

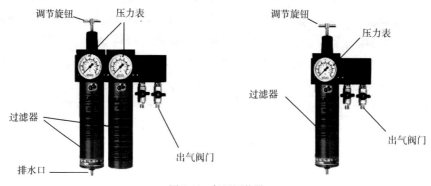

图 4-44 气压调节器

3.1.6 空气分配系统

为了确保压缩机空气的纯净干燥,除了必备的设备外,空气分配系统设置的安装也是非常重要的因素,在设置时应考虑如何最大化地发挥设备的作用,以取得良好的效果。在设置时应注意以下几点:

(1)主供气管道应逐步向末端倾斜,倾斜度为1/100,以利于管道内的水排放干净。
(2)支供气管道应从主供气管道上方分出,可防止水进入支供气管道。
(3)油水分离器应安装在主供气管道与空气压缩机相距8~10m的位置,提高油水分离效果。
(4)主供气管道最低处应安装自动排水阀,支供气管道末端要有排污阀。
(5)供喷枪使用的支供气管管道应安装气压调节器。

3.2 压缩空气供给系统的维护

为了压缩空气供给系统能有效地工作,延长系统部件的使用寿命,要按规定的维护方案进行日常的维护。一般而言供气系统的维护分为日维护、周维护和月维护几种。

3.2.1 日维护

放掉储气罐、油水分离器内的冷凝水,特别是在空气湿度比较大时,每天要多放几次;检查曲轴箱的润滑油面,使油面应保持充足的水平,但注意不要过高,以避免机油消耗过多。

3.2.2 周维护

若安全阀装在储气罐或单向阀上,则在罐内存有高压气时排气;若安全阀装在压缩机内置冷却器上,则在压缩机工作时排气。

然后用手指将拉出来的杆推回去。当安全阀不能正常工作时,应立即维修或更换。

接着,清洗空气滤清器的毛毡或海绵等过滤件,用防爆溶剂清洗干净后,晾干重新装好。如果滤清器太脏,就会降低压缩机的效率,增加机油的消耗。

最后,清洗或吹掉气缸、气缸头、内冷器、后冷器及其他容易集灰尘或脏东西的压缩机及其附属设备的部件上的小颗粒。干净的压缩机工作时的温度较低,而且使用寿命也较长。

3.2.3 月维护

(1)添加或更换曲轴箱内的机油。干净的工作环境下,机油应每500工作小时或每6个月换一次(满足两个条件之一就应更换)。如果工作环境不够干净,就应增加更换的频率。
(2)调节压力开关的关机/开机设定点。
(3)检查每次关掉电动机时泄放阀或CPR的排气压力是否正常。
(4)上紧带轮以防打滑。如果V带发松,电动机转轮在工作时就会发热。而当V带上得过紧时,就会使电动机负载过重,从而导致电动机和压缩机轴承过早磨损。
(5)检查并调整松动的电动机转轴和压缩机飞轮。注意进行操作时必须取下V带防护罩的前半部分。
(6)上紧压缩机上所有的阀芯或气缸盖,确保每个气缸不会松动,以免损坏气缸或活塞。
(7)检查压缩机附件和供气管道系统有无空气泄漏。
(8)关闭储气罐排气阀,检查泵气时间是否正常。
(9)检查是否有异常的噪声出现。

（10）检查并纠正机油泄漏的现象。

另外还应进行上面介绍的周维护的内容。

4 打磨和其他设备

4.1 打磨机的分类

打磨机能够降低操作人员的劳动强度及提高涂装质量。打磨机的种类很多,根据形状来分有圆盘式和板式;机器打磨可以利用电力驱动,也可以利用压缩空气驱动,根据动力来分有电动和气动。由于喷漆车间内有易燃物品,要尽量减少电动工具的使用,所以主要采用压缩空气驱动的气动打磨机。气动打磨机是利用贴附砂纸对表面进行打磨的设备,根据砂纸及运动方向有单作用打磨机、双作用打磨机、轨道式打磨机、往复直线式打磨机,适用于各种不同的工作需要。

4.1.1 单作用打磨机

如图 4-45 所示,打磨盘垫绕一个固定的点转动,砂纸只作单一圆周运动。用于粗打磨工作,可用于清除铁锈、旧涂层、较厚的原子灰层的打磨操作。换上抛光盘也可用于涂膜抛光。打磨盘垫做单向圆周运动,盘面中心和边缘存在速度差,造成打磨不均匀及产生圆形磨痕,所以在操作时不能把打磨盘垫平放在打磨面上,而是利用旋转边缘约 3cm 作为打磨时的打磨面,操作时要轻微倾斜,以保持最佳打磨效果。

a)单作用打磨机外形　　　　b)单作用打磨机打磨轨迹

图 4-45　单作用打磨机

4.1.2 双作用打磨机

如图 4-46a)所示,该打磨机的旋转轴是偏心轴,使得打磨盘垫在运转中做双重圆周运动。如图 4-46b)所示,旋转时产生振动,可避免单向旋转时产生的圆形磨痕,一般在粗磨时使用单圈圆周运动打磨机工作效率高、质量好。

4.1.3 轨道式打磨机

如图 4-47a)所示,轨道式打磨机的打磨盘垫和砂纸都呈矩形。运转时,在直线轨迹上产生移动并作圆周运动,如图 4-47b)所示,由于打磨操作平压在打磨面上,各部的运动均匀,而不易产生划痕缺陷,主要适用于原子灰的打磨。

单元四 汽车涂装修理常用设备

 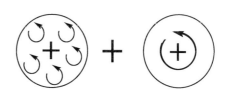

a) 双作用打磨机外形　　　　　　　　　b) 双作用打磨机打磨轨迹

图 4-46　双作用打磨机

 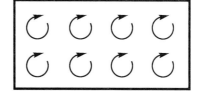

a) 轨道式打磨机外形　　　　　　　　　b) 轨道式打磨机打磨轨

图 4-47　轨道式打磨机

4.1.4　往复直线式打磨机

该打磨机是一种长板式打磨机,只是简单的前后运动,砂纸安装在底板上靠来回直线运动研磨物面,一般使用于要求平整度的打磨工作。

4.2　打磨机的使用和维护

4.2.1　打磨机的使用

(1) 单作用和双作用打磨机的转速在 2 000～6 000r/min 之间,砂垫直径在 13～23cm 之间,可用于清除原有的涂层。重型的打磨机有两个手柄,为的是控制更平稳。使用打磨机时,一定要平稳运动,切勿在某一部位长时间停留,以免产生许多难以消除的磨痕。使用气动打磨机时,可以放在打磨表面上启动,但应注意最好放在低速挡启动。

(2) 轨道式打磨机除砂垫旋转外,整个砂垫还可以作摆动。它既可以进行局部环形打磨又可以同时进行往复直线打磨。使用时必须将整个轨道打磨机压平在打磨面上,才不会留下磨迹。

(3) 操纵气动打磨机时,气压应调到 450～490kPa 范围内。操作时,用一只手握住打磨机手柄,另一只手施加较小压力并控制打磨机均匀移动。

(4) 为了不损坏镀铬层,在镀铬饰物(或嵌条)外 2cm 范围内不进行打磨。打磨前应将这些部位用防护带粘贴好,以免造成不良影响。

(5) 打磨过程中,发现漆渣开始在砂纸上结块或起球时,应及时更换砂纸或用棕刷将漆块刷掉。

(6) 用打磨机进行除漆除锈作业时,如果使用硬性打磨头时,要保持与漆膜表面相平行,否则会在金属表面留下划痕;如果是柔性打磨头应使打磨头与漆膜部分接触,如图 4-48 所示。

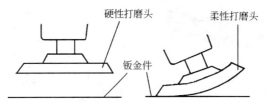

图4-48 硬性打磨头与柔性打磨头的正确使用

4.2.2 打磨机使用时的注意事项

(1)操作时要戴防尘口罩、防护眼镜、棉纱手套,穿工作服及防护鞋。
(2)检查打磨机托盘的品种及规格是否与当前操作所要求的性能相一致。使用与磨盘或衬垫尺寸相符合的砂纸。
(3)检查气源或电源是否在规定范围。
(4)电插头插入电源插座前,仔细检查打磨机的电源开关是否处于关闭状态。
(5)更换托盘时,认真按照说明书的要求进行。
(6)操作之前应检查每个螺钉、螺母是否松动或脱落。
(7)使用的压缩空气压力在0.6MPa以下,防止气压太高造成损坏。压缩空气应无水分,防止水汽造成打磨机内部生锈加速机件磨损,而造成缩短打磨机的使用寿命。
(8)打磨机连续使用30min应适当休息,防止过载负荷运转,导致缩短打磨机的使用寿命或直接造成损坏。
(9)操作时发生异常或不正常振动,应关机检查。
(10)在连接压缩空气管时,要注意避免脏物流入。

4.2.3 打磨机的日常维护

(1)在打磨工作完毕时,在打磨机还未完全停下之前,不要放下打磨机,以免接触其他物体造成无谓的损伤。
(2)打磨工作完毕后,应把砂纸取下,清除打磨机上的灰尘、污物,不能因贪图方便而用溶剂浸泡清洗。
(3)每天工作完毕后,应用专用工具把专用润滑油或用标准自动变速器机油代替,由进气口(或按说明书进行)注入少许,并让打磨机低速运转一下。

4.3 无尘干磨设备

无尘干磨设备可将80%~90%的打磨灰尘吸进回收装置里,有效解决了灰尘污染。能够顺应双组分涂料打磨工艺的要求,简化了喷涂准备步骤,缩短了修补时间,比手工水磨提高工效2~3倍,降低了成本,减小了产生喷涂缺陷的隐患。由于避免产生污水,符合国家关于环保的要求,同时保护了喷漆车间员工的健康。目前一些大型汽车维修企业多采用该种打磨方式,而且是以后应大力推广的打磨方式。

4.3.1 无尘干磨设备的类型

无尘干磨设备的类型有移动式、固定式和简易袋式三种。

4.3.1.1 移动式干磨设备

移动式干磨设备使用方便、移动灵活,吸尘效果好,覆盖面积大,设备成本低。但在施工中供气吸尘管道及电缆需要拖在地面上,如图4-49所示。

4.3.1.2 固定式干磨设备

又称悬臂式干磨设备,该设备的气路、电路布置方便,施工中没有拖在地上的气管、电缆,施工工位整洁。吸尘效果好,设备使用寿命长,维修方便。但其成本较高,因其固定,施工时覆盖面积受影响,见图4-50所示。

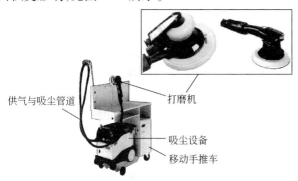

图4-49　移动式干磨设备　　　　　　　　图4-50　固定式干磨设备

4.3.1.3 简易袋式干磨设备

简易袋式吸尘属于被动式吸尘,该系统成本低,打磨机直接连接压缩空气管道,便于连接使用,如图4-51。吸尘所需的真空由转轴上附加的叶片轮旋转产生,将打磨灰尘吸附到集尘袋中,其吸尘功率受打磨机转速的影响,吸尘效果相对差些。

图4-51　简易袋式干磨设备

4.3.2 无尘干磨设备的组成

无尘干磨设备主要由打磨工具、供气与吸尘管道、吸尘设备、磨垫、打磨材料和辅助设备等组成。

4.3.2.1 气动打磨机

在打磨机的分类里已介绍。

4.3.2.2 供气、回气与吸尘管道

移动式和固定式无尘干磨设备的气动工具的连接需要三个管道:压缩空气的输入、输出以及吸尘管。这三个管道有分开布置的,如图4-52所示;也有综合布置的,如图4-53所示。

4.3.2.3 吸尘设备

吸尘设备依靠真空吸尘作用,吸收打磨作业中产生的固体微粒,改善作业环境,如图4-54所示。

图4-52　供气与吸尘管道

图 4-53 综合布置套管

4.3.2.4 磨垫

打磨垫是使用无尘干磨设备操作中必不可少的工具,用于电动、气动研磨机的打磨垫称为托盘。有以下两种托盘:

(1) 快速搭扣式干磨托盘。此托盘由母粘扣带制成,配合干磨砂纸,特殊蘑菇头设计能紧扣砂纸,装卸快速、方便、牢固,打磨时省时省力,如图 4-55 所示。

  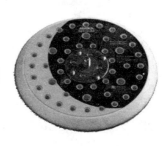

图 4-54 吸尘设备　　　　　　　图 4-55 快速搭扣式干磨托盘

(2) 软托盘。软托盘同样与搭扣式漆面干研磨砂纸配合使用,主要用于中涂底漆打磨等后续较细研磨。安装于打磨机托盘上,保护托盘。磨垫上依靠尼龙搭扣安装干磨砂纸。打磨不同材料时,应使用不同的磨垫。打磨原子灰时,应采用硬磨垫;打磨中间漆层时,应采用软磨垫;打磨具有较大弧度表面时,应采用超软磨垫,如图 4-56 所示。

图 4-56 软托盘

4.4 手工打磨工具

手工打磨工具的效率低,劳动强度大,设备简单,不受施工条件和工作形状的限制,一般用于批量小,形状不规则的表面的打磨或旧漆层的清除。

4.4.1 手工打磨工具

手工打磨垫有硬橡胶制、中等弹性橡胶制及木板制。

硬橡胶打磨垫使用时要外垫水砂纸,一般用于湿磨原子灰层,把物面高凸的原子灰部分打磨掉,使物面达到平整的要求。其长短大小对磨平原子灰层有一定的影响,自制的打磨垫一般取厚 2~3cm 橡胶块裁剪成 11.5cm×5.5cm 的长方形,此打磨块适用于一张水砂纸竖横裁剪成 4 份,即每份尺寸为 11.5cm×14cm,既有利于水砂的充分利用,又灵活方便,是汽车维修施工人员较普遍使用的操作工具。对于大面积波浪形物面的原子灰层可适当使用加长的打磨垫(也可用平整的木板代替),如图 4-57 所示。

中等弹性橡胶垫是一种辅助打磨工具,利用它的柔软性,外包水砂纸打磨棱角和形状多变部位。海绵垫适用于漆面处理,如抛光前漆面处理磨平颗粒、橘皮等,不易对漆面造成大的伤害。长条形快速打磨板主要用于打磨原子灰表面,打磨运动方向应与板的长度方向一致,不可铲向操作,砂纸不能松动,如图 4-58 所示。

图 4-57 硬橡胶打磨垫

图 4-58 长条形快速打磨板

4.4.2 手工打磨工具的正确使用

(1)根据打磨区的形状,所处的位置及打磨的质量要求选择合适的打磨垫块。
(2)打磨时,砂纸应按打磨块的尺寸裁剪或折叠,采取一定方式固定。
(3)打磨时,打磨块应沿短轴方向移动,打磨的幅度宽且均匀。
(4)打磨块的底面必须完全与打磨区接触,且用力不要过大。
(5)打磨时,时刻观察砂纸的磨损程度和沙砾间潜入打磨灰的多少,根据需要及时清洁或更换砂纸。

4.5 打磨材料

因为在打磨的操作过程中,打磨材料(砂纸)实际上起的是切割和平整的工作,所以选择合适的磨料对修整工作的质量而言,是至关重要的。现代的砂纸在构造上是利用附着剂将磨粒黏结到一块柔形或半刚性的背衬上。因此,特定工作中的最有效的结果取决于选择和制造合适的磨粒、附着剂与可用背衬的组合,而对于我们车身修理人员来说,则必须选择合适的砂纸并正确使用才能获得最佳的维修效果、材料使用效率和最好的表面涂层效果。

砂纸是汽车维修中经常使用的打磨材料,用于除锈、砂磨旧涂层、原子灰及漆面处理。砂纸是用各种不同细密的磨料黏结于纸上,制成各种规格的砂纸。磨料黏结牢固程度是砂纸质量的一个重要标志。操作人员选择合适的砂纸规格并正确使用才能产生最佳效果。

4.5.1 打磨介质

4.5.1.1 打磨介质的结构

打磨介质由黏合在平面的软性载体上的打磨矿物质组成。载体包括:纸、织物、用高温和硫磺处理过的纤维、塑料薄膜。各种较粗和较硬的微粒状矿物质被黏合在载体上,如图 4-59 所示。

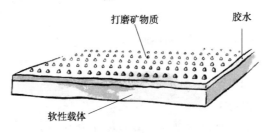

图 4-59　打磨介质的结构

4.5.1.2　打磨介质的粗糙度

生产打磨介质时,打磨合成物被压制,然后依照它们的粒子大小(粗糙度)进行分类。打磨介质的粗糙度是根据单一颗粒的平均大小进行分类的。粒子大小是按照 FEPA 等级进行标准化的,FEPA 是欧洲打磨介质制造者协会的简称。粒子大小用字母 P 加数字表示。P12 的粒子最粗,P1200 的粒子最细,如图 4-60 所示。

所使用的打磨介质的颗粒种类由下列因素决定:打磨工作的类型、被打磨材料的硬度、最大打磨能力、外界状态。只有打磨介质符合打磨工作的要求时,才可能获得最佳打磨结果。汽车涂装施工中不同的砂纸等级,其用途不同,如图 4-61 所示。

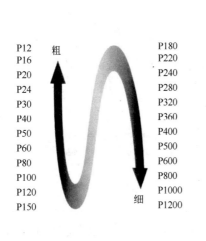

图 4-60　打磨介质的粗糙度

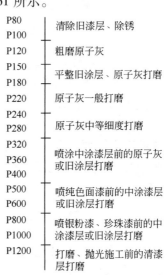

图 4-61　汽车涂装施工中不同的砂纸等级

4.5.1.3　载体材料

柔性载体材料(图 4-62)是打磨介质的不可分割的部分。打磨介质的弹性取决于载体材料的强度。纸或织物载体越薄,打磨介质的弹性就越好。选择载体类型和质量的主要因素取决于被处理表面的材料和被打磨材料的硬度。

4.5.1.4　胶黏剂

把打磨矿物质黏合在载体上通常使用二种不同的胶黏剂:有机胶黏剂和合成树脂。

有机胶黏剂,例如:兔皮,由来自动物或植物的天然产品组成。它们对水过敏。这意味着如果打磨介质与水接触就会损坏。

石碳酸树脂,环氧树脂和聚脲树脂都是合成树脂。它们都是可热处理的和耐热的,可用来制造防水的打磨介质。

砂粒被分两个阶段黏在载体上：首先，一层胶水把打磨颗粒黏到载体材料的表面。然后，第二层胶水把完整的打磨矿物质黏合到载体上，如图4-63所示。每一个阶段可以使用相同的或不同的胶黏剂。合成方式由相应的打磨程序决定。

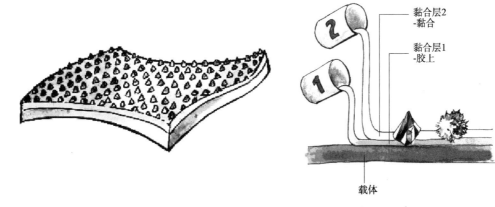

图4-62　柔性载体材料　　　　　　　　图4-63　载体与砂粒的胶粘

4.5.1.5　打磨介质的形状

现在很少直接使用大型打磨盘。打磨介质通过冲压工艺形成它们的使用形状。根据不同的应用场合，有各种形状的打磨介质：薄片状、圆盘状和卷筒状，如图4-64所示。

图4-64　打磨介质的形状

在某些使用场合，还可以对各种尺寸和形状的打磨介质进行打孔。这些孔有助于排出砂粒灰尘（当它们与合适的打磨工具配套使用时）。

为了使得后续的油漆涂层具有最佳的黏着效果，需要表面具有一定的粗糙度，粗糙度取决于油漆的种类和被涂装的材料。必须对无黏着力的表面，例如：干燥油漆面或光滑涂层，加以打磨，直至它们具有适当的粗糙度为止。打磨填料和色漆有助于产生光滑和平整的操作面。

4.5.2　常见的打磨材料

4.5.2.1　水砂纸

水砂纸是汽车维修企业常用的砂纸之一，其大小规格约23cm×28cm。根据修理作业的不同，打磨部位的形状、大小的不同，可以将砂纸裁成适合打磨需要的尺寸。

水砂纸湿磨使用时应先浸水，使砂纸完全浸湿，这样可防止因为手工打磨折叠而引起的脆裂，特别是冬天气温低时，应用温水浸泡，以防止砂纸脆裂。使用时注意以下事项：

(1) 对于一般常规打磨。将水砂纸竖横裁成 1/4 大小,约 11.5cm×14cm,这种尺寸大小适中,适合手握操作,方便灵活,是修理时最常用的。打磨时包在垫块上,大约 1/2 为打磨面。

(2) 对于小面积打磨。将水砂纸裁成 1/8 大小,约 5.75cm×7cm,以这种尺寸配合小垫板适合小面积打磨及处理涂面局部流痕处的磨平。

(3) 大面积打磨。将水砂纸横向裁成 1/4 大小,约 7cm×23cm,这需要根据打磨板的规格而裁剪的。一般打磨前把砂纸固定在标准打磨板上进行,对于较大平面上的缺陷有较好的平整作用。

4.5.2.2 搭扣式砂纸

搭扣式砂纸使用时需与电动机或气动研磨机配套使用。根据作用分为干磨砂纸和漆面干研磨砂纸;形状有圆形和方形,如图 4-65 所示,圆形直径尺寸以 12.7cm(5 英寸)和 15.24cm(6 英寸)使用较多。

图 4-65 搭扣式砂纸

1) 搭扣式干磨砂纸

该干磨砂纸为魔术扣设计,快速粘扣式干磨托盘由高级母粘扣带制成,能紧扣研磨机的托盘,可重复使用,装卸方便灵活,省时省力。砂纸由特殊底材和磨料制成,研磨速度快而平整,用特殊树脂黏结,耐磨性、耐潮性良好。砂纸规格一般为 P80~P500。

2) 搭扣式漆面干研磨砂纸

搭扣式漆面干研磨砂纸由高性能氧化铝磨料制成。使用时,一般汽车维修企业的圆形研磨机应配合 12.7cm 和 15.24cm 软托盘使用,具有易装卸、不易脱落、研磨速度快、耐磨性好的优点。用于清除漆面的粗粒、橘皮等。砂纸磨砾规格一般为 P600~P1500。

4.5.2.3 三维打磨材料

三维打磨材料是研磨颗粒附着在三维纤维或上形成的打磨材料,这类材料有非常好的柔韧性,适合打磨外形复杂或特殊材料的表面,可用于各种条件下的打磨,如图 4-66 所示。

局部放大

图 4-66 三维打磨材料

如菜瓜布就是三维打磨材料中的一种,主要用于塑料喷涂前的研磨、驳口前对涂膜的研磨,以及修补前去除涂膜表面的细小缺陷和中涂漆的边角打磨等,如图 4-67 所示。

图 4-67　三维打磨材料的使用

4.6　抛光设备

抛光机是利用抛光垫对已喷涂的外涂层进行光整加工的设备,有电动机驱动(如图 4-68 所示)和压缩空气驱动两种形式。

目前电动机驱动的抛光机比气动抛光机用得普遍。两种抛光机的特点对比如下:

电动机驱动型转矩大,能保证在有负载的情况下旋转稳定,但需要较大的力来维持它的运动;气动型在有负载时速度下降,只需要较小的力就可以维持它的运动。和抛光机配套使用的还有抛光垫,用于抛光的抛光垫有三类:毛巾式、毛绒式和海绵式。在这三类中,毛巾式的研磨效

图 4-68　电动机驱动抛光机

力最高,它一般与中、粗颗粒的抛光剂配套使用;海绵式留下的抛光痕迹最小,常用于修饰;毛绒式则居于二者之间。

4.7　喷枪自动清洗机

采用喷枪自动清洗机能有效地节省工人清洗喷枪的时间,提高工作效率,而且能减少工人接触溶剂。清洗机一般是依靠压缩空气工作,将喷枪涂料罐拧下,用专用夹具将喷枪扳机夹住,放在清洗机清洗箱内,依靠多向的喷嘴喷出的溶剂清洗。

清洗机从容器角度分有双级循环式和单级循环式两种,双级循环式清洗的较为干净,但无论哪种清洗机清洗后都要人工再检查一下,以防剩余涂料堵住喷枪。

4.8　溶剂回收机

在清洗喷枪等工具及其他操作中,会剩余大量溶剂,如果直接倒掉,既浪费也不利于环保。溶剂回收机利用高温蒸馏,将脏溶剂回收处理后,能得到干净的溶剂,节省了大量溶剂,更保护了环境。因溶剂桶在工作时处高压状态,操作时一定要按正确的操作程序操作。

4.9　搅拌器

搅拌器对于车身表面精修工作,要想获得良好的效果,涂料的彻底混合与搅拌是至关重要

的。尤其对于金属面漆是必不可少的,这种涂料内含有金属颗粒,由于重力的作用,金属颗粒会沉淀在容器的底部,因此金属漆使用前必须彻底混合,而其他油漆由于长时间放置也会出现混合不均匀的现象,使用前也必须进行彻底搅拌,最快的办法就是使用涂料振荡器。

思考与练习

1. 常用喷枪的种类有哪些?
2. 喷枪在进行喷涂操作前应该进行哪些调整?
3. 喷枪使用完毕后应该注意哪些问题?
4. 打磨机的种类有哪些?选用时应该注意哪些问题?

单元五　调 色 系 统

> **学习目标**
> **知识目标**
> 1. 知道什么是颜色；
> 2. 了解影响颜色的三要素及其对颜色的影响；
> 3. 了解一般调色系统的组成；
> 4. 了解一般调色程序；
> 5. 理解色彩的性质。
>
> **能力目标**
> 1. 建立初步的色彩常识；
> 2. 建立正确的调色观念，能够进行简单调色；
> 3. 初步掌握简单的调色技巧。

1　颜色基础知识

1.1　颜色的定义

物体对光线有选择性地吸收、反射、透射而产生颜色。当物体吸收了太阳光中所有可见光,便呈现黑色;如果它反射了所有波长的可见光,便呈现白色;如果能全部透射太阳光,它就是无色透明体;如果只反射(透射)一部分波长的可见光,其余波长的可见光被吸收,物体则呈现反射(透射)光的颜色。我们把物体的可以根据色相、明度和彩度来描述的某个特征称为颜色。

1.2　影响颜色的三大要素

影响颜色的三大要素也称为视觉的三大要素,即光线、物体和观察者,换言之,这也是我们看到和分辨出颜色必不可少的条件,缺一不可。

1.2.1　光线

所谓光线就是能够在人的视觉系统上引起明亮的颜色感觉的电磁辐射。所以人们凭借光线,才能看到物体的颜色。光是一种电磁辐射,也是一种电磁波,我们通常所见到的光线称为可见光,它是指在电磁波谱中占据一定范围,能够被肉眼感觉到的电磁辐射形式,其波长范围在 400～700nm 之间,在此范围之外还有紫外线和红外线等射线(如图 5-1 所示,见彩色插页)。

我们平时所观察到的彩虹就是可见光的一种表现形式,它的色彩按红、橙、黄、绿、青、蓝、紫的顺序排列,这些彩色光结合在一起就构成了白色光,也称日光或自然光。1665 年牛顿发现,一束白光通过三棱镜后会发生色散,形成由红、橙、黄、绿、青、蓝、紫各色组成的光带,即光谱(如图 5-2 所示)。按照它们的波长大致可分为短波长(如蓝紫色)、中波长(如黄绿色)和长波长(如红色)。

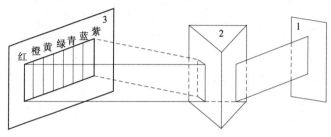

图 5-2 三棱镜折射
1-狭缝;2-三棱镜;3-白色光屏

在不同的照明条件下,各色彩看上去大不相同。设想你将一辆红色跑车停在由钠光灯照明的停车场内,你也许会注意到你的车看上去不再是红色,而却呈现出橙色。物体只能反射它从光源接收到的波长。

那何谓光源呢,我们把发光的物体叫作光源,像太阳、白炽灯、日光灯等。光源有自然光源和人造光源之分,太阳是自然光源,是最佳的光源,这是因为太阳光中含有不同波长的光,并且光能的分布比较均衡。但是在太阳光的光谱曲线上(如图 5-3 所示),曲线在光谱的蓝色一端走势较高,因此说日光在本质上有些发蓝。

而白炽灯、日光灯是人造光源,若将日光与白炽灯(如图 5-4 所示)作一比较,你会看到白炽灯产生的波长更趋向于在光谱的红色一端达到峰值。因为白炽灯光是由加热灯丝产生的,光中主要含有红色的光线,是属于较温暖的光线。

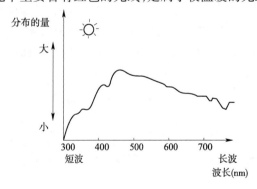
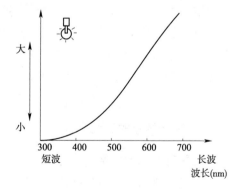

图 5-3 日光曲线图　　　　　　　图 5-4 白炽灯曲线

冷白色的日光灯(如图 5-5 所示)在可见光的蓝色部分放射更多的能量,所以当你步入日光灯照明的房间,你会注意到你的衣服和脸色看上去有些发青,灯光中主要含有蓝色的光线,是属于较冷的光线。

由于日光有不同的时相,人造光源有不同的色温和显色指数,所以同一颜色在不同的光源下观察的结果是不同的。一般说利用北窗的昼光,是比较稳定的,在日出后3h至日落前3h期间,色温变化不大,光谱成分齐全,是观察颜色、分析颜色和调色的最佳时机。

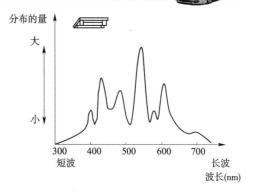

图 5-5　荧光灯曲线

1.2.2　物体

物体是观察的对象,我们周围的物体可分为两大类:一类是物体本身是发光体,即光源,如太阳;另一类物体在一般状态下不发光,只是在一定程度上吸收和反射来自光源的光线,日常所见到的物体大部分属于这一类。

当光源照射到这类物体上时,物体对照射到其表面的光线有反射、透射、吸收三种反应:被反射的光线从物体表面反弹,物体的颜色往往由其反射光的颜色来决定;透过物体的光线在穿过物体时有所改变;被物体吸收的光线不会从物体外表逃逸出去。同时物体中通常含有颜料,颜料会有选择地反射一部分光线,吸收其他的光线。被反射的光就决定了该物体的颜色。

1.2.3　观察者

如果说光是产生颜色感觉的物理基础,那么眼睛的视觉特性则是产生颜色感觉的生理基础。肉眼中的神经末梢位于肉眼中被称作视网膜的感光部位(如图5-6所示),视网膜内含有两种类型的神经末梢:视网膜杆状(对光线高度敏感,感觉有关明与暗及清晰度的信息)和圆锥形晶体(对色彩高度敏感,感觉有关色彩的信息)。圆锥形晶体使肉眼能够区分蓝/黄色和红/绿色,肉眼和视神经将这些感觉到的颜色送至大脑,而后者将这些信号转换为色彩印象。

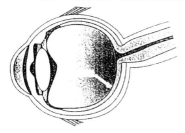

图 5-6　人眼的结构

在人类眼睛内的视网膜上存在着三种视神经纤维,即感红、感绿、感蓝的视觉细胞,每种视觉细胞的兴奋都引起原色的感觉。正常人可以用红、绿、蓝三原色光混合匹配出光谱上的各种颜色,具有三色视觉称为三色觉者,能够分辨各种颜色。

一个具有正常色彩知觉能力的人在感受可见光谱时将其看成是一系列连续的颜色,其顺序为:暗红、亮红、橙色、黄、亮绿、绿、蓝和暗紫。光谱的最明亮部分位于540～570nm(黄—绿)之间,从该部分的两侧向外明度逐渐降低,直至光谱的两端。肉眼所感觉到的明度变化与其发光功能吻合,该功能在555nm时一般可达到峰值。

由于正常的观察者在知觉过程中可感受三色,因而它能够分辨明与暗;黄与绿、红与蓝以及黄绿和蓝绿、绿蓝和红蓝。然而,肉眼的分辨能力也会出现缺陷,从而出现了红—绿色盲、黄—蓝色盲和全色盲,其原因是肉眼的圆锥形晶体带有缺陷,由此导致的后果是视力低下及昼盲。色盲是先天性遗传疾病,患病率为:男性4%～5%,女性0.16%。随着年龄的增长,眼睛的倦怠与病痛会影响人的色感,有色觉缺陷的人不能正确分辨颜色,所以不适宜从事调色工作。由于女性色盲的患病率低,从事调色、测色的工作人员多为女性,而且女性对颜色的辨认比男性敏感,同时又具有细心和耐心的特征,对从事这项工作颇有裨益。

尽管人的肉眼功能相同,但并不是所有人都以同种方式知觉色彩,对色彩的知觉因人而异,其中涉及眼睛、神经和大脑之间的相互作用。由于实际知觉是在视觉范围内发生,因此人们对色彩的印象各不相同且带有主观性。

人们对于颜色的感知,与以上所讲述的视觉三大要素紧密相关(如图 5-7 所示),光线照射到物体上,经反射(或透射)后进入眼睛,通过神经系统传输到大脑,然后颜色被人们所感知。

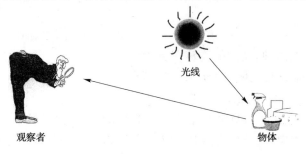

图 5-7 视觉的三大要素

1.3 三大要素之间的相互作用

色彩是物体反射、光源和观察者三者的结合。很显然,如果这三个因素中的任何一个发生了改变,那么所产生的颜色变化也会随之改变,它们之间是相互影响的。如果我们把一个物体由蓝色变成红色,当观察者和光源保持不动,物体的颜色将完全由所反射的波长决定。当物体和观察者保持不变,而只有光源改变时,色彩也自然发生改变,这是由于所反射并感测到的是其他波长。

因此,在化妆时必须考虑照明条件;肉食市场使用粉红色灯光会使肉类看起来更新鲜;而百货商场则利用特殊的日光聚光灯以使服装的颜色看上去更生动。精心布置的照明可以影响一个潜在顾客的情绪和购物决定,商家和顾客都意识到这一点。在车身修补车间,应当在"冷白"色灯光或"日光"下判断色彩。任意两个人不可能以同种方式感受色彩,即使光源和物体保持不变,两个观察者见到的色彩也会略有不同。随着人的年龄增长,眼晶状体开始变得不那么透明,其结果是好似带上了一副黄色太阳镜。

1.4 光源变色

在进行颜色匹配时,偶尔会出现一些特殊情形,即在某种光源下两件物体呈现相同的颜色,但在不同的光源下进行观察时,则会出现明显的色差,这种现象我们称为光源变色。其原因是光源中各种彩色光线的强度不同,例如,某油漆中含有蓝色成分,在日光下可能看不出来,但在水银灯下却十分明显,这是因为日光和水银灯光中蓝色光的强度是不同的。

由于有光源变色,可能在车间灯光下看修补漆与原厂漆颜色配得很好,但在日光下看则不够好。在车间灯光下调配的颜色与车间所用灯光的类型有关,白炽灯光会使修补漆颜色发红;荧光灯依据所用荧光粉的不同而使颜色偏黄或偏蓝;冷白和软白都能改变油漆呈现的颜色。有时可能因为修补漆与汽车原厂漆的面漆配方中所使用的颜料不一,导致修补漆在日光下与原厂面漆匹配良好,在另一种光源下看就不甚满意。这就需要在配方中添加调色剂来解决,并且要在有可能产生光源变色的光源条件下对颜色匹配的情况进行核查。

1.5 标准光源和视感比色

1.5.1 标准光源

由于日光有不同的时相,人造光源有不同的色温和显色指数,所以同一颜色在不同的光源下观察的结果是不同的。颜色工作者最好能在大家约定的某些具有代表性的光源下观察颜色、分析颜色和运用颜色。为此,国际照明委员会推荐三种标准照明体和三种标准光源(标准照明体是指特定的光谱功率分布,这一光谱功率分布不是必须由一个光源直接提供,也不一定能用光源来实现)。

"标准照明体 A"代表绝对温度约为 2856K 的完全辐射体的光;"标准照明体 B"代表相关色温约为 4874K 的直接日光,相当于中午阳光;"标准照明体 C"代表相关色温约为 6774K 的平均昼光;"标准照明体 D65"代表相关色温约为 6504K 的日光时相;"标准光源 A"用色温为 2856K 的充气钨丝灯代替,光色偏黄;"标准光源 B"由 A 光源加罩 B 型 D-G 滤色镜,色温为 4870K,相当于中午日光;"标准光源 C"由 A 光源加另一组 C 型 D-G 滤色镜,色温为 6774K,相当于有云的日光;国际照明委员会规定,"B 型和 C 型滤色镜"用戴维斯-杰伯逊液体滤光器。

1.5.2 视感比色

视感比色是把样本的颜色和试样的颜色并排放在一起,用肉眼观察它们是否相同。视感比色的照明是用日出后 3h 到日落前 3h 的自然光,避免直射日光,采用北窗进入的北空光线。视线与光线间成 45°夹角,视线与光线其中有一项与试样垂直。

比色的结果,如果两个颜色试样在任何光源下观察都完全等色,称为同色同谱;如果两个试样在某一光源下观察是等色的,而在另一种光源下观察是不等色的,这种现象称之为同色异谱。这两种现象对以后的调色影响非常大,为了评定试样是否存在同色异谱现象,先用与日光具有相近似的相对光谱功率分布的 D65 光源观察,再用标准光源 A 对试样进行观察比色。如果试样颜色相等则为同色同谱,如果试样颜色不一致,则这两种颜色为同色异谱。

1.6 色彩的性质

色彩的性质也就是我们前面提过的色调、明度、彩度,也称为颜色的三个空间或颜色三属性,要想完整、准确地描述一个颜色,需要包含这三方面的内容,缺一不可,如图 5-8 所示。

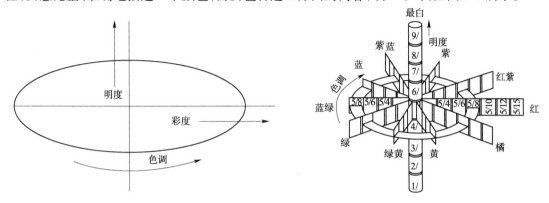

图 5-8 颜色的三属性

1.6.1 色调

色调(也叫色相或名称)是颜色之间的区别,是一定波长单色光的颜色相貌。色相是色彩的第一种性质(属性),这一特性使我们可将物体描述为红色、橙色、黄色、绿色、蓝色和紫色。色彩系统中最基本的色调是红色、黄色和蓝色,它们也称为"三原色",几乎所有的颜色都可以用它们调配出来(如图5-9所示,见彩色插页)。

而橙色、绿色、紫色又是红、黄、蓝三原色按1∶1的比例两两调配出来的,称为"三间色"(如图5-10所示,见彩色插页),这六种颜色又统称为颜色的六种基本色调。再用橙色、绿色、紫色按1∶1的比例两两调配又可以得到"第三类颜色"红褐色、黄褐色、赤褐色(如图5-11所示,见彩色插页)。通过对比我们可以看出颜色混合的越多就越浑浊、深暗。

我们把这些色调排列成一个圆环,沿着圆环的周边每向前一步,色调都会产生变化(如图5-12所示,见彩色插页)。若从色光的角度来看,色调又随波长变化而变化紫红、红、橘红等都是表明红色类中间各个特定色调,这三种红之间的差别就属于色调差别。同样的色调可能较深或较浅。

1.6.2 明度

明度是人们看到颜色所引起视觉上明暗(深浅)程度的感觉,也叫亮度、深浅度、光度或黑白度。明度随光辐射强度的变化而变化,是色彩的第二个最容易分辨出的属性。

明度是一种计量单位,它表明某种色彩呈现出的深浅或明暗程度。同一色调可以有不同的明度,例如红色就有深红、浅红之分。不同色调也有不同的明度,如在太阳光谱中,紫色明度最低,红色和绿色明度中等,黄色明度最高,人们感到黄色最亮就是这个道理(如图5-13所示,见彩色插页)。

明度可标在刻度尺上,从黑至白依次排列。愈近白色,明度愈高;愈近黑色,明度愈低。因此无论哪个颜色加上白色,也就提高了混合色的明度;而加入灰色,则要根据灰色深浅而定,同一色调的颜色不同明度的变化如图5-14所示,见彩色插页。

1.6.3 彩度

彩度是表示颜色偏离具有相同明度的灰色的程度,是颜色在心理上的纯度感觉。彩度还有纯度、鲜艳度或饱和度之称。彩度是色彩的第三个性质,也是一种不易觉察并经常受到曲解的性质。除非我们比较同一色调和明度的两种颜色,我们才会意识到它的表现形式。做这种比较时,我们通常会使用"鲜艳"或"黯淡"、"鲜亮"或"浑浊"这样一些词语来进行描述。

在图表的中央,颜色看上去很黯淡,沿着图表的中央每向外一步,彩度的值就会相应增加,而颜色看上去也更加鲜亮(如图5-15所示,见彩色插页)。当某一颜色浓淡达到饱和,而又无白色、灰色或黑色渗入其中时,即称正色。若有黑、灰渗入,即为过饱和色;若有白色渗入,即为未饱和色。每个色调都有不同的彩度变化(如图5-16所示,见彩色插页),标准色的彩度最高(其中红色最高,绿色低一些,其他居中),黑、白、灰的彩度最低,被定为零,称之为消色或无彩色,如图5-17所示。除此之外其他颜色称之为有彩色,有彩色有色调、明度和彩度变化;无彩色只有明度变化,没有色调和彩度。无彩色从白到黑的黑白层次为明度等级,从0~10共有11个等级。

图5-17 无彩色

2 调色设备

随着汽车的增多,汽车漆的色彩日渐繁多和复杂,巴斯夫、杜邦、阿克苏、PPG等世界知名油漆公司也相继进入我国,这些公司对色彩都有专门的研究调制机构。一旦新款车上市,这些公司马上就会根据自己公司的漆料将修补漆颜色配方研制出来,随同色卡提供给油漆经销商,送给调色中心。在进行配方研制比色时,常用光电比色法(用光电色彩计,亦称色差计,直接读出颜色的三刺激值),或用分光光度计求分光比反射率曲线,然后按规定的计算得到测定值,这两种设备测色精度准确但价格贵,而调色中心在进行调色时用到的主要设备有:油漆搅拌机、电子秤、配方查询电脑、比色卡等。

2.1 油漆搅拌机

油漆搅拌机又称调漆机,各大油漆公司都有调漆机和其配套产品,有32、38、59、108等各种规格的调漆机。调漆机配有电动机、搅拌浆,利用这种工具很容易混合及倒出涂料。涂料中的树脂、溶剂及颜料经过一段时间就会分离,这是因为它们的相对密度不同所致。因此,涂料在使用以前需要充分混合。油漆搅拌工具如图5-18所示。

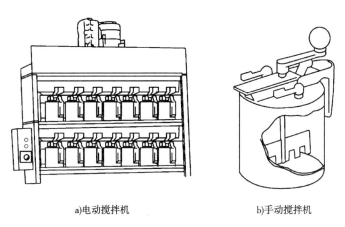

a)电动搅拌机　　　　　　b)手动搅拌机

图5-18　油漆搅拌工具

2.2 配方查询电脑

根据查阅油漆配方的工具不同,有电脑调色和胶片调色。胶片调色即通过阅读机阅读菲林片、查配方。因这种方式效率低,所以目前极少采用。电脑调色即电脑中存有所有色卡配方,用户只需将自己所需漆号和分量输入电脑就可以直接查阅计算好的配方数据,快捷、方便、准确,而且数据更新及时,是一种先进的调色方法,现在普遍采用。目前各大油漆公司都具有完善的电脑调色系统。

2.3 电子秤

电子秤又称配色天平,是一种称涂料用的专用秤,帮助计算适当的混合比,由托盘秤、电子

显示器、集成电路板组成(如图5-19所示)。常用的电子秤量程可达7500g,精确度为0.1g,由明亮的液晶屏作显示器,安装在托盘上方,使用方便,属于专为汽车修补漆称量用的配套产品。电子秤的灵敏度较高,使用时应避免大的气流(风)和震荡。

电子秤的操作程序为:

(1)电子秤必须水平放置,绝对避免高温、振动。

(2)打开电子秤总电源开关,按下电子秤电源处,暖机5min。

(3)按下归零键,将被秤物轻置于秤板中心,依序操作。

(4)使用完毕后,按下电子秤电源关闭键,关闭电子秤电源总开关。

图5-19 电子秤

2.4 其他调色工具

2.4.1 比例尺

比例尺是一种用金属或塑料制造的尺子,上面带有刻度记号,如图5-20所示,可计量适当量的固化剂、稀释剂,能方便快捷地帮助进行油漆调配,各大油漆公司的比例尺一般不可混用。混合油漆时也可作搅杆用,用完后容易清洁。

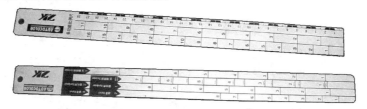

图5-20 涂料调配比例尺

2.4.2 容器

涂装所用容器,多为聚丙烯型一次性容器。在调配油漆时最好使用上下口径一样的直筒型容器。

2.4.3 烘箱

烘箱是一种强制烘干实验样板的烘干设备,在人工调色烘干样板时使用,可缩短干燥时间。

2.4.4 配色灯

配色灯是一种接近阳光的所有波长的灯,可在夜间或下雨时代替阳光,有时做成灯箱。

2.4.5 颜色资料箱

使用"一步到位"的颜色资料箱,无须电脑或颜色登记簿,提供12 000个车色的色卡资料,不断地完善、更新和扩充内容。一年更新两次,每年更新量达1 000多个颜色,有齐全的差异色,使对色工作简单精准,同时整和一体,与其他配套颜色工具相辅相成,如图5-21所示。这些色卡都是使用油漆喷涂而成,很好地表现了所代表的油漆配方颜色。

图5-21 颜色资料箱

3 颜色的调配与人工微调

3.1 汽车用色与调色

3.1.1 汽车用色的发展趋势

人们对汽车颜色的要求越来越高,为了满足人们对颜色的要求,汽车颜色也有了很大的发展,主要发展趋势如下:

(1)彩度提高:颜色的鲜艳度、饱和度不断提高。

(2)三层做法:珍珠漆广泛应用,需采用的特殊喷涂方法。

(3)彩色清漆:在清漆中添加透明色母,增加立体感。

(4)变色效果:从不同角度观察,存在颜色差异,一般称"变色龙"。

(5)浅色银粉:银粉漆的颜色趋向浅灰、浅驼色、香槟色等。

(6)更粗、更闪烁银粉:出现特殊银粉颗粒。

(7)彩色底漆:在底漆中添加近似色母,有效提高面漆遮盖力。

3.1.2 调色的目的

随着汽车工业的不断发展,汽车漆的颜色种类及色彩特性也层出不穷,人们不可能把每一种颜色都做成涂料并储存起来以备随时使用。唯一的解决办法是提高调色人员的配色技能,利用涂料制造商提供的几十种基本色素(色母),按照一定的用量比例(颜色配方),对现有颜色进行调配,以达到我们所期望的理想色彩。

3.1.3 调色的概念

所谓调色是指根据颜色的三个基本性质(色相、明度和彩度),将两种或两种以上的不同的基本色素(色母、涂料)按一定比例混合在一起,以产生所需要的理想颜色的过程(如图5-22所示)。

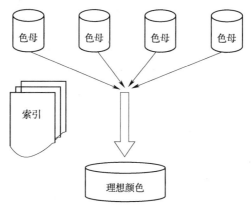

图 5-22 调色的概念

3.1.4 调色的基础

调色过程中,最基本的起点是颜色基础理论,然后是把理论知识灵活应用到实际工作中。掌握下列原则非常重要。颜色的基本过渡规律为:红色 + 黄色→橘色;黄色 + 蓝色→绿色;蓝色+红色→紫色。

颜色的主色和副色:主色往往由两种色母组成,副色总是位于主色的两侧。调色可理解为天平模型的平衡,以红色为例:主色(红色),副色(橘色+紫色)。

颜色的调配:在画画时,我们会发现把红色和绿色调配在一起会变成灰色,这就是互补色了,专业上我们说红色是绿色的补色,反之亦然。在色环上,原色与其对面的间色互为补色,如图5-23所示。

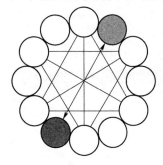

图5-23 互补色

同样,黄色与紫色是互补色,蓝色与橙色是互补色。互补色放在一起会有和谐的效果。互补色(对头色)混合后(红色+绿色;黄色+紫色;蓝色+橘色)会产生灰色,即彩度降低,变浑浊;加色母时,以配方中的色母为第一选择,然后是靠近主色的近似色母,避免加入对头色母;色系列中的黑色和白色,主要用于控制明暗度和彩度。

3.2 调色的程序

调色的程序如图5-24所示。

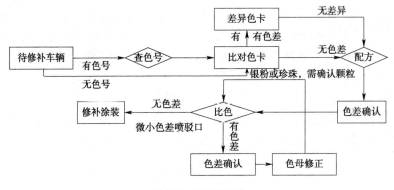

图5-24 调色的程序

3.2.1 色号的查询

大多数汽车的颜色信息(即原厂色号)附在车身某个或几个特定部位上(即色号牌上)。查看汽车厂出厂编码板,记下编码板上所示汽车制造厂商的油漆编码,对调色非常有帮助。不同的厂商油漆编码的位置是不同的。

3.2.2 表面准备

在日常工作中,我们通常所使用的配色标准板(油箱盖、车身部位),表面往往有许多污染物,可能会影响颜色的比对效果。因此,在配色前应该用细蜡进行清洁处理,以免造成将来车身上的颜色差异。

3.2.3 色卡的对比

如果在车身上无法找到原厂色号,那么可以利用油漆公司提供的各种色卡,从色相、明度、彩度三个方面进行比对,挑选出相对接近的颜色,然后根据色卡即可查出相对接近的配方,如图5-25所示。

3.2.4 配方的查询

在车身上查到原厂漆号或通过色卡比对找到色号后,用户只需将查找到的色号和所需分量输入电脑就可直接查阅计算好的配方数据,快捷、方便、计算准确。便携式电脑测色仪的探头可直接在汽车上待修补的部位测到最为可靠的数据,该数据经配色系统处理后就可获得精确的配方,非常受欢迎。

3.2.5 计量添加色母

找到颜色配方,确定需要油漆的数量,利用电子秤计量添加相关色母的质量。在添加色母时,最好首先倾斜漆罐,然后逐渐拉操纵杆,让色母慢慢倒出。如果先拉操纵杆,那么当漆罐倾斜时可能有大量色母立即倒出。为了在倾斜末尾进行精细调整,也必须小心操作操纵杆,以控制色母流量(如图 5-26 所示)。

图 5-25 色卡的对比

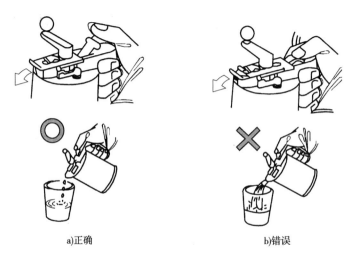

a)正确　　　　　　　b)错误

图 5-26 添加色母

虽然各种色母的质量因颜色而异,但是通常情况下一滴(黄豆大小)的质量大约为 0.03g,三滴的质量在 0.1g 左右。根据这一情况,我们在添加用量较少的色母时一定要仔细称重,在表 5-1 中我们不难发现少用量色母的误差对颜色的影响。

色母添加误差对颜色的影响　　　　表 5-1

色　母	配方中加入量	实际添加质量	误　差	所占比例
M0	198.0	198.0	+0.1	0.050%
M60	1230.1	1032.1	+0.1	0.009%
A105	1275.6	45.5	+0.2	0.430%
M26	1302.2	26.6	+0.1	0.380%
M27	1306.7	1.5	+0.2	13.33%

添加误差占单个色母的比例越大对颜色的影响就越严重。在添加完所有色母后,要用搅杆或比例尺混合涂料,以产生均匀的颜色。如果涂料粘到容器的内壁,要用搅杆刮下涂料,以防产生色差。

3.2.6 对比色板

添加并搅拌均匀后的涂料,从色相、明度、彩度三方面与待调配的标准色板进行比对,以保证调配良好。比对方法有比较法、点漆法、涂抹法和喷涂法。比较法是用调漆棒与车色直接比对;点漆法是将漆点在车身上,待干燥后进行比对;涂抹法是将漆均匀涂布在车身上,待干燥后进行比对;喷涂法是将漆喷涂在试板上,待干燥后与车身进行比对。

前三种方法速度较快,但较不准确,喷涂法虽然速度较慢,但准确度高。如果比对结果发现颜色有差异,则需要添加色母进行微调;如果比对结果已经能满足颜色要求,则进行实车喷涂。

3.2.7 添加色母进行微调

如果颜色的比对结果表明,所调颜色与汽车的颜色不一样,则必须鉴定出应添加哪一种色母,继而添加该色母以获得理想结果,这个过程就是"精细配色"或"人工微调"。这是一个比较和添加涂料的循环,此循环一直重复,直至获得理想的汽车颜色。

如果把颜色体系(图 5-27,见彩色插页)看作是一个色立体球的话,如图 5-27a)所示,而图 5-27b)所示是在中间水平切开后的截面,该截面图在鉴定混合物中所缺的颜色时是很有用的。

例如,当配某一色时,如果你确定圆球上与汽车颜色相配的区域是"A",而你已制备的混合物的颜色是"B",那么你便可以知道,你所制备的混合物与汽车颜色相比,红色较强(绿色较弱),黄色较弱(蓝色较强)。因此你也会发现,如果添加黄色,那么混合物就会变得比较黄,从而更接近汽车颜色;如果添加绿色,混合物的红色就变弱,但是由于互补色的特性,混合物将整个变暗。但是注意,实际上该截面不能用来准确地判断汽车颜色与样板颜色之间在明度上的差别(如图 5-27a)所示,垂直方向),只是用配色中最重要的一点来鉴定混合物中所缺的颜色。

在这个过程中,你的第一个印象最重要。这是因为,你用于确定所缺颜色的时间越长,那么你的眼睛就越习惯于样板,从而使判断变得困难。将选择好的色母加入计量配色涂料,并用搅杆进行颜色比较,利用试杆施涂法,使新涂层重叠部分以前涂装的混合物。这可以显示出变化的程度,或者添加色母的效果。如果还没有获得理想的颜色,再一点一点地添加选择的色母,然后进行试杆施涂和颜色比较。

在用该种色母进行的精细配色完成后,再找出涂料所缺的另一种颜色。确定颜色调得多么接近是一项困难而重要的决定,虽然涂料的颜色越接近汽车的颜色越好,但是在实践中有一个点,达到此点我们便可认为颜色已经够接近了,不会有问题了。最好用比色计,用数字表示颜色相差的程度,但是如果没有比色计,那么就必须靠我们的双眼,最好让尽可能多的人来帮助进行鉴定,做出结论。

3.2.8 修补操作

把微调完毕的涂料,按要求添加相应比例的固化剂、稀释剂并混合,按正确的施工程序进行涂装,注意采用合适的修补技巧,达到无痕迹修补。

3.3 银粉漆及其调色技巧

3.3.1 银粉漆简介

最早曾有人把研碎的鱼鳞和铜粉加入油漆,以使光线能够靠这些碎片反射出来以达到闪烁的效果,但效果不太理想。在20世纪70年代,科研人员发现把细薄的铝片加入油漆后,闪烁效果非常好,并可以造成正侧面颜色效果深浅不同。于是,这种发明即被工业化并越来越多地用到汽车上,这就是我们所说的银粉漆。

银粉漆改变了传统颜色单调的缺点,通过其中铝片的反射光线,从不同角度都闪闪发光的效果,吸引人的注意。银粉片就像许多小镜子,尺寸为7~33μm,银粉片在银粉漆里会影响明度各角度的变化。在银粉漆配方中的主要颜色颜料越透明越好保持,银粉片在漆中如镜子般起反射作用。

清漆会稍微改变色漆层的颜色,从正面看时其明度会降低变深。调配银粉色时,需同时以侧面观察、侧角观察和正面正角观察,三个角度来对色(如图5-28所示)。

当光源在色板的正上方时,所谓正面就是目光正视色板,又称为"正角度比色",主要是对准面色调;所谓侧角,就是目光斜视色板,如眼睛注视车身一般,又称为"侧角度对色"或"斜角度对色",主要是对准底色调。

图5-28 调色时的观察角度

3.3.2 银粉漆调色时的注意事项

(1)银粉色的配方只有在喷涂方式调整,以及清漆调整都无法收效的情况下才可改变。

(2)银粉色的对色需在充足的日光下进行,但需要避免强烈的日光直射。

(3)对色时最好喷在试板上,并且可利用喷涂技巧来控制颜色。

(4)对色需以90°正角、45°侧角和180°侧角度来对色。

(5)车身经粗蜡打过,试板要完全干燥,才有精确的比色效果。

(6)直接涂色于色板上只可当作参考用,不能作为比色的标准。

(7)银粉色的调配需要细心及耐心,若需改变配方也只能作小幅度的调整,并且需依照配方表所选的色母来调整。

(8)双工序的银粉底漆喷涂完成后,待15min指触干燥后,再喷上清漆后才可比色。

(9)双工序的试板上,银粉底漆喷"整板",而清漆喷"二分之一",如此在调整时可以节省时间,并且可以累积调色(即银粉色在加喷或未喷清漆的比较色差)的经验。

3.3.3 银粉漆微调技巧与要领

人工微调银粉漆时,应注意的微调技巧与要领:

(1)微调时减少银粉色母的量可使银粉漆更深更暗。

(2)如果要减低绿色效果,首先应减少配方中绿色色母的使用量,如果以添加对等色红色色母减低绿色效果,颜色会逐渐变浑浊,即彩度降低,其他对等色也如此。

(3)微调时使用不透明性色母能使侧面变浅变白。

(4)微调时使用透明性色母能使侧面变深变暗。

(5)喷涂时的技巧也同样会影响到银粉漆的颜色,如表 5-2 所示。

喷涂方法对银粉漆的影响　　　　　　表 5-2

银粉漆	较浅	较深
稀释剂的挥发速度	快	慢
喷涂黏度	低	高
喷涂压力	高	低
喷涂方法	干喷	湿喷
气温	高	低

3.4 珍珠漆

3.4.1 珍珠漆简介

根据天然珍珠的原理,在片状的云母片上加上不同厚度的二氧化钛(钛白粉)或氧化铁等

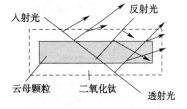

图 5-29　珍珠漆颗粒

无机氧化物,然后做成细薄片,加入油漆中。这样,当光线照在这些人造珍珠片上时,也可以产生类似珍珠的彩虹效果,从而使油漆的颜色正侧面不同,产生变化的效果,这就是所谓的珍珠漆,如图 5-29 所示。

1980 年德国涂料专家苏塔努希首次使用云母钛珠光颜料制成了一种具有全新色彩艺术风格的珍珠汽车漆,并成功的用于美国福特汽车公司的轿车生产线。珍珠汽车漆的涂装采用三工序,具有很高的镜面光泽、珠光细洁柔和、装饰性极佳,如图 5-30 所示,同时具有随视角而变化的闪光效应,从而奠定了它在现代轿车、摩托车表面高装饰性涂料的地位。目前各大汽车公司,几乎所有高档豪华轿车均采用珍珠漆涂装。

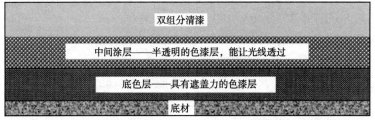

图 5-30　珍珠漆的涂层

3.4.2 珍珠漆的分类

珍珠漆有四种类型:白云母珍珠、干扰型云母珍珠、着色云母和银云母,不同类型的珍珠漆特性见表 5-3。

不同类型的珍珠漆特性　　　　　　表 5-3

珍 珠 类 型	二氧化钛膜厚(μm)	反 射 光	透 射 光
白珠光云母	0.10~0.15	银珠光效果	
干扰型珠光云母	约 0.21	黄	蓝

续上表

珍珠类型	二氧化钛膜厚(μm)	反 射 光	透 射 光
干扰型珠光云母	约0.25	红	绿
干扰型珠光云母	约0.31	蓝	黄
干扰型珠光云母	约0.36	绿	红
着色云母	0~0.1	红	红
银云母	约0.1	银金属光泽	

（1）白云母珍珠是透明的云母外镀氧化钛镀层（二氧化钛），反射光为珍珠银光泽，透射光无特殊颜色，因为所有波长的光波都被反射。

（2）干扰型云母珍珠随着二氧化钛的膜厚逐渐增厚，反射光和透射光也发生变化。珍珠色的效果取决于光照的角度和观察的角度，因此要从各个角度观察漆膜反射或透射光。干扰型云母颜料遮盖力差，因此颜色取决于涂层的颜色。

（3）着色云母一般的云母片晶宽48μm，但只有1μm厚，云母颜色随其镀层厚度的变化而改变。

（4）银云母在透明的云母外镀上银粉包裹的二氧化钛，这样能提供立体感的金属银色光泽。

3.4.3 珍珠漆调色过程

（1）首先制作"分色试板"，选择合适的底色漆配方，按正常方法调配好底色漆，并稀释。

（2）在试板上喷涂底色漆至完全覆盖并晾干，在车身上找到只喷有底色漆的部分（例如发动机舱盖内侧）来比较底色漆的准确程度。

（3）如果底色漆颜色有差别，微调底色漆至尽可能接近的程度。

（4）在分色试板上喷涂不同层数的中间色油漆，得到一系列的颜色变化效果，如图5-31所示。

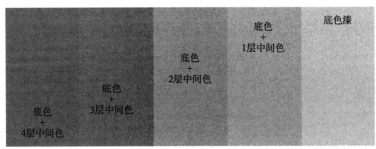

图5-31 分色试板

（5）"分色试板"晾干后，喷涂一道双组分清漆，然后烘干或用红外灯固化。

（6）试板彻底干燥后，将试板与待修补区域的附近车身颜色进行比较，注意先把车身抛光处理。

（7）选取试板上与车身颜色最接近的部分，实际修补时的中间层色漆应使用与该部分相同的喷涂次数。

（8）按照试板的制作方法，在车身上喷涂相同层数的面漆。

3.4.4 珍珠漆调色时的注意事项

(1) 颜色的总体效果由底色漆和中间层的颜色决定的。

(2) 应该尽可能地将底色漆调配到非常接近。

(3) 不要试图同时调配出底色漆和中间层色漆。

(4) 尽量保留露出一部分底色,以方便日后的调色。

(5) 控制中间层色漆的喷涂次数。

(6) 颜色的强度取决于底色层。

(7) 颜色的纯净度取决于中间层。

(8) 用银粉做底色漆时,通常使用较粗较闪的银粉,因为中间层色漆常常会"弱化"这些银粉的效果,使其显得较幼细,如图 5-32 所示。

图 5-32 珍珠漆里银粉的效果

(9) 在往车身上喷涂前必须先试喷色板,以确保底色漆的颜色正确,并获得合适的中间层色漆的喷涂层数。

(10) 试板的最后工序一定要罩双组分清漆。

思考与练习

1. 什么时候进行比色最好?
2. 要完整准确的描述一个颜色应从哪几个方面进行?

单元六　汽车车身涂装修理工艺

> **学习目标**
> **知识目标**
> 1. 了解涂装修理工艺的过程；
> 2. 了解汽车车身涂装修理方法；
> 3. 了解针对不同材料、情况的涂装修理方法。
>
> **能力目标**
> 1. 深入认识涂装修理的相关内容；
> 2. 通过实训锻炼学生的动手能力。

1　底 材 处 理

在进行汽车喷涂修补之前需要对原车漆面或新部件进行必要的处理,以增加黏附能力,减少喷涂缺陷,提高修补质量。

1.1　损坏程度评估

对损坏部位进行正确的评估,以确定修补范围,从而确定各道工序的范围、确定过渡区域、需要遮盖保护的部位以及需要拆卸的零部件等。为后续工序的正确实施,及保证涂装质量奠定基础。一般采用的评估方法有目测评估、触摸评估和直尺评估。

1.1.1　目测评估

根据光照在车身部件上的反射情况,以评估损坏的程度及受影响面积的大小。稍微改变观察角度,即可看到微小的变形,图 6-1 为荧光灯反射光线的扭曲。目测评估时,不能在强光下进行,强光会影响到观察的结果。

1.1.2　触摸评估

戴上手套(棉质薄手套),从各个方向触摸受损的区域(不要对钣金件施加压力),注意力集中在手掌上的感

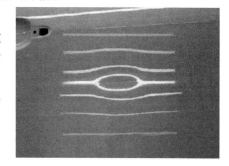

图 6-1　荧光灯反射光线的扭曲

觉。为了能准确地找到受损区域的不平整部分,手移动的范围要大,要包括没有损坏的区域。有些损坏区域,手在向某个方向移动时,可能比向另一个方向移动时更容易感觉到,如图 6-2 所示。

123

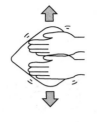
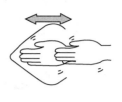

不容易感觉　　　容易感觉

图 6-2　触摸评估

1.1.3　直尺评估

将一长直尺放在车身另一边对应的没有损坏的区域上,检查车身和直尺间的间隙;然后将直尺放在损坏的车身部件上,评估被损坏的和未被损坏的车身部件之间的间隙相差多少,如图 6-3 所示。

如果在用直尺评估时,损坏件有凸出部分,将影响评估操作。可用冲子或鸭嘴锤,将突起的区域敲平或稍低于正常表面,如图 6-4 所示。

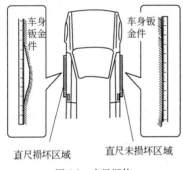
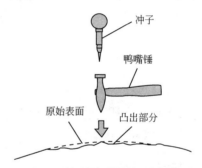

图 6-3　直尺评估　　　　图 6-4　敲平损坏部件的凸出部分

1.2　去除旧漆膜

对于漆膜破损处,必须将旧漆膜除掉,清楚程度可根据旧漆膜的损坏程度和重新涂装后的质量要求,进行全部或部分清除。

1.2.1　机械法除旧漆除锈的施工

(1)穿戴好安全防护用品。

(2)用手触摸并观察待打磨表面,确定好需要打磨的区域。

(3)紧握打磨机(干磨机),采用 P60～P80 砂纸,接通开关,以大约 5°～10°的角度靠向待加工表面。

(4)打磨机向右移动时,托盘左上方的 1/4 对准待加工表面,如图 6-5 所示。

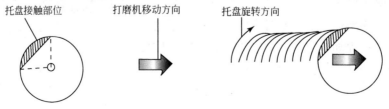

图 6-5　打磨机向右移动的操作

(5)打磨机向左移动时,托盘右上方的1/4对准待加工表面,如图6-6所示。

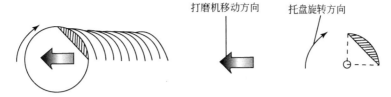

图6-6 打磨机向左移动的操作

(6)打磨平整表面时的移动方式如图6-7所示。

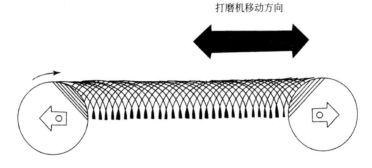

图6-7 打磨平整表面时的移动操作

(7)对于不易打磨的较小的凹穴处,可采用如图6-8所示的打磨工具,也可用砂纸折成带尖角的形状进行手工打磨。

图6-8 打磨凹穴处的打磨工具

小提示

(1)一定要在接触到钣金件表面后才能开动打磨机。否则,运转的打磨头在初始接触的区域会受到过大的压力,而产生很深的划痕。

(2)为了防止钣金件过热和变形,不要将打磨机停在一个位置过长时间。

(3)打磨过程中应经常检查磨料是否清洁。如果磨料出现结块、胶黏,应及时用毛刷、钢丝刷或气枪进行清理。

1.2.2 化学除漆

（1）遮护要除漆部位以外的地方，防止被黏到脱漆剂，板件之间的空隙也必须用胶带遮蔽好，以免脱漆剂进入板内。

（2）用P60砂纸，先打磨涂层，涂脱漆剂，以加快脱漆剂的渗透，提高效率。

（3）再涂一次脱漆剂，大约5min后，用刮刀刮掉表面的漆层。

（4）如果还有没除掉的漆，重复上一步的工作。

（5）漆层脱离后，用干布擦掉残存的脱漆剂。然后用干净布和水清洗表面，直到没有脱漆剂为止。

（6）用P120砂纸，除掉残余的漆。

1.3 羽状边的制作

为了使清除了涂膜的边缘产生一个宽的、平滑的边缘，使施涂的各涂层平和过渡，将涂膜的边缘进行打磨的工序，称为羽状边打磨，也称为磨缘。

正确的施工操作如图6-9所示。将打磨机磨头压在车身板件上，向边界线处施压，然后沿边界线移动打磨机。边界线和打磨机之间保持恒定。羽状边打磨得尽可能平滑，羽状边宽度大约30mm，打磨好的羽状边如图6-10所示。

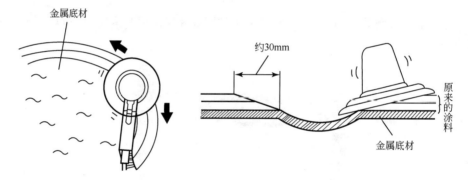

图6-9 羽状边打磨的正确施工

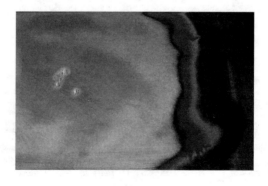

图6-10 羽状边的打磨效果

不正确的施工操作如图6-11所示。提起打磨机，使其离开裸金属凹穴，移向涂膜区域，只能刨出涂料。这样做只能扩大裸金属底材区域，而不会产生足够宽的羽状边。

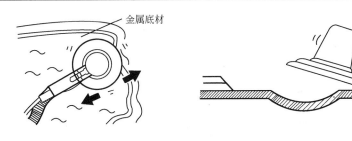

图 6-11 羽状边打磨的不正确施工

1.4 清洁除油

1.4.1 清洁

目的是清除掉车身上的盐分、鸟粪、污泥及其他脏物,如图 6-12 所示,使用吹尘枪接压缩空气吹去钣金件表面上的灰尘及打磨下来的微粒。

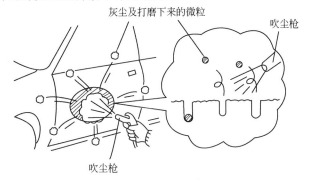

图 6-12 清除表面灰尘

注意事项:
(1)戴好相应的防护用具,如防护眼睛或面罩。
(2)对缝隙处不易清洁的部位要特别注意清洁干净。

1.4.2 除油

去除防锈油、油脂、矿物油、油脂蜡和树脂蜡等。如图 6-13 所示,用清洁的擦拭布沾除油溶剂擦拭钣金件表面,以润湿该表面,同时用另一块清洁的擦拭布立即将表面擦干。

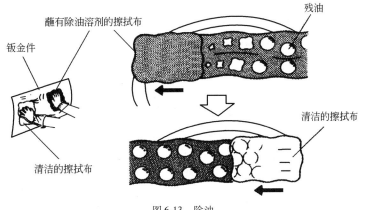

图 6-13 除油

注意事项：

(1) 对旧涂层脱脂、除蜡要使用专用脱脂、除蜡清洁剂。

(2) 对旧涂层打磨之前，应用专用清洁剂彻底清洁工作表面。

(3) 旧涂层打磨完毕后，应再用脱脂、除蜡剂清洁一遍。

(4) 对易积聚蜡质的边框、凹槽、把手要注意特别清洁干净。

(5) 用一块清洁擦拭布浸湿脱脂、除蜡剂后，在旧涂层上擦洗，当表面还湿润时，用另一块干净的擦拭布迅速将油污擦净，以保证最佳除油效果。

(6) 一次擦洗面积不应大于 $0.2 \sim 0.3 m^2$，应一块一块地进行，在进行大面积除油时要注意经常更换擦拭布。

> **小知识**
>
> 汽车钣金件油污来源：
>
> (1) 汽车钣金件在加工、运输中，表面的防护油。
>
> (2) 经过除旧漆除锈处理的裸金属表面，因操作过程（如手的触摸、车身打的蜡）而沾有油污。油污的存在会影响涂层的干燥性能和降低涂层的附着力，也可能会产生涂装缺陷。

2 遮　蔽

2.1 遮蔽简介

遮蔽也叫遮盖，遮蔽的目的是为了对不需要喷涂或打磨的表面及附件进行遮护，以防止漆面污染或打磨过度。从而保护窗边框、玻璃、轮胎和其他汽车件防止过喷，在打磨时对无须打磨的区域进行遮蔽可以防止对良好部位的损伤等。遮蔽工作是在实施喷涂之前所进行的重要工作，即防止喷涂过程中的污染，有时也用遮蔽的方法对施工区域进行隔离以便操作。

2.2 遮蔽材料

遮蔽所用的遮蔽材料主要有：遮蔽纸、遮蔽胶带、防护罩、缝隙胶带、遮蔽薄膜等，各涂装设备生产厂商都有相应的产品可供选择，不可使用普通纸张、胶带等代替。

图 6-14　遮蔽纸及遮蔽纸架

2.2.1 遮蔽纸

遮蔽纸要求能够耐热、纤维紧密（不掉毛）、耐溶剂。汽车遮蔽专用遮蔽纸的一面为紧密的纸层，另一面涂有一层蜡质物质，这层物质与纸基结合非常紧密并且耐热不熔化，抗溶剂性能优良，遮蔽纸及遮蔽纸架如图 6-14 所示。

而有些工厂在实际生产中使用报纸或其他纸张代替遮蔽纸进行遮蔽，虽然节约了部分成本，但在工作中往往会造成更大的损失。普通纸张或报纸在耐热程度、抗溶剂性等方面很差,而且沾染有油墨等物质,会对施喷表面造成一定的影响,尤其是吸收了大量的溶剂后会出现松散、纤维脱落等,严重的可能会使被遮蔽底层出现失光、咬起、溶痕等故障,脱落的纤维会造成喷涂表面出现脏点等,因此应严格禁止使用。

2.2.2 遮蔽胶带

汽车用的遮蔽胶带必须能抗热和抗溶剂,而且其黏合胶应该在剥落以后不会黏在车身表面上。遮蔽胶带要求弹性小、耐热、耐溶剂、不掉胶、黏着性好且胶质所含溶剂成分低。专用遮蔽胶带多为纸基,在拉伸时变形小,胶面可耐溶剂,在喷涂时不会因为溶剂的影响而开胶,如图6-15所示。

在市场上种类繁多的遮蔽胶带中,你必须按所进行的工作的类型来选用适合的遮蔽胶带,遮蔽胶带一般有两种分类方法。

图6-15 遮蔽胶带

2.2.2.1 按耐热性分类

1)用于空气干燥涂料

与以硝基纤维为基础的涂料一起用。如果受热,胶黏剂将黏在车身上。

2)用于强制干燥涂料

与以氨基甲酸酯为基础的涂料一起用。

3)用于烤漆

与烤漆一起用。可以抵抗130～140℃(226～284°F)的热。即使遮蔽胶带的抗热力受得住干燥温度,但是,如果涂层对溶剂的抵抗力弱,它可能会受到遮蔽胶带上黏合剂的溶剂的影响。这将会在被遮蔽的表面上留下胶带的印子。

2.2.2.2 按底材分类

1)纸质

用于防止喷涂外逸黏到车身上,并将遮蔽纸固定。用于一般的区域。

2)塑料质

用于双色施涂及圆边界。

需要注意的是不要用绝缘胶布或其他种类的普通胶带代替遮蔽胶带,如果使用不合标准的胶带,将会对修补增添不必要的麻烦。如果遮蔽胶带弹性过大,那么在遮蔽时会出现拉伸变形,影响一些对棱边的遮蔽要求。如果遮蔽胶带耐热差,在加温烘烤时会变形,甚至脱落破坏喷涂好的涂层;加热后胶质脱落很难清理,有时还会损伤涂膜。

2.2.3 防护罩

防护罩用来遮蔽各种灯和轮胎。防护罩一般由耐热、耐溶剂橡胶制成,如图6-16所示。用防护罩遮蔽灯及轮胎要比用遮蔽纸和遮蔽胶带快捷、方便且便宜。

2.2.4 缝隙胶带

另外,还有些特殊遮蔽产品,如缝隙胶带,如图6-17所示。缝隙胶带可以使工作简化,而且可以缩短重喷所需要的时间。缝隙胶带用聚氨酯泡沫体,并加入黏合剂而制成,因此它简化了有缝隙区域的遮蔽。

它呈圆柱形,因此可以防止喷涂台阶,使涂装的表面很容易打磨。主要用于密封门、发动机舱盖、行李舱缝防止过喷,从而使内部区域无须使用遮蔽纸,自粘,易于使用,不会留油漆尖边,如图6-18所示。

图6-16 防护罩　　　　　　　　　　　图6-17 缝隙胶带

图6-18 缝隙胶带的使用

但是,如果使用不当,可能引起很大的问题。在使用的时候应保证缝隙胶带的粘贴位置合适,不能太靠外也不能太靠里,如图6-19所示。

图6-19 缝隙胶带的正确使用

2.2.5 遮蔽薄膜

遮蔽薄膜,可很快覆盖大面积,并且具有抗溶剂和油漆的特性。遮蔽薄膜是很薄的乙烯材料,其宽度一般比遮蔽纸宽。因此。它特别适用于盖在工件表面周围大的表面上,防止喷涂外逸,如图6-20所示。

图6-20 遮蔽薄膜及其使用

2.3 遮蔽方法

在遮蔽前需要将一些妨碍遮蔽而又不需喷涂的部件拆下，如门把手、收音机天线等。粘贴遮蔽胶带时一手拿住遮蔽胶带，同时另一只手进行导向和压紧，撕断遮蔽胶带时可用大拇指夹住遮蔽胶带，另一只手压住遮蔽胶带，迅速地向上撕，这样可以整齐的撕断遮蔽胶带，而不会对已经遮蔽好的遮蔽胶带造成拉伸。遮蔽时，需要首先用遮蔽胶带沿遮蔽区域的边缘进行轮廓勾勒，然后将遮蔽纸粘贴在勾勒轮廓的胶带上，这样有利于保证遮蔽区域的整齐。当然具体部位的遮蔽还要根据具体情况有所改变，但是用最少的材料消耗完成工作是一成不变的。

2.3.1 遮蔽边界的选择

分隔重喷区与非重喷区的区域叫边界。必须根据修理的范围及旧涂料的状况选择边界。

2.3.1.1 板间缝隙上的边界

为了重喷一块用螺栓安装的外板，必须在板间的缝隙上贴边界，进行遮蔽。

2.3.1.2 车身封闭剂（板缝）上的边界

后侧板件或其他焊接部件可能没有任何缝隙将它们与相邻板件分隔开。连接下后壁板和车门槛板的区域就是这种情况，因为这样的区域通常使用车身封闭剂，车身封闭剂部分可以用作边界。

提示：遮蔽胶带可以折成车身封闭剂的宽度，从而可以使边界处的台阶不太显眼。

2.3.1.3 在特征线凸出部位上的边界

这个方法用于仅重喷板件的一部分，而不需扩展要重喷的区域。这个效果通常通过反向遮蔽达到，它使边界处的台阶尽量不显眼。

提示：要准确地沿特征线进行反向遮蔽。

2.3.1.4 平面部分上的边界

当处理诸如点重喷中的小面积时，边界必须通过反向遮蔽限定在一块给定的车身板内。

2.3.2 反向遮蔽

在需要漆膜产生由厚到薄的过渡时可以采用反向遮蔽的方法，所谓反向遮蔽是指遮蔽纸的敷贴时里面朝外，用遮蔽胶带将遮蔽纸在修复范围外进行粘贴固定，然后将遮蔽纸再进行翻折，并用遮蔽胶带进行固定，在翻折时注意一定要使翻折过的遮蔽纸产生一个圆弧状的折边，通过这个折边就可以使喷涂时的油漆产生一个过渡的效果，如图6-21所示。这种方法用于尽可能减小台阶，使边界不太引人注目。当处理小面积（例如在进行点重喷）时，边界可以规定在一个给定的车身板内。

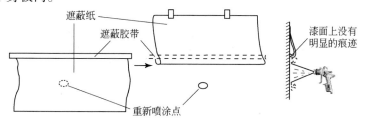

图6-21 反向遮蔽

遮蔽时不要将遮蔽胶带粘贴在需要喷涂的区域或未经清洁的表面；遮蔽时不能将遮蔽胶

带粘贴在肮脏或潮湿的表面上；遮蔽胶带不能粘贴在密封橡胶上；遮蔽时应将遮蔽胶带尽量压紧遮蔽胶带的边缘；遮蔽时遇到曲面时，可将遮蔽胶带的内侧弯曲或重叠。

2.4 遮蔽实例

2.4.1 涂中涂底漆时的遮蔽

由于施喷中涂底漆所用的空气压力低于施喷面漆的空气压力（以尽可能减少喷涂外逸），所以工件表面的遮蔽工序比较简单。通常使用反向遮蔽法，以防止产生喷涂台阶，如图6-22所示。

2.4.2 整板重涂时的遮蔽

为了进行整板重喷，翼子板或车门之类的板件必须单独遮蔽。如果板件有孔口（例如供放装饰件用的孔，或板件之间的缝隙），它们必须遮蔽，以防漆雾进入这些区域，如果覆盖孔口有困难，那么可以从里面遮蔽孔口，从而防止漆雾黏至内部部件上，如图6-23所示。

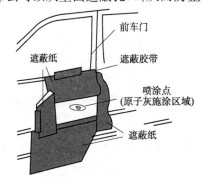

图6-22　涂中涂底漆时的遮蔽　　　　图6-23　整板重涂时的遮蔽

下面以某车左后车门的遮护为例，介绍整板重涂时的遮蔽过程。

（1）打开车门，在其内侧边缘贴上遮蔽胶带，使胶带适当伸出车门边缘，如图6-24所示。

（2）关上车门，在车门外侧边缘，用另一段遮蔽胶带压住上述车门内侧边缘粘贴的遮蔽胶带的伸出部分。并在车门上侧贴遮蔽胶带，并适当延伸出上边缘，用另一段遮蔽胶带压住其延伸部分，如图6-25所示。

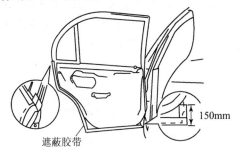
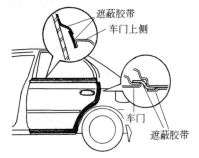

图6-24　整板重涂时的遮蔽过程1　　　　图6-25　整板重涂时的遮蔽过程2

（3）打开前车门，以后车门的前凸缘沟槽为边界贴遮蔽胶带，顶侧使用遮蔽纸盖住门框，如图6-26所示。

（4）对前车门内缘用遮蔽胶带及遮蔽纸进行遮护，如图6-27所示。前门底侧内缘遮护向前延伸约300mm,前面后侧内缘应遮护住门框,并将遮蔽纸外翻后,关上前车门。

(5) 用塑料(乙烯)薄膜,遮盖汽车前半部、车顶、行李舱等部分,薄膜距左后门边缘约200mm,如图6-28所示。

(6) 用遮蔽胶带及遮蔽纸遮护左前车门、左后车门玻璃及左后侧钣金件,如图6-29所示。

(7) 用遮蔽胶带及遮蔽纸遮护左后车轮及左后车门槛板。遮护工作完成,如图6-30所示。

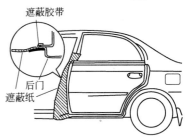

图6-26 整板重涂时的遮蔽过程3

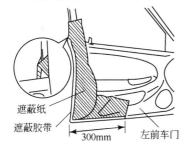

图6-27 整板重涂时的遮蔽过程4

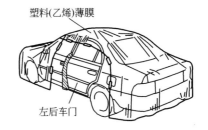

图6-28 整板重涂时的遮蔽过程5

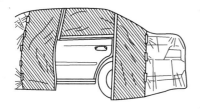

图6-29 整板重涂时的遮蔽过程6

图6-30 整板重涂时的遮蔽过程7

2.5 遮蔽注意事项

2.5.1 清洁和除油

在将车辆开上工作车位以前,先要清洗车辆。特别脏的部位要彻底清洗。用除油剂清洁要粘遮蔽胶带的地方,以防止在吹风或涂装时遮蔽胶带剥落。

2.5.2 遮蔽的范围

所用的重喷方法和喷枪的操作方法不同,要遮蔽的面积的范围也不同。漆雾散射的范围因所进行的是点重喷还是块重喷而异。因此,必须恰当地遮蔽在每一种情况下的最小面积。

提示:在开始,最好将遮蔽面积略大于必须遮蔽的面积。在喷涂以后,查看遮蔽纸上是否有喷涂外逸的迹象。在随后的施涂中,可以逐步缩小要遮蔽的面积。

2.5.3 不可拆卸部件的遮蔽

将遮蔽胶带在不可拆卸的部件上,并留一个小小的间隙(等于涂层的厚度)。如果不留间隙,涂料形成的涂层将会连接新涂表面和遮蔽胶带,从而使遮蔽胶带难以剥落。如果间隙太宽,那么遮蔽胶带便不能很好地遮蔽部件。

2.5.4 圆部件的遮蔽

如果遮蔽胶带在圆部件上贴得很紧,那么它就会在转角周围缩进去,从而暴露需要遮蔽的地方。为了解决这个问题,应该在接近转角的地方将胶带贴得稍稍松一点。

2.5.5 双重遮蔽

通常使用的遮蔽胶带和遮蔽纸是用纸制造的。纸对涂料中所含有的溶剂的抵抗力不很强。因此,在涂料易于聚积的地方(例如板边、沿特征线或要涂厚涂料的区域),贴双层遮蔽胶带和纸,可以防止涂料透入遮蔽材料。

2.5.6 剥除遮蔽材料

一般说来,遮蔽材料应该在抛光后去除,原因是保护周围的面积在抛光中不受抛光剂的影响。但是,沿边界的遮蔽胶带应在涂装后,趁涂层还是软的时候小心地取下。这是因为一旦涂料变干变脆,它便不会均匀的分离,从而使结果不理想。

提示:如果在施涂密封条时使用遮蔽材料,遮蔽材料必须在密封条刚干以后,趁其还是热的时候剥除。如果密封条的材料在密封条冷了以后才剥除,那么密封条就会变形,并且难于恢复至原形。

2.5.7 阻止汽车运动的区域不要遮蔽

遮蔽工序通常是在前处理工位进行的。在该工序完成以后,车子便开入喷漆房。阻止汽车运动的区域不要遮蔽,而留着于喷漆房内遮蔽。例如:

(1)阻止进入汽车内部的遮蔽,如果车门完全遮蔽,那么汽车便无法开动。

(2)运动部件周围的遮蔽,例如轮胎,当遮蔽汽车的外面时,一定不要让遮蔽材料太长,而且要保证汽车轮胎不会压到。

3 喷涂底漆层

底材处理完毕之后需要根据具体情况采用相应的处理,例如,裸金属需要喷涂底漆或用原子灰进行填补等;对于需要喷涂中涂层的底材喷涂并进行打磨等。其目的主要是加强防腐处理和为面漆打下良好的基础。底层涂料施工主要包括底漆层、原子灰填补、喷涂中涂漆等。

3.1 底漆的调配

底漆的调配及施工过程中,必须穿戴工作服、工作帽、安全鞋、护目镜、活性炭面罩、防护手套等。双组分涂料在使用时需要按照涂料生产厂商提供的说明,按照正确的比例加入配套的固化剂,再根据环境温度的不同加入稀释剂,以达到要求的施工黏度。

3.1.1 调配工具

涂料调配常用的工具有:黏度计、比例尺、调漆桶(或调漆杯)、纸漏斗等。

3.1.2 调配步骤

(1)按涂料生产厂商要求的比例,根据涂料使用量先添加涂料,然后是固化剂,最后添加稀释剂。用比例尺搅拌均匀。

(2)使用120~180目的筛网或使用过滤纸漏斗进行过滤。

3.2 施涂底漆

在喷涂底漆层之前,先将需要喷涂的区域用清洁剂清洁干净,去除油污、蜡脂及灰尘,经适当遮盖后进行喷涂。底漆层的喷涂膜厚可根据情况掌握,一般情况下如果底漆层上还要喷涂中涂层,则可将底漆喷涂得薄一些,只要能够达到防腐和提高黏附能力的目的就可以了;如果在底漆层上直接进行面漆的喷涂,则需要喷涂得厚一些,根据不同的要求可以进行打磨。总的喷涂膜厚以不超过 50μm 为宜。需要注意的是在旧涂层修补喷涂底漆时,要选用与原涂层无冲突的底漆。

3.2.1 对大面积裸金属喷涂底漆

大面积裸金属的底漆喷涂时,一般首先进行磷化处理后再喷涂隔绝底漆。磷化处理通常用喷涂磷化底漆的方法来进行,喷涂时要根据不同的底材选用不同的底漆。

对于钢板薄喷一层磷化底漆即可,对于铝合金板材需要喷涂含有铬酸锌的底漆进行钝化处理。对于镀锌板等底材通常不用喷涂侵蚀性底漆,直接喷涂隔绝底漆即可。

侵蚀性底漆一般不单独使用,在其上还要喷涂隔绝底漆共同组成底漆层,所以侵蚀性底漆的膜厚要薄一些,以 15μm 左右为好。喷涂侵蚀性底漆时须选用塑料容器,按照使用说明进行调配,喷涂所用的喷枪也最好使用塑料枪罐,并在喷涂完毕后马上进行清洗,避免枪身受到侵蚀。侵蚀性底漆的面积不宜过大,以可以遮盖住裸露金属区域即可。

待侵蚀性底漆干燥后就可以直接喷涂隔绝底漆了,其间不必进行打磨处理。隔绝底漆以环氧树脂型居多,因底漆的施工黏度比较大,在选择喷枪时需要比较大的口径,以环保型喷枪为例,喷涂时选用 1.7~1.9 口径的底漆喷枪。隔绝底漆的喷涂方法为:薄喷 1~2 遍,其间隔 5~10min(常温),一般膜厚 30~35μm,只要将裸露金属覆盖住即可。底漆喷涂完毕后静置 5~10min,待溶剂挥发一段时间,然后加温 60~75℃ 烘烤 30min。

漆膜完全干固后,用 P240~P360 号干磨砂纸配合打磨机打磨,或用 P600 号水磨砂纸湿磨。打磨时尽量不要将底漆磨穿,如果磨穿则需要对磨穿部位重新喷涂底漆。

3.2.2 对旧涂层喷涂底漆

旧涂层经过打磨后如果没有裸露出金属底材,可以不喷涂底漆,直接喷涂中涂漆或施涂原子灰;如果旧涂层打磨后有部分区域露出了金属底材,只要对裸露的金属部位喷涂底漆而不必全面喷涂,对小部分裸露金属的处理也可以适当简化,可以不必喷涂侵蚀性底漆。经过喷涂底漆的部位必须经过打磨后才能喷涂中涂或面漆,打磨时必须将所喷涂的底漆打磨平整、光滑,并打磨出羽状边。

3.2.3 塑料件的底漆喷涂

塑料件在喷涂时需要使用专用的塑料底漆,首先用塑料专用清洁剂清洁塑料件表面,然后用 1.7~1.9 口径的喷枪喷涂 1~2 遍,间隔时间 5~10min。在塑料底漆未干燥时直接喷涂中涂或面漆其黏附效果会更好,但如果需要刮涂原子灰等,则必须等其完全干燥。

4 原子灰的施涂

对于不平整的表面或经过钣金处理后的金属板需要使用原子灰进行填平工作。常用的聚酯原子灰具有良好的附着能力、填充性和弹性等,并具有一定的隔绝防腐能力。原子灰的刮涂应在喷涂完底漆后进行,若需要填补的区域范围比较小,在不影响其附着能力的基础上可以直接刮涂于裸金属上。有些原子灰的施工厚度可以达到 20~30mm,但仅限于特殊情况,且面积不可过大。一般施工原子灰的厚度一般为2~3mm,不可过厚。

原子灰的施工流程,如图6-31所示。穿戴好合适的个人防护用品。准备原子灰的调配及施工中需要的工具有:调和板、刮刀及刮板。在进行原子灰的施涂时,首先将需要施涂的区域进行打磨、清洁。

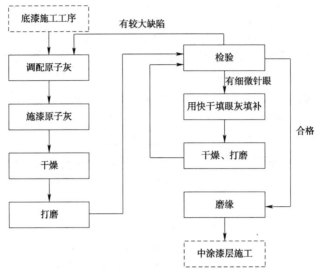

图6-31 原子灰的施工流程

4.1 原子灰施涂工具

刮板、调和板和刮刀是施涂原子灰的主要手工工具,如图6-32所示,施涂工具按其材料组成的不同,可分为塑料刮板、橡胶刮板;按其软硬程度可分为硬刮板和软刮板。此外,还有与刮板相配套的调配原子灰的调和板。刮板一般都较简单,市场上有专用刮板销售,也可以根据需要自制。

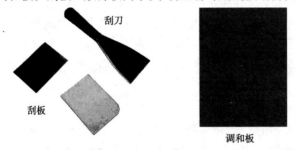

图6-32 原子灰施涂工具

4.1.1 刮板

4.1.1.1 硬刮板

硬刮板适用于施涂大的凹坑、大的平面缺陷部位,由于其刮口有一定的硬度,易施涂平整,工效高,省材料,适用于要求平整的施工工序。

1)塑料刮板

塑料刮板材料来源广、价格低,常用的有硬聚氯乙烯及环氧树脂板,也可根据需要选择稍软一点的材料制成半硬刮板。塑料刮板耐磨性较差,并且温度对其柔软性影响较大,目前使用较广泛。

2)金属刮板

金属刮板有钢片刮板和轻质合金刮板及其他金属材料制成的刮板。金属刮板具有一定的弹性,其弹性程度可根据个人使用习惯、施涂原子灰的对象来选择。如一般钢片刮板的厚度以 0.3～0.4mm 为宜,大的刮板的刮口宽度一般以 12～15cm 为宜,小的刮板的刮口宽度根据施工要求灵活制作。金属刮板是目前使用的刮板中最多的一种。

4.1.1.2 软刮板

软刮板主要使用于施涂圆弧形、圆柱形和曲面形状的部位,以及要求以光滑度为主的部位。常见的软刮板如图 6-33 所示。

1)橡胶刮板

橡胶刮板是用耐油橡胶板制成,刮口面磨成斜口,俗称橡皮刮板。橡胶刮板一般自行制作,大的橡胶刮板厚度为 6～8mm,刮口宽度以 100mm 为宜,小的橡胶刮板厚度为 3～4mm,刮口宽度根据施工需要制作。

2)塑料刮板

塑料刮具一般用软性塑料制成,刮口面磨成斜口,形状大小根据需要制作,其基本要求与橡胶刮板相似。

4.1.2 刮板的握法

4.1.2.1 直握法

直握时食指和中指压紧刮刀的刀板,另外三指及手掌紧握刮刀柄。这种执刀方法适用于小型刮刀施涂小面积时使用,如图 6-34 所示。

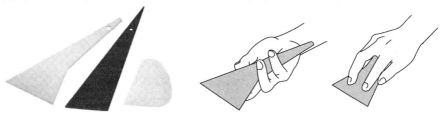

图 6-33 软刮板　　　　图 6-34 直握法

4.1.2.2 横握法

横握时拇指和食指夹持刮刀靠近刀柄的部位或中部,另外三指压紧刮刀的刀板,如图 6-35 所示。

4.1.2.3 其他握法

根据刮刀的大小及形状的不同,以适宜于方便施工、保证质量,如图 6-36 所示。

 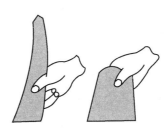

图 6-35 横握法　　　　图 6-36 其他握法

4.1.3 使用刮板注意事项

(1) 刮板的刮口要平直,不能有齿形、缺口、弧形、弓形。使用过程中密切注意刮具刀口的平整度,一旦发现刀口有异物或损坏,应立即清除抹平。

(2) 刮板使用完毕后,要立即用溶剂清洗干净,以免原子灰聚集于刮板上,固化后不易清洗,影响下次使用效果。

(3) 对于平面缺陷或凹坑较大部位应使用硬刮板。

4.2 调配原子灰

为了确定需要准备原子灰的用量,需要检查原子灰的施涂面积。

4.2.1 原子灰的取用

4.2.1.1 原子灰的搅拌

原子灰装在罐中的时候,其各种成分,如溶剂、树脂及颜料会分离。由于原子灰不可以以这种分离的形态使用,故在取出罐子以前,必须彻底混合。装在管子中的固化剂也是如此。充分挤压装固化剂的管子,使管中的固化剂在使用以前充分混合,如图6-37所示。

图6-37 原子灰的搅拌

注意:

(1) 原子灰罐每次用后必须盖好,以防溶剂蒸发。

(2) 如果溶剂蒸发了,原子灰固化了,要向罐中倒入专用的溶剂。而不是普通的稀释剂。

4.2.1.2 取出原子灰和固化剂

取用适量搅拌均匀的原子灰放置于混合板上,按比例将固化剂挤在混合板上。固化剂太少会导致原子灰层干燥慢,干燥后与金属结合力差,易起泡、剥落,打磨时原子灰边缘平滑性差;固化剂太多会产生过多的气体,从而产生气孔,影响整个涂层的质量。即使要覆盖很大的面积,一次也不要拿太多的原子灰。开始时只要拿出一个鸡蛋大小分量的原子灰,如果需要,再添加,如图6-38所示。

注意:

(1) 在取出原子灰以后,不要在罐口刮除粘在混合棒上的原子灰。所有粘在罐口的原子灰最后都会固化,并跌入罐内,影响剩余原子灰的正常使用,如图6-39所示。

(2) 如果有原子灰粘在固化剂管口上,就会发生化学反应,引起固化剂固化。因此,不要将固化剂直接挤到原子灰基料上。

 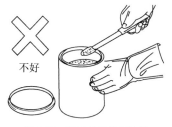

图6-38　原子灰的取用　　　　　图6-39　原子灰的错误取用

4.2.2　混合聚酯原子灰

将原子灰按使用手册标明的比例正确混合固化剂。聚酯原子灰通常使用过氧化物固化剂，其添加比例要严格遵照使用说明，不可随意添加或减少，而且混合一定要均匀。固化剂添加过量，虽然可以促进干燥，但剩余的过氧化物会对其上面的涂层发生氧化反应，引起面漆的脱色等；添加量过少会引起原子灰层干燥不彻底，在喷涂时出现咬底等现象。原子灰的颜色通常为灰白色或淡黄色，但固化剂的颜色通常为鲜艳的红色或黄色，在调配时两种颜色均匀地混合后即可进行施涂施工。混合原子灰的过程如下：

（1）使用刮刀的尖端舀起固化剂并将它放在原子灰上，如图6-40所示。

（2）使用刮刀的尖端，将固化剂均匀地散布在原子灰基料的整个表面上，如图6-41所示。

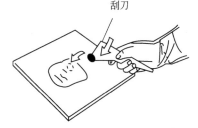 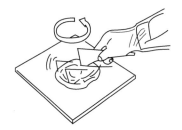

图6-40　混合聚酯原子灰1　　　　　图6-41　混合聚酯原子灰2

（3）拿住刮刀，稍稍提起其端头，并且将混合板上混合的原子灰全部舀起，如图6-42所示。

（4）用刮刀舀起大约1/3原子灰以后，以刮刀右边为支点，将刮刀翻转，如图6-43所示。

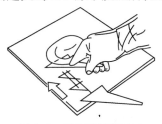 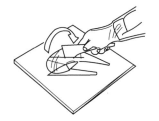

图6-42　混合聚酯原子灰3　　　　　图6-43　混合聚酯原子灰4

（5）将刮刀基本上与混合板持平，并将其向下压。一定要将刮刀在混合板上刮削，不要让原子灰留在刮刀上，如图6-44所示。

（6）抓住刮刀，轻轻提起其端头，再将它插入原子灰下面，然后将它向混合板的左侧提起，如图6-45所示。

（7）将原子灰翻转，翻的方向与第4步中的相反，如图6-46所示。

（8）与第5步相似，将刮刀基本上与混合板持平，并将它向下压，从第3步起重复，如图6-47所示。

139

图 6-44 混合聚酯原子灰 5

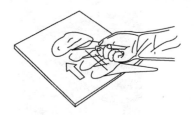

图 6-45 混合聚酯原子灰 6

图 6-46 混合聚酯原子灰 7

图 6-47 混合聚酯原子灰 8

在进行第 3 至第 8 各步骤时，原子灰往往向上朝混合板的顶部移动。在原子灰延展至混合板的边缘时，舀起全部原子灰，并且将它向混合板的底部翻转。重复第 3 至 8 步，直至原子灰充分混合。

4.3 原子灰的施涂

施涂原子灰前，底材应无油、无脏物，凹陷处的旧漆膜应铲除干净。

4.3.1 施涂第一层原子灰

施涂第一层原子灰，要用硬刮具施涂，对较大凹坑可选用较宽的硬刮具。施涂此原子灰层时只求平整，不求光滑；对汽车车身表面较大的凹坑施涂只要初步平整，不要为了一次刮平而使原子灰层厚度超过 5mm。施涂方向横、竖均可，以有利于填平凹坑为准则。对汽车车身表面折口及轮廓线的损坏处，施涂时要注意造型及平直性，为以后施涂各层原子灰操作打下良好的基础。第一次时，将刮刀拿得几乎垂直，并且将原子灰刮在工件表面上，施涂一薄层，以确保原子灰透入最小的划痕和针孔，从而增大附着力，如图 6-48 所示。

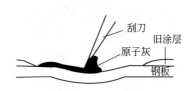 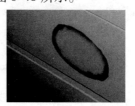

图 6-48 施涂第一层原子灰

4.3.2 施涂第二层原子灰

汽车车身平面处仍用硬刮具施涂，但对圆弧较大部位也可适当使用橡皮刮具或塑料刮具。此层原子灰仍以填平为主，不求光滑。该层原子灰厚度应比第一层稍厚，局部施涂时的面积应略大于第一层原子灰的面积，满刮时要注意物件边缘原子灰的平直性。较大底材施涂时与上一层原子灰的接口应错开，即不要使各层原子灰的接口在同一部位，以免产生缺陷。满刮原子灰层应注意施涂方向，应顺着流线型（按汽车造型水平）方向，并遵循从上到下、从右到左的原则,施涂时尽可能拉长一些,以减少施涂接口。注意原子灰层的厚度与原涂面基准点平齐。由于补刮原子灰层范围逐渐扩大,对邻近的补刮原子灰层,视具体情况可在第二层或第三层施涂原子灰层时连成一片,利用打磨以减少原子灰层边缘。

将刮刀倾斜大约35°~45°,原子灰施涂的量要略多于所需要的量。在每一次施涂以后,都要逐步扩大原子灰施涂的面积。在边缘上一定要涂得薄,形成斜坡,不要产生厚边,如图6-49所示。

图6-49 施涂第二层原子灰

4.3.3 施涂第三层原子灰

应使用弹性较好的橡皮刮具或塑料刮具,平面处也可用硬刮具。这一层原子灰主要填充前两层原子灰留下的砂孔、砂纸痕迹以及遗漏的轻微凹陷。施工原则是以光滑为主兼顾平整性。施涂时以手的压力与刮具弹性相结合,使施涂的原子灰层平整光滑。满刮原子灰层方向与第二层原子灰操作相同。局部施涂时的原子灰层面积稍大于第二层原子灰的面积,同时注意原子灰层边缘与旧涂层过渡平和。对于汽车车身表面若隐若现的轮廓外形线,施涂时要注意其平直性,如图6-50所示。

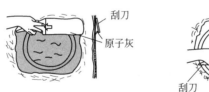
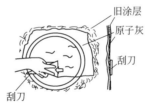

图6-50 施涂第三层原子灰

4.3.4 施涂第四层原子灰

使用硬一些的刮具施涂第三层可能遗留下来的微小砂孔及砂纸痕迹。利用硬刮具的刮口薄薄均匀地施涂一层光滑原子灰。局部施涂的原子灰层面积可扩大一些,以消除旧涂面上打磨前几层原子灰时可能遗留下来的砂纸痕迹,确保喷涂工作顺利进行,如图6-51所示。

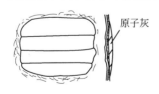

图6-51 施涂第四层原子灰

4.4 干燥聚酯原子灰

当固化剂加入原子灰基料时,固化过程便开始了。原子灰混合固化剂后其活化寿命很短,只有 5~7min 左右(常温)，在温度较高的季节，可施工时间会进一步缩短。所以，原子灰的调配和施工速度要快一些，在其活化时间内尽快施工完毕。

新施涂的原子灰会由于其自己的反应热而变热，从而加速固化反应。一般说来，20℃时，在施涂 20~30min 后原子灰已经干燥并可打磨。如果气温低，或者湿度高，原子灰的内部反应速度降低，从而要较长时间才能使原子灰固化。在寒冷的季节气温低于 5℃ 时，原子灰和固化剂的反应将会减慢或停止，造成不易干燥，所以应采用升高施工场所温度的方法来促进固化，或用红外线烤灯进行加热，如图 6-52 所示，但烘烤温度不可超过 50℃，加热温度太高原子灰在干燥时会产生应力，容易造成开裂、脱落等。

如果使用红外线灯或干燥机来加热和干燥原子灰，一定要使原子灰的表面温度保持在 50℃ 以下，以防止原子灰脱落或龟裂。如果表面热得不能触摸，那么说明温度太高了。涂层薄的地方的温度往往比涂层厚的地方温度低。这种较低的温度会减缓涂层薄的地方的固化反应。因此，对于原子灰来讲涂层薄的区域固化较慢，涂层厚的区域固化得快，在检查确认原子灰是否已干燥时一定要检查涂层薄的部分，以确定原子灰的固化状况，只要薄的区域已固化，那么涂层厚的区域也已经固化了，如图 6-53 所示。

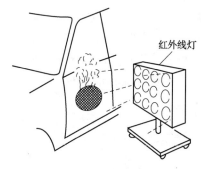

图 6-52 红外线烤灯加热原子灰

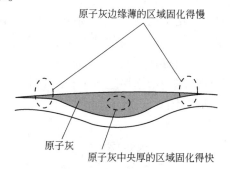

图 6-53 原子灰的固化检查

4.5 打磨指导层施涂

原子灰干燥后要经过适当的打磨，为下一步喷涂工作做好准备。打磨时为更好地判断打磨的程度，应使用"打磨指导层"。打磨指导层即在需要打磨的涂层上薄薄喷涂或擦涂一层其他颜色的颜色层，意在使打磨时打磨到的区域与未打磨的区域在颜色上有一定的差异，以有利于观察打磨的程度——指导层被磨掉的地方即为高点，而未被磨掉的部位即为低点，指导层全部被磨掉后，需要打磨的区域即比较平滑了。可用于指导层的材料有很多，通常需要打磨的区域是漆膜，则用雾喷极薄的一层单组分硝基漆当作指导层，原子灰的打磨一般用擦涂炭粉来进行打磨指导。使用炭粉涂抹于原子灰的表面，检测原子灰层打磨时的均匀度和平整度。先用炭粉均匀涂抹于需要研磨的原子灰层上，对原子灰层研磨后，留下的黑点即为小凹坑，如此时原子灰基准面已低于工件表面，则需要再一次刮原子灰、研磨，如原子灰基准面还高于工件表面，则可继续打磨直至高点消失表面平整，如图 6-54 所示。指导层的颜色以反差大一些为好，但尽量使用黑、灰、白等容易遮盖的颜色。

炭粉

图 6-54 炭粉打磨指导层

4.6 原子灰的打磨

原子灰层彻底干燥后即可打磨,具体干燥条件参见原子灰使用说明。打磨原子灰时注意只能干磨,不能水磨,因为原子灰的吸水性很强,当水磨残留水分不能很好地挥发时,会导致漆膜起泡、"痱子"、"剥落",金属底材锈蚀等现象。打磨原子灰层主要是为了取得平整光滑的表面。打磨原子灰层可采用手工或机械干磨。机械打磨适用于修补面积较大以及平整的底材,可降低劳动强度,提高工作效率。手工打磨适用于一些形状复杂的底材,如转角、折口、外形线、弧形、凹形部位等。打磨时两种方法可结合进行。

4.6.1 原子灰第一道打磨

原子灰第一道打磨只要求初步平整,不求光滑。手工打磨可使用 P60~P80 号砂纸打磨,直至底材最高点露底后,即以该最高点为基准,再修整平整度。手工打磨时注意沿手刨长度方向,顺车身流线型水平方向做来回往复运动。打磨来回幅度要适当长一些,以利于打磨平整。绝不能做圆周运动打磨。动作要平稳,用力要均匀,当底材最高点露底后,注意表面的平整性,防止过渡打磨再次形成凹坑。打磨呈波浪形的大平面,应选用长一些的手刨。打磨局部施涂的原子灰层,要注意原子灰层与旧涂面的羽状边的平整度及原子灰边缘的平整性,俗称原子灰口要磨平,以防产生原子灰层边缘痕迹。打磨折口、外形线、圆弧形时要注意图形及线条的平直性。

机械打磨原子灰层用的打磨机有双作用偏心距圆盘式和轨道式两种。打磨第一层原子灰一般采用轨道式打磨机,如图6-55所示,应把其平放在打磨面上,而不是倾斜放置,在原子灰涂刮的范围内以连续直线移动。当打磨到与四周基准点接近时即可,以留出修整打磨的厚度。

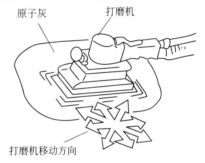

图6-55 打磨原子灰层

4.6.2 原子灰第二道打磨

原子灰第二道打磨要求底材达到基本平整,无明显低凹,折口线、外形线、弧形面造型与原型一致,注意线条的平直性。

机械干磨用 P120 砂纸,打磨机选用双作用偏心距圆盘式打磨机为好。

手工打磨时要选用恰当的吸尘手刨,如大面积则可选用长的吸尘手刨,对于棱角或较窄小的部位则应选用小的手刨,而对于一些圆弧、凹弧或有型线的部位,则需选用或仿制与其形状相似的手刨。

打磨满刮原子灰层时,以车身流线型水平方向为主,垂直方向、斜交叉方向为辅,注意水平方向与垂直方向、斜交叉方向的平整性。动作要平稳,在水平方向打磨时来回幅度大一些。在打磨中要经常用手触摸打磨后的表面,以测定打磨程度,以防将原子灰层磨穿,如图6-56所示。底材边口残余原子灰要用砂纸磨平,以防产生边口呈齿形现象。打磨局部施涂的原子灰层时,要注意打磨面的厚度与旧涂面的平整度,既不能高也不能低,打磨难度比满刮原子灰大。原子灰层的边缘要既平整又平滑。

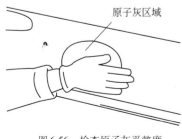

图6-56 检查原子灰平整度

4.6.3 原子灰第三道打磨

原子灰第三道打磨基本要使底材上微弱的凹坑、砂孔全部消除,达到既平整又光滑,无缺陷、无砂孔、局部施涂原子灰边缘无接口,外表图形恢复原样。此时以手工打磨为宜,有利于对弧形面的修正,宜使用 P120～P240 砂纸。以车身流线型水平方向为主,要注意凸出底材的折线、外形线的平直性,一般不要垂直方向或斜方向打磨,若底材因具体情况需垂直方向打磨,最后也要以车身流线型水平方向打磨修整,以防产生垂直方向的打磨痕迹。流线型水平方向的痕迹与车体的流线型方向一致,它们的有机结合肉眼不易察觉;而垂直的痕迹恰恰相反,稍有砂磨痕迹即会明显地显示出来。对底材的圆弧、折口、凹角等不宜用手刨砂磨的地方,可用拇指夹住砂纸,四指平压于底材上,然后均匀地来回磨擦底材做修理打磨。

4.6.4 原子灰第四道打磨

原子灰第四道打磨使用 P240 砂纸配合手刨。若通过以上三道原子灰的刮、磨后已达到喷涂要求或底材本身精度要求较低,则第四道可省略。但若底材精度要求较高或三道原子灰刮、磨后还不能达到施工要求,即要进行第四道原子灰、甚至第五道原子灰的刮磨工作。

打磨后应使用菜瓜布清洁,然后吹净表面灰尘,不能使用除油剂或类似清洁剂清洁表面。这时底材应平整光滑,无砂孔、无缺陷,底材边缘无折口和齿形,局部涂原子灰边缘平整光滑且无接口痕迹,否则要进一步施涂和打磨。

4.7 快干原子灰(幼滑原子灰)的施工

快干原子灰俗称填眼灰、红灰等,有硝基型及双组份型,既可用于施涂操作,也可用于喷涂操作,颜色有白色、红色、黄色等,可根据需要选用。快干原子灰主要适用于填平原子灰施工后产生的砂痕、砂孔以及物体表面上的微弱凹陷。此类原子灰颗粒细腻、快干、易打磨、原子灰边缘平滑。硝基型快干原子灰在汽车修补涂装中使用普遍,下面以硝基型快干原子灰为例来说明快干原子灰的施工及注意事项。

(1)快干原子灰适宜施涂砂孔、砂痕及微弱凹陷的小面积作业。

(2)快干原子灰在托板上调匀后,应迅速施涂。在施涂操作中要快而且灵活,原子灰层以薄而均为宜,若需适当厚度,以薄层多刮操作来实现,即刮一层薄的,待干后再复刮一层的操作方法。施涂面积过大,则施涂操作有一定的难度。

(3)快干原子灰在薄涂时干燥很快,但在厚涂时表面易封闭,溶剂挥发受到影响,干燥很慢,且堆积性差,因此快干原子灰不能替代填充原子灰。

(4)一般快干原子灰施涂在中涂底漆上,打磨后直接喷涂面漆,因此,砂纸的选用应视底材精度要求及喷涂面漆的种类而定。一般选用 P400～P500 号干磨砂纸为宜,如面漆是银底色漆或珍珠漆,则选用 P500 号干磨砂纸较为适宜。

4.8 检查

4.8.1 初步检查施工质量

可用直线规检查原子灰施工质量,如图 6-57 所示,如果打磨过度,必须重新施涂原子灰,再进行干燥、打磨。

4.8.2 检查针眼

使用擦拭布以及除尘枪,彻底清洁,吹掉修补区域的灰尘,检查是否存在针眼,如图6-58所示。如果有轻微针眼,可用快干填眼灰进行填补。如果有较大的针眼,则使用普通原子灰进行填充,然后再进行干燥,打磨。

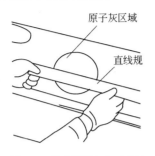

图6-57 检查原子灰施工质量

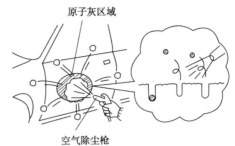

图6-58 原子灰除尘检查针眼

4.9 原子灰施工注意事项

施涂原子灰的作用是用原子灰的填平性消除被涂表面的凹陷、划痕等缺陷,操作时应注意以下事项:

(1)施工前应将罐内的主剂调和均匀,底面黏度一致,以利于施涂和固化。固化剂要先打开管盖将空气挤出,然后拧上管盖,用手掌在管外揉搓使固化剂均匀。双组份原子灰固化剂比例要适当(100:1~100:3)、黏度适中。

(2)施涂时不要反复施涂,以防卷边和表面封闭影响原子灰层的干燥。

(3)在需要原子灰较厚的地方应分几次施涂。先全面薄刮,后填坑,溶剂型原子灰施涂不能超过0.5mm。

(4)施涂原子灰时应轻按刮具,并沿刮具长度方向移动,按压力和角度根据施涂部位状况而定,如图6-59所示。

(5)在施涂施工时,应根据需施涂部位的大小及相对位置选择相应的施涂方式。

(6)快干硝基原子灰仅用来填平打磨后的粗灰或漆面。普通原子灰不能直接用在镀锌板上,只有专用的钣金原子灰才可以。

(7)如果刮刀在各道施涂中仅向一个方向移动,那么原子灰高点的中心将会移动。如果发生这种情况就很难打磨,所以刮刀在最后一道中必须反向移动,以便原子灰高点移回中央,如图6-60所示。

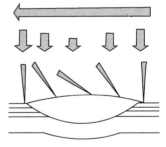

图6-59 原子灰施涂移动方向、按压力和角度

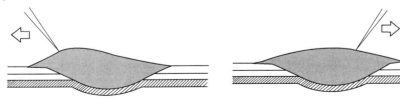

图6-60 原子灰的反向刮涂

(8)如果在施涂原子灰中花费时间太多,那么原子灰可能在该道施涂完成前已固化,这时可能需要从头再来一次。一般说来,原子灰必须在混合以后大约3min以内施涂。

(9)原子灰施涂在工件表面上的范围必须以在磨缘过程中所留下的打磨划痕为限。如果没有打磨划痕,原子灰就黏不牢,日后可能剥落。

(10)当将原子灰留在刮刀上时,只能用刮刀的中间部分。如果刮刀的整个宽度范围全都用来舀原子灰,那么原子灰在施涂的过程中就会慢慢漏出,沿途产生台阶(刮刀印),如图6-61所示。

(11)刮刀在使用以后,要立即用清洗稀释剂冲洗。如果原子灰干固在刮刀上,刮刀就不能再用了。

(12)原子灰在固化中会产生热。如果遗留在混合板上的原子灰在施涂工作以后立即放在垃圾筒里,那么原子灰产生的热可能足以点燃易燃物品。因此,一定要确认原子灰已经凉透了,才能将其弃置。

(13)对弧形表面区域施涂原子灰时,应根据施涂面的形状,使用有弹性的橡胶刮刀,如图6-62所示。

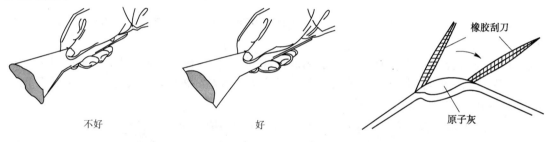

图6-61 原子灰在刮刀上的位置　　　　图6-62 橡胶刮刀的使用

(14)原子灰可直接施涂于黑色金属表面、高温烤漆和双组份漆上。不要把原子灰施涂在酚醛底漆、醇酸底漆和磷化底漆上,以免产生脱落、起泡现象。

(15)原子灰施涂层间不需要涂底漆,第一层原子灰稍干即可重叠施涂第二层原子灰,不会发生面层封闭而使底层原子灰不干的现象。

(16)重新施涂原子灰时,应施涂一薄层,以均匀地覆盖整个原子灰表面,因为如果只填低点,那么正常的表面将会在打磨中被损坏,如图6-63所示。

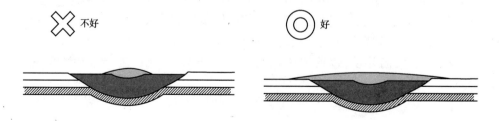

图6-63 重新施涂原子灰

(17)原子灰必须比原来的表面高。但是,最好只能略微高一点,因为如果太高了,那么在打磨过程中就要花许多时间和气力来消除多余的材料,如图6-64所示。

(18)打磨原子灰时,不要在周围的旧涂面上留下打磨痕迹,如图6-65所示。

单元六 汽车车身涂装修理工艺

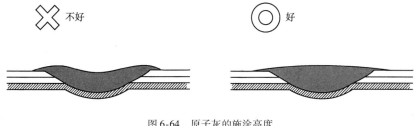

图 6-64 原子灰的施涂高度

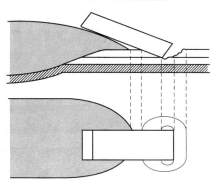

图 6-65 在周围的旧涂面上留下打磨痕迹

5 中涂漆层施涂

5.1 中涂漆层的施工程序

在任务实施过程中,首先要正确掌握中涂漆层的施工程序,如图 6-66 所示。

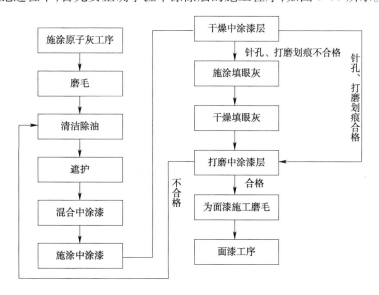

图 6-66 中涂漆层的施工程序

147

5.2 中涂漆喷涂施工

5.2.1 涂料调制

中涂漆在调配以前需要经过较长时间的搅拌,因为其中的填料成分很多,沉淀比较严重,如不经过充分的搅拌就进行调配容易造成涂膜过薄,使填充能力变差。现在常用的中涂漆多为双组份,在调配时需要严格按照说明添加固化剂和稀释剂,不可随意改变添加量或以其他品牌的类似产品代替。调配好的涂料应在时效期内尽快使用。

如图6-67所示,参照供应商的要求配比,先将主剂加入调漆罐中,再按规定加入固化剂,充分搅拌均匀,再加入专用稀释剂,调节黏度至合适。根据温度的不同选择固化剂和稀释剂。

图6-67 中涂漆涂料调制

5.2.2 喷枪选择

由于中涂漆的施工黏度比较大,所以应选用口径大些的喷枪。一般喷枪喷孔直径:上壶枪1.6~1.8mm,下壶枪1.8~2.0mm;喷枪压力:0.25~0.35MPa(2.5~3.5bar)。并参照涂料供应商要求。喷涂距离:200mm左右。搅拌涂料,并过滤,倒入喷枪,如图6-68所示。

5.2.3 喷涂操作

在喷涂中涂以前要对施喷件进行必要的清洁处理,如前面所述用清洁剂首先进行清洁,喷涂之前还要用粘尘布轻轻擦拭喷涂表面。

喷涂面积应比修补的原子灰面积稍大,而且第二遍比第一遍大,第三遍比第二遍大,逐渐加大面积。相邻的几块小修补,先预喷小块原子灰修补处2遍,然后再整体喷涂2~3遍,联成一大块,如图6-69所示,一般分3~4次薄薄地喷涂,每道涂层间闪干至表面失光。

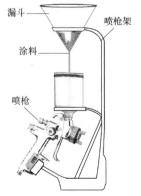

图6-68 涂料倒入喷枪　　图6-69 中涂漆喷涂操作

5.3 干燥与修整

5.3.1 干燥

中涂漆层在打磨前必须充分干燥。如果干燥不充分,不仅打磨时涂料会沾砂纸,使打磨作业难以进行,而且喷涂面漆后,还会出现涂膜缺陷。

干燥时间:空气干燥(20℃)约2h或中短波红外烤灯烘烤15~20min,如图6-70所示。

图6-70 中涂漆的干燥

5.3.2 修整

如图6-71所示,中涂漆层干燥后,应仔细检查涂装表面有无砂纸打磨痕迹、气孔及其他缺陷。若有缺陷,可用硝基类速干填眼灰修补,用木刮刀或塑料刮刀薄薄地刮涂。不要一次填得过厚,最多只能0.2mm,若一次填不满,间隔5min再填。

图6-71 中涂漆的修整

5.4 中涂层的打磨

中涂层要打磨得非常光滑,表面不得留有粗糙的砂纸痕迹或其他的小坑或凸起等,因为中涂层上要喷涂的是整个涂层最关键的面漆层,任何微小的瑕疵都可能会影响到整个涂层的装饰性等,所以要格外的仔细。

5.4.1 干打磨

用偏心距3~5mm的干磨机进行打磨时,安装打磨软垫。如果面漆为单工序面漆,使用P400干磨砂纸;如果面漆为双工序面漆,使用P500砂纸;如果用驳口技术,用P800网纹砂纸或P1000精棉砂纸。在打磨时可使用炭粉等作为打磨指导层,打磨至指导层消失,即中涂漆纹理消失为止,但不能露底和磨穿。

注意对弯角、边缘、角度及不易打磨处的修饰,使用三维打磨材料(研磨绒或菜瓜布),手工对修补区域的边角、研磨机不易打磨的区域做细研磨修饰,如图6-72所示。

5.4.2 湿打磨

一般用P600~P1200水砂纸,面漆为素色漆时用P600水砂纸,面漆为金属闪光涂料时,用P1200水砂纸。

打磨时,一手拿浸水毛巾,一手用砂纸进行打磨,边打磨边浇水防止砂纸堵塞,影响打磨效果,如图6-73所示。打磨方向一般与车身轮廓线方向一致,在打磨时要及时用手检查打磨效果。

5.4.3 速干填眼灰修补部位打磨

先以修补部位为中心,用P400~P800水砂纸将凸出部位磨平,然后用P800或P1200将整个表面打磨平整。注意:打磨时,不能只打磨喷涂了中涂漆或补了灰的部位,还必须对其周围颜色逐渐变化的区域用研磨膏进行打磨或用 P2000 砂纸打磨。

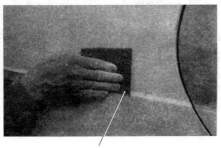

图 6-72　中涂漆的干打磨　　　　图 6-73　中涂漆的湿打磨

5.4.4　收尾

若采用湿磨,则用清水冲洗干净后用红外线或热风加热器将表面除湿干燥,若采用干打磨,则用吸尘器和吹尘枪将粉尘彻底清洁干净,最后仔细检查涂膜表面,不能遗漏未经打磨的部位。

中涂层在打磨时应注意:如果在打磨过程中将中涂漆磨穿,露出底漆或原子灰必须补喷中涂漆,并重新进行打磨;如果有些部位在打磨过程中出现凹陷、气孔等情况必须重新施涂原子灰,将补涂的原子灰打磨后再喷涂中涂漆,然后进行打磨。

6　面漆层的涂装

6.1　面漆修补涂装的种类

按照面漆修补区域,可分为:全车修补涂装、整板修补涂装和局部修补涂装。

6.1.1　整车修补涂装

对整车进行重新喷涂因为无须做颜色的过渡,所以显得相对容易一些。整车喷涂时如果是要对车身进行全面的从防腐到面层的涂层操作,最好是将车上的其他总成和零部件包括车窗等统统拆卸下来,只留下一个车壳,这样有利于整体的防腐处理和提高面层的装饰性。

如果需要就车进行整车喷涂时(通常只进行面层操作时采用就车喷涂)则对遮盖要求比较高,对不需喷涂或不能喷涂的地方一定要仔细地进行遮盖,例如车窗、发动机舱内的设施、车厢内的内饰、车标及车身装饰、门把手、轮胎等都要遮盖。有些能够拆卸的零部件,例如前照灯、散热器格栅、前后保险杠等,应拆卸下来,喷涂完毕后再安装。

全车喷涂的顺序以各水平表面漆雾飞溅最少为原则,通常多用首先喷涂车顶,然后喷涂车后部,围绕车身一圈最后在车后部完成接缝的方法来喷涂。如由两个操作人员共同完成整车的喷涂工作,效果会好一些,可以达到没有接口痕迹,但在喷涂金属面漆尤其是珍珠面漆时最好由一个人操作,不同的操作手法可能会引起颜色的差异。

对于整车喷涂的路线没有一个硬性规定或规则,同时有许多不同的喷涂程序方案,每个操作人员也有自己的操作思路,但有一个原则是一致的,即如何防止喷涂时产生的漆尘落到已喷涂的涂面上,以及喷涂时保持底材的湿润度。目前汽车维修企业使用下降式(空气由房顶进入,由地槽排出)通风喷漆房较为普遍,如何使汽车的三个水平面(车顶、前盖、后盖)获得最佳的湿润度,以及喷涂中间添加涂料后尽可能避免再喷涂时漆尘飞扬到邻近已涂的涂面,可见喷涂程序的正确运用对喷涂获得最佳效果是极为重要的。

(1) 喷涂车顶:在车顶从挡风玻璃到后窗之间,首先从靠近操作人员的车顶边缘乘客侧面前门一侧开始,采用带状涂装法进行喷涂,喷枪与车顶表面距离为 15～20cm,从左到右,再从右到左逐步向车顶中心线移动,每层喷幅重叠 1/2～2/3。喷雾流尽可能与被涂面垂直,直到喷涂面超过车顶中心线后,操作人员移向驾驶员一侧,自车顶中心线(接前喷涂面边缘)从左到右,再从右到左逐步向车顶边缘靠近操作人员车身的一侧移动。

(2) 喷涂驾驶室一侧前门:从左到右,再从右到左带状喷涂,垂直由上逐步向下移动,直至全部覆盖。接着喷涂相邻的前翼子板,从左到右,再从右到左带状喷涂,垂直由上逐步向下移动,直至全部覆盖。

(3) 喷涂发动机前盖:首先操作人员站在车的前部喷涂前盖的前部折口面,然后操作人员站在驾驶员一侧的前翼子板一边,从靠近翼子板的前盖边缘开始,喷枪从左(前盖前部)到右(前盖靠近风窗玻璃处)移动,再从右到左采用带状喷涂法逐步向前盖中心线移动,直到喷涂面超过前盖中心线后,操作人员移向另一边(乘客一侧),喷枪沿前盖中心线(接前喷涂面边缘)从左到右移动,再从右到左逐步向乘客一侧的前盖边缘移动,直至前盖平面被全部覆盖。

(4) 喷涂车身右侧的前翼子板、右前门、右后门和右后翼子板。

(5) 喷涂后盖:采用带状喷涂法沿风窗玻璃的底边喷一道,由于后盖长度较前盖短,操作人员可站在车后部,沿后窗玻璃的底边从左向右,再从右向左,由风窗玻璃一端逐步向后(操作人员身边)移动,每层喷幅重叠 1/2～2/3,直至覆盖整个后盖。

(6) 喷涂驾驶室一侧的后翼子门和后门:在喷涂后门时应把前门打开,防止漆尘飞扬到已略干的前门涂面,避免产生粗粒现象。

6.1.2 整板修补涂装

修补区域为整块钣金件,如整块发动机罩、整块翼子板、整块车门板等,如图 6-74 所示。

整板修补涂装要求所调颜色与原车色完全匹配,适合"边对边"修补,速度快、工时少。但对颜色精度及喷涂技巧要求很高,尤其是易于受到喷涂条件影响的颜色如浅色高银粉,返工率较高。因此,在没有绝对把握的时候,应采用过渡喷涂工艺,以避免返工。

图 6-74 整板修补涂装

6.1.3 局部修补涂装

修补区域为一块钣金件内部,或相邻两块钣金件,但修补区域较小的情况,如图 6-75 所示。

局部修补涂装要求所调颜色尽可能与原车匹配,在施工中采用过渡喷涂及驳口处理技术,以使修补漆面与原车漆面很好地配合。

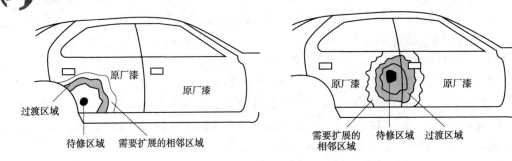

图 6-75 局部修补涂装

6.2 单工序面漆的施工

单工序面漆的施工程序一般如图 6-76 所示。

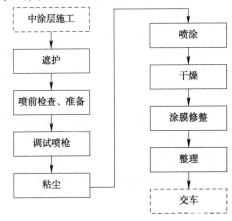

图 6-76 面漆施工工序

6.2.1 遮护

车身表面已经完成中涂漆层的施工作业,达到平整光滑且无缺陷,表面轮廓线清除准确,符合涂装允许的粗糙度。

用压缩空气按顺序彻底清除打磨粉尘,先车顶,然后是发动机罩、行李舱盖,接下来车门和翼子板的间隙、行李舱盖和发动机罩的边缘等。

对不需要施涂的部分应小心用专用遮蔽纸和遮蔽胶带进行施涂面漆前的遮护,以防污染。

在进行遮护作业中难免会有胶带纸,手上污物沾附于被涂表面。可用专用的除油布或干净的擦拭布沾上脱脂剂,擦拭被涂表面,除去油分、污物和蜡质等。应注意清洁车门把手和滑槽附近、车门内侧和行李舱盖、发动机罩四周内侧、挡风条和挡泥板的安装螺钉附近等。

6.2.2 喷前检查、准备

(1) 喷涂环境清洁:喷涂操作应在应在专用的喷漆房中进行,以保证喷涂作业过程中尽可能"无尘操作"。在喷涂之前先对喷漆房进行清洁,清除内部灰尘和碎屑(包括天花板和地板,以防止天花板和地板上的灰尘随喷漆房内的空气流通而漂浮在空气中,对漆面造成污染)。

清洁喷漆房之后,需要先抽风 10~20min 再进行后续工作。

(2) 检查车身外表是否有遮护遗漏或其他作业没有进行完备之处。

(3) 穿戴好合适的喷涂防护用品。用肥皂清洗手上可能有的油污,穿上喷漆防护服,戴上供气式全面罩(或戴上护目镜和活性炭式面罩),戴上无硅乳胶手套。然后用压缩空气清除粘附在衣服上的灰尘。

6.2.3 调试喷枪

调整喷枪的压力、喷幅及漆流量,参见前述的相关内容。

6.2.4 粘尘

喷涂前用如图6-77所示的粘尘布擦去粘在涂装表面的线头和灰尘。

图6-77 粘尘布

6.2.5 喷涂

6.2.5.1 全车喷涂

单工序纯色漆一般采用三次喷涂:预喷涂—重喷涂—修饰喷涂,如表6-1所示。

单工序纯色漆的喷涂　　　　　表6-1

喷涂次数 内容	第一次喷涂	第二次喷涂	第三次喷涂
目的	预喷涂	重喷涂,形成涂膜层	修饰喷涂,表面色调和平整度调整
喷涂手法	中湿喷	湿喷	虚枪喷涂
涂料黏度	18~21s(20℃)	18~21s(20℃)	16~20s(20℃)
空气压力	0.3MPa(3bar)	0.3MPa(3bar)	0.25MPa(2.5bar)
喷束直径	全开	全开	全开
漆流量	1/2~2/3	全开	全开
喷涂距离	25~30cm	20~25cm	20~25cm
喷枪运行速度	快	适当	适当
要求	车身整体喷上一层雾的感觉,薄薄地预喷一层。提高涂料与原有涂层的亲和力,同时确认有无排斥涂料的部位,如果有就在该部位稍加大气压喷涂,覆盖住涂料排斥部位	在该工序基本形成涂膜层,要达到一定的膜厚。应注意尽可能喷厚一些,这是最终获得良好表面质量的基础,但同时注意不能产生垂挂和流动	调整涂膜色调,同时形成光泽。可加入透明涂料,有时为调整色调,要加入干燥速度慢的稀释剂

注:1. 涂料黏度以涂4杯测量,喷枪口径1.3mm。
　　2. 表中数据仅为参考,具体参照生产厂商的说明。

单工序纯色面漆一般喷涂三次,就能形成所需膜厚、光泽和色调。如果色调还不满意,可将涂料稀释到16s,再喷涂修整一次。每两次喷涂施工之间需要有5min左右的静置时间,用于溶剂的蒸发,以防大量溶剂留在涂层中引起垂流等缺陷。

6.2.5.2 局部修补喷涂

局部修补需要做过渡处理。如图6-78a)所示,为需要局部修补喷涂的一块翼子板,A区域为修补区域。

(1)经过正确的底材处理、底漆、中涂漆施工处理之后,对施涂了中涂漆的部位使用P500砂纸进行打磨处理,并从A区域扩展到B区域。并用研磨膏或P2000砂纸打磨C区和D区,直至消去漆面的光亮度。

(2)用脱脂剂清洁整个表面,除去粉尘、油渍、蜡质等污垢,再用粘尘布清除涂装表面可能存在的细小粉尘。

(3)将经过正确调色的涂料按照配比进行调配,装入喷枪的涂料罐,调整喷枪(压力0.25MPa(2.5bar),喷幅约10cm,漆流量1/3开度)。

(4)先在A区薄薄喷涂一层,然后再喷涂扩展到B区,如图6-78b)所示。

(5)将剩下的涂料稀释(按涂料生产厂商的技术要求调配)。

(6)喷涂范围扩大至C区,薄薄喷涂1~2层,如图6-78c)所示。喷涂压力。漆流量相应调小一些,并在D区作过渡处理。

(7)在D区喷涂驳口水,薄喷一层,挥发约15s左右,再喷涂最后一薄层,如图6-78d)所示。

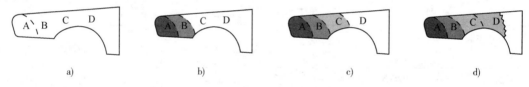

图6-78 单工序纯色漆局部喷涂

小知识

驳口区域的喷涂手法

为了在修补之后使修补区域与周围的未修补区域达到视觉上颜色无差异,喷涂颜色过渡的区域(一般可称为"驳口"区域)可采用"挑枪"的手法,如图6-79所示,即在喷涂时以肘部为轴,或摆动腕部,使喷枪对涂装表面的距离发生圆弧形变化,对需要修补区域的距离近些,喷涂较实,而对驳口区域距离逐渐变远,漆雾逐渐变淡,这样驳口区域将形成一个逐渐过渡的颜色变化区域,最终与周围未修补的区域相融合。

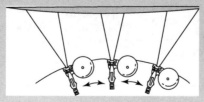

图6-79 运用挑枪喷涂驳口

6.2.6 干燥

在面漆喷涂完毕，先静置 20min 左右，使涂膜中的溶剂挥发，待涂膜稍稍干燥，可先除去遮护材料。因为烘烤加热会使遮蔽胶带上的胶质熔解，与被贴表面更加牢固结合而难以清除，并且容易留下黏性杂质，同时漆膜可能会被胶带揭起。

清除工作应先从涂层的边缘部位开始，而不能从胶带中央穿过涂层揭开胶带。揭除动作应仔细轻缓，并且使胶带呈锐角均匀地离开表面，如图 6-80 所示。进行清除工作时，应注意不能触碰刚刚喷涂过的地方，还应防止衣服物品触及喷涂表面，以免出现损伤，造成额外修补的工作。

喷涂后静置 20min 之后，可以升温进行强制干燥，使用烤漆房或红外线烤灯。温度上升不能过快，否则会产生气泡和桔皮。先升温至 40℃ 左右，保持 10～15min，作为预备干燥时间，然后升温至 60～70℃，强制干燥约 30min 即可。

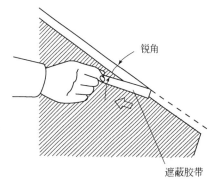

图 6-80　清除遮护材料

技术提示

面漆施工中的注意事项

（1）双组份的涂料不能一次配制过多，应现配现用，已配制好的涂料要在生产厂商限定的使用时间内用完。

（2）在喷涂施工作业中，防止触及施工表面，包括施工人员的手、工作服及其他物品，以及防止汗水滴落施工表面。如果触及了已施工表面，将会损伤涂膜，造成不必要的返工；如果触及了未施工表面，有可能会对已清洁好表面造成污染，不加处理，易造成涂膜缺陷。

（3）双组份涂料中含有对人体有害的气体、粉尘，施工时要在通风良好的环境中进行，并做好个人安全防护，如穿喷漆专用服、带供气式防毒面罩等。

（4）喷涂完毕后应及时清洗喷涂工具，以免干结，影响下次使用。

（5）双组份涂料喷涂后可以自然干燥，也可以低温烘烤强制干燥。自然干燥（20℃）一般需要 16h 左右，强制干燥（60～70℃）需要 30min 左右，但要彻底固化则需要大约一周时间，具体时间要参照生产厂商的说明。

6.3　双工序面漆的施工

双工序面漆与单工序面漆在施工顺序上没有太大的不同，主要在面漆喷涂施工作业中有所差别。

以双工序金属漆为例；如前所述，在进行了正确的遮护→喷前检查、调色及相关准备工作→调试喷枪→粘尘之后，需要进行面漆的施涂工序。

双工序金属漆需要先在工件表面喷涂色漆层，然后喷涂罩面清漆。

6.3.1 全车喷涂

6.3.1.1 色漆层的喷涂

双工序面漆的色漆层也称为底色漆,其喷涂工序与单工序面漆喷涂相似,一般也采用三次喷涂:预喷涂—重喷涂—过渡喷涂,如表6-2所示。

双工序面漆底色漆的喷涂　　表6-2

喷涂次数 内容	第一次喷涂	第二次喷涂	第三次喷涂
目的	预喷涂	重喷涂,形成涂膜层,决定色调	过渡层喷涂,消除斑纹
喷涂手法	雾化喷涂	中湿喷	雾化喷涂
涂料黏度	16~18s(20℃)	16~18s(20℃)	14~16s(20℃)
空气压力	0.3MPa(3bar)	0.3MPa(3bar)	0.25MPa(2.5bar)
喷束直径	全开	全开	全开
漆流量	全开	全开	1/2~2/3
喷涂距离	25~30cm	25~30cm	25~30cm
喷枪运行速度	快	稍快	快
要求	以喷雾感沿车身表面整体薄薄地喷涂一层。提高涂料与原有涂层的亲和力,同时确认有无排斥涂料的部位,如果有就在该部位加大气压喷涂,覆盖住涂料排斥部位	决定涂膜颜色,喷涂时不必在意出现的喷涂斑纹和金属斑纹,单层喷涂,喷枪移动速度稍快一点为好。丙烯酸聚氨酯涂料遮盖力较强,一般喷两次即可,但有的色调需要按第二次喷涂方法再喷涂一次	取金属漆和透明涂料各50%相混合。以消除喷涂斑纹和金属斑纹为目的,形成金属感。也可防止喷涂透明层时引起金属斑纹

注:1.涂料黏度以涂4杯测量,喷枪口径1.3mm。
　　2.表中数据仅为参考,具体参照生产厂商的说明。

每两次喷涂施工之间需要有5min左右的静置时间。第三次喷涂之后需要有10~15min的间隔时间,使涂膜中的溶剂挥发。若用指尖轻触涂面,沾不上颜色,就可以进行透明层喷涂。

6.3.1.2 罩光清漆的喷涂

罩光清漆,即透明涂料的,一般采用两次次喷涂,如表6-3所示。

双工序面漆罩光清漆的喷涂　　表6-3

喷涂次数 内容	第四次喷涂	第五次喷涂
目的	罩面清漆预喷涂	精加工喷涂
喷涂手法	中湿喷	湿喷
涂料黏度	15~17s(20℃)	14~16s(20℃)
空气压力	0.3MPa(3bar)	0.3MPa(3bar)
喷束直径	全开	全开
漆流量	2/3	3/4或全开

续上表

喷涂次数 内容	第四次喷涂	第五次喷涂
喷涂距离	20~25cm	20~25cm
喷枪运行速度	稍快	普通或稍慢
要求	不能喷得太厚,以防金属颗粒排列被打乱	边观察涂膜的平整度,边仔细喷涂。如果采用快速移动喷枪,往返两次覆盖,能得到很理想的表面色泽。尤其在车顶、发动机罩、行李箱盖等,覆盖两次为好

注:1.涂料黏度以涂 4 杯测量,喷枪口径 1.3mm。
　　2.表中数据仅为参考,具体参照生产厂商的说明。

小知识

影响金属色漆颜色的因素

金属漆在喷涂时要避免喷得过湿或过干。过湿的涂膜颜色比较深,金属效果差,这主要是由于涂膜表面的溶剂成分较多,挥发慢,金属颗粒有比较长的时间沉淀,所以排列比较规则,大量的颜料颗粒会上浮,如图 6-81 所示。这样喷出来的漆膜从正面观察会显得颜色深,而从侧面观察时由于金属的反光效果,会显得颜色略浅;喷涂时出漆量过大、喷涂距离太近、喷幅重叠量太多,运枪速度太慢等都会造成上述的现象。

图 6-81 过湿的涂膜

如果表面喷得过干,情况则相反,由于施喷表面比较干燥,银粉颗粒的沉淀时间短所以排列无序,杂乱无章,对光线的反射效果强。同时由于喷涂到施喷表面上的颜料较少,所以会显得颜色浅。干喷的漆膜从正面观察颜色要浅一些,而从侧面观察颜色要深些,如图 6-82 所示。

图 6-82 过干的涂膜

除喷涂手法造成金属色漆颜色的变化以外,喷涂时的环境、设备情况等等也会造成颜色的变化,喷涂金属漆时还要注意运枪的速度、喷枪的距离、喷幅的重叠程度等必须均匀,喷涂气压要保持稳定,否则会由于有的地方较湿,有的地方较干,造成起云故障(俗称"喷花")。喷花的表面颜色深浅不一,在喷涂完清漆后更加明显,是金属漆喷涂不允许出现的。

6.3.2 局部修补喷涂

如图 6-83a)所示,为需要局部进行双工序面漆修补喷涂的一块翼子板,A 区域为修补区域(施涂中涂漆层区域)。

准备好底色漆和罩面清漆。

(1)对施涂了中涂漆的部位使用 P500 砂纸进行打磨处理,并从 A 区域扩展到 B 区域。并用研磨膏或 P2000 砂纸打磨 C 区和 D 区,直至消去漆面的光亮度。

(2)脱脂剂清洁整个表面,除去粉尘、油渍、蜡质等污垢,再用粘尘布清除涂装表面可能存在的细小粉尘。

(3)将经过正确调色的底色涂料按照配比进行调配,装入喷枪的涂料罐,调整喷枪(压力约 0.25MPa(2.5bar),喷幅约 10cm,漆流量 1/3 开度)。

(4)可先在有中涂漆层的区域薄薄喷涂一层透明涂料,以使所喷的金属漆更光滑。

(5)底色漆在 A 区分多次喷薄涂层,每层间隔 5min 左右,然后再喷涂扩展到 B 区,如图 6-83b)所示。在 C 区作最后 1~2 层喷涂,如图 6-83c)所示,并进行驳口处理。

(6)将底色漆与透明涂料各 50%混合,喷涂 1~2 层,逐渐覆盖 D 区,如图 6-83d)所示。薄薄地进行喷涂,以消除斑纹,调整金属感,同时兼有驳口(晕色)处理作用。

(7)静置 15~20min,用粘尘布除去飞漆及尘灰。

(8)喷涂 1~2 层罩光清漆,覆盖整个区域。可在 D 区喷涂界限至外处喷涂驳口水,以溶解过多的漆雾,挥发 15s 左右,薄喷最后一层。

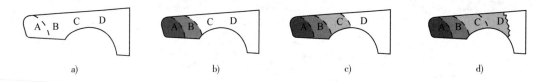

图 6-83 双工序面漆底色漆局部喷涂

各涂层喷涂大致范围如图 6-84 所示。

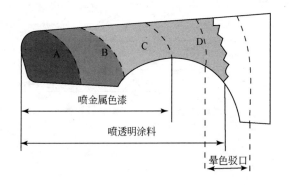

图 6-84 双工序面漆底色漆局部喷涂

双工序面漆的后续操作,与前述单工序面漆基本相同。

> **小知识**
>
> **清漆**：又称为罩光清漆，为透明涂料，用于保护底色漆、银粉漆、珍珠漆，抗氧化、抗紫外线及提高漆面的光泽度，使车辆显出艳丽色泽。
>
> 清漆的使用特性及功能：
>
> (1) 清漆是车身涂层的最外层涂膜，为涂层提供保护作用，如抗酸性、抗紫外线、耐磨性；同时为涂层提供光泽性。
>
> (2) 可分为中固型、高固型、耐磨型以及纳米清漆。
>
> (3) 丙烯酸双组份清漆使用中需加入固化剂。
>
> (4) 注意个人安全防护，须配制供气式面罩、防溶剂手套。
>
> (5) 施工中通常为两道湿喷，中间需要有静置时间，品牌不同其静置时间不同，请参照涂料生产厂商的说明。喷涂中，注意使用粘尘布清洁喷涂表面的漆尘。
>
> (6) 可采用自然干燥，或使用烤房和红外线烤灯来强制干燥。在强制干燥前，通常需要静置10min左右，具体要求，参照生产厂商的工艺说明。

6.4 三工序面漆的施工

三工序面漆与前述双工序面漆、单工序面漆在施工顺序上也基本相似，主要是在施工程序上更为复杂。三工序珍珠漆的施工需要喷涂三种不同类型的涂料：纯底色漆—纯珍珠漆—罩光清漆，各工序涂料调配比例应参照生产厂商提供的说明。

6.4.1 底色漆

三工序珍珠漆施工的关键，首先需要调配出底色漆的颜色，因为车身最终的颜色取决于底色漆的颜色。可在车身上找出一块只有底色漆没有珍珠漆与清漆覆盖的位置，例如门槛内边缘的表面，进行调色对比。其调色过程如前所述。

6.4.2 珍珠漆

为了确定喷涂多少层珍珠漆才能获得需要的效果，施工中需要制作出一块珍珠漆膜厚渐变样板，与车身进行比对，如图6-85所示。因为每一个喷涂施工人员都有自己的特点，所以每个施工人员应该根据自己的技术和设备做出适合自己的珍珠漆膜厚渐变样板。

将做好的珍珠漆膜厚渐变样板与车身颜色进行比较，就可以确定出需要喷涂几层珍珠漆，才能得到所需要的颜色。

三工序面漆的其他施工操作与双工序面漆基本相同。

图6-85 用珍珠漆膜厚渐变样板与车身比对

6.5 水性漆

凡是用水作溶剂或者作分散介质的涂料,都可称为水性漆。水性漆是以水溶性树脂为成膜物,以聚乙烯醇及其各种改性物为代表,除此之外还有水溶醇酸树脂、水溶环氧树脂及无机高分子水性树脂等。

水性漆就是以水为稀释剂、不含有机溶剂的涂料,不含苯、甲苯、二甲苯、甲醛、游离TDI有毒重金属,无毒无刺激气味,对人体无害,不污染环境,漆膜丰满、晶莹透亮、柔韧性好并且具有耐水、耐磨、耐老化、耐黄变、干燥快、使用方便等特点。

传统的汽车涂料是溶剂型涂料,其中的VOC(挥发性有机化合物:在通常压力条件下,挥发并参与大气光化学反应的有机化合物)挥发到大气中会危害人类健康、污染环境。随着人类环保意识的增强,各国相继制订了保护环境的法规,限制VOC排入大气。为了控制汽车涂装时带来的环境污染,美国和欧洲的环保法规对VOC都有明确规定。如德国的大气净化法已成为整个欧洲的法规,该法规要求每平方米涂装面积的VOC排放量在35 g以下,要求非常严格。

我国在2002年6月颁布了《中华人民共和国清洁生产促进法》,并于2003年1月1日起实施;在2009年9月30日发布了强制性国家标准GB 24409—2009《汽车涂料中有害物质限量》,并于2010年6月1日起实施,该标准对汽车用涂料中的VOC含量进行了限制。水性涂料可大大降低VOC的排放,水性中涂漆和水性底漆现已成为成熟的有效降低VOC排放量的涂料,在国外已实现商品化,在我国也有一些大的汽车公司使用。水性底漆可与溶剂型罩光清漆、水性清漆等配套。

6.5.1 水性漆的类型

水性漆包括水溶型、水稀释型、水分散型(乳胶漆)3种。

6.5.1.1 水溶型

水溶型是以水溶性树脂为成膜物,以聚乙烯醇及其各种改性物为代表,除此之外还有水溶醇酸树脂、水溶环氧树脂及无机高分子水性树脂等。

6.5.1.2 水稀释型

水稀释型是指后乳化乳液为成膜物配制的漆,使溶剂型树脂溶在有机溶剂中,然后在乳化剂的帮助下靠强烈的机械搅拌使树脂分散在水中形成乳液,称为后乳化乳液,制成的漆在施工中可用水来稀释。

6.5.1.3 水分散型

水分散型主要是指以合成树脂乳液为成膜物配制的漆。乳液是指在乳化剂存在下,在机械搅拌的过程中,不饱和乙烯基单体在一定温度条件下聚合而成的小粒子团分散在水中组成的分散乳液。将水溶性树脂中加入少许乳液配制的漆不能称为乳胶漆。严格来讲水稀释漆也不能称为乳胶漆,但习惯上也将其归类为乳胶漆。

6.5.2 水性涂料的特点

水性涂料是以水为溶剂或分散介质的涂料,由于水的特性与有机溶剂有很大不同,所以水性涂料相对于溶剂型涂料也有很大差异。在使用水性涂料时,熟知这些差异非常重要。

1)表面张力大

水的表面张力比有机溶剂的表面张力大得多,由于表面张力的差异原因,在平整的钢板上滴落一滴水成圆形,假如是溶剂,则扩散开。

2)较高的储藏条件

水性漆的色母必须储存于 5～35℃ 的温度条件下,否则容易造成漆料失效。

3)遮盖力高

水性漆遮盖力明显高于油性漆,只需 50%～75% 的膜厚即可达到相同的遮盖效果。

4)挥发时间长

水性漆挥发时间是油性漆的 8 倍。

5)难润湿、不易溶

与有机溶剂相比,水对颜料难润湿,与树脂不易混溶。

6)汽化温度高

水的汽化温度高,会导致涂料喷涂时不易挥发、涂料雾化时不易蒸发、蒸发易受环境(湿度)影响。溶剂的挥发受温度影响大,溶剂的沸点可控制其挥发速度;水的蒸发受湿度影响大,很难控制,需要更多加快干燥的工具,例如吹风枪。

7)易流挂

水性涂料与溶剂型涂料相比更易发生流挂弊病。为控制流挂,需要注意以下两点:第一,控制涂装室的温度、湿度;第二,控制好涂料的黏度,赋予涂料触变性,保证喷涂时残留水分较多时也不会产生流挂。

8)触变性

触变性是指在施加外力作用时黏度发生变化的现象。水性涂料的黏度随着搅拌力的增强而降低,如图 6-86 所示。

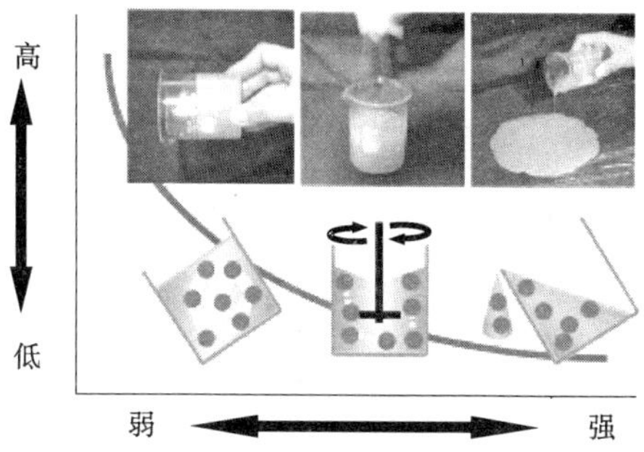

9)气泡

图 6-86 水性涂料搅拌力与黏度的关系

如果水性涂料采用与溶剂型涂料相同的烘烤工序,则会导致漆膜中水分的残留(产生气泡),因此在水性涂料中导入了预热(P/H)工艺。导入 P/H 工艺能使漆膜里的水分得到充分的蒸发(NV>80%),从而防止烘烤时出现气泡、控制因体积收缩造成的流挂以及以热风使漆膜表面流平。

6.5.3 汽车用水性涂料对原厂涂装设备的要求

6.5.3.1 输调漆系统

由于水是腐蚀介质,会造成金属腐蚀,引起设备损坏和产生金属离子,影响水性涂料的性能。因此水性涂料的储漆容器和输送管路需使用不锈钢材质制作,并应经过化学钝化处理,另外还需要有针对水性涂料的高触变性的供给用软管及有足够处理能力的泵。水性涂料一般在供货时已经调整了黏度,在生产线调漆室不用稀释。

6.5.3.2 静电喷涂设备

与溶剂型涂料相比,水性涂料电阻较小,如果用传统的静电印加方法会导致漏电,需要采用专用的静电喷涂设备。通常水性涂料采用直接(内部)带电方式和间接(外部)带电方式进行涂装,如图 6-87 所示。

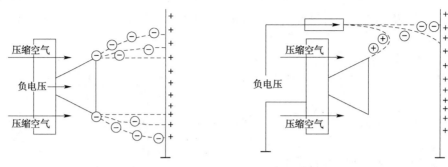

图 6-87　直接(内部)与间接(外部)带电方式

直接(内部)带电方式的优点是带电效率高,涂装效率高(约70%),耐脏。缺点是水性涂料导电性高会漏电,需要绝缘设备。间接(外部)带电方式的优点是涂装机不直接通电压,不需要绝缘设备,缺点是电力线上带负电,带电效率差,喷涂效率差(约40%),因为那些没带电的粒子导致电极和涂装机易沾污。

随着机器人静电喷漆替代往复式自动静电涂装机的自动喷涂技术的进步,开发成功了与涂装机器人配套应用的弹匣杯式高压组件系统,简称弹匣式涂装法,这种系统把涂装机器人和传统的输漆系统彻底分离,做成独立的涂料罐(弹匣),弹匣可与旋杯进行快速组合,压送涂料。换色时只需更换弹匣,仅清洗喷杯,弹匣不需清洗,因此换色时涂料和溶剂的损失小,换色可在短时间内完成。弹匣式涂装法的优点是同时适用于溶剂型涂料和水性涂料的静电喷涂,且涂着效率高,还可适用于临时的小批量颜色涂装,设备简单易维护。不足之处是用简易机器人搬运弹匣,投资偏高。

6.5.3.3　喷漆室

喷漆室应采用不锈钢材质,与溶剂型涂料相比,水性涂料对涂装作业环境及施工条件等均有更高要求和严格规定。水性涂料对作业环境的要求:最佳相对湿度 RH(65 ± 5)%,温度 23 ± 3℃,空调系统风速 $0.3 \sim 0.5$ m/s。

6.5.3.4　预热(P/H)装置

因水的蒸发率低,因此水性涂料喷涂后湿涂膜难晾干(湿涂膜中的水分必须蒸发掉90%以上,才能湿喷下一道涂料,并且防止烘干时的突沸引起气泡)。为加速水分蒸发,在水性涂料进行湿喷下一道涂料或烘烤之前,必须使湿漆膜经过预热(P/H)装置。

在过去的十多年中,汽车用水性涂料的涂膜性能和施工性能有了很大的提高和改进,与溶剂型涂料相比,水性涂料的历史较短,其应用受到设备投资大、作业环境要求严格等制约。但可预见,在不久的将来将开发出性能超过溶剂型涂料的水性涂料。随着我国环保法规的完善,则必将促进和加速我国汽车用涂料向环保型涂料的更新换代。

6.5.4　汽车用水性涂料的修补涂装

对于水性漆的涂装在中涂漆前的作业与油性漆相同,水性漆的修补具有易于做驳口、方便施工、设备易清洗等特点,下面仅对水性漆的面漆涂装做介绍。

6.5.4.1　汽车用水性涂料的修补涂装的工具

1)喷枪

带气压表的水性漆专用喷枪,如图 6-88 所示。

2)吹风枪

水性漆的干燥时间在大量的空气流动下会大幅度加快,因为水分在有控制的情况下从油漆内被带走。水性漆吹风枪由压缩空气驱动并利用文丘里原理吸入外围空气并吹出,因此吹风量得以大幅度增加,以加快水性漆的干燥。在吹风枪上有可重复清洗的不锈钢滤网防止油漆表面污染,如图6-89所示。

图6-88 水性漆专用喷枪

图6-89 吹风枪

3)吹风枪支架

便携式吹干设备适合在喷房任何位置使用。吹风枪固定在支架上并调校至正确的距离及角度后,开动压缩空气便自动完成吹风工作。在支架上的吹风枪可随意调校高度和角度吹风枪可准确地调校以对准工件,两把吹风枪同时操作令效率加倍,支架可无段式调节高度。对于有支架的型号来说:吹风枪的可调整高度在25~185cm之间,并可选配可调校至300cm高的延伸管,吹风枪的可调整宽度在10~75cm之间,并可选配可调校至115cm宽的延伸管,吹风枪可以360°调节,只需接上标准压缩空气软管便可操作,如图6-90所示。

4)洗枪机

专用水性漆洗枪机(可选配),如图6-91所示,使用专用的水性洗枪机,确保油性和水性油漆废物分开处理,调漆用容器和调漆棒也可以在洗枪机里清洗。自来水会腐蚀枪身,不宜用来洗枪。

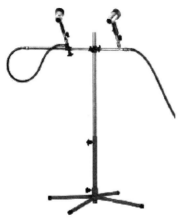

图6-90 吹风枪支架

图6-91 水性漆洗枪机

6.5.4.2 汽车用水性涂料的修补涂装过程

1) 喷涂准备

打磨中涂漆层并检查质量。使用吹风枪和清洁剂清除油污和灰尘。使用水性漆指定的清洁剂再次进行清洁。遮盖整个车身表面,使用吹风枪和指定的清洁布清洁灰尘。此时避免用手接触被修复区域。

2) 喷涂和干燥

由于水性色漆和罩光清漆是"湿碰湿"施工的,因此水性漆存在预烘干的问题,即将色漆涂层中的绝大部分水、助溶剂挥发掉。试验表明水性色漆涂层的溶剂含量(主要为水)应降低到10%以下,喷涂的罩光清漆才不至于将色漆层再溶解而产生水泡,影响外观质量。如果在通常的温度条件下闪干,水性色漆的溶剂含量不可能达到10%以下。因此在水性色漆上喷涂罩光清漆之前必须进行适当的强制干燥。常见的强制干燥设备是吹风枪,在使用吹风枪时吹出的气流方向应与烤漆房内气流方向相同,吹风枪不能与漆面垂直,否则将会造成油漆缺陷,如图6-92所示。

图6-92 水性漆的干燥

待色漆层充分干燥后就可以进行清漆喷涂。首先,混合清漆(例如P190-68505、P190-6060,按照清漆:固化剂:稀释剂 2:1:(5%~10%)的比例调配)。中等浓度的清漆喷涂两层,干燥时间是每层大概 5~7min。高浓度的清漆喷涂一层半(雾罩喷涂一层,湿喷一层),干燥时间大约 10~15min。

7 涂膜的修整

喷涂过程中常常会由于种种原因在面漆表面造成一些微小的故障,例如流挂、个别的涂膜颗粒(脏点)、微小划擦痕迹和凹坑等,影响装饰性,因此必须进行修理。

7.1 流挂和涂膜颗粒的处理

在喷涂当中造成流挂是由于喷涂环境的影响,在涂膜表面有颗粒等也是不可避免的。若流挂的面积很小,涂膜表面颗粒很少,可以用单独修理的方法进行处理,修理必须是在涂膜完全干燥的情况下进行。处理过程为首先平整流挂或颗粒部位,然后用抛光的方法使修理部位与其他部位光泽一致,消除修理痕迹。

平整流挂和小颗粒多采用打磨的方法,但对于流痕或颗粒较大的情况下,可先用刮刀将流痕或大颗粒削平,然后再用较细的砂纸打磨。

7.1.1 流挂的处理

打磨流挂部位一般使用 P1200～P2000 号水磨砂纸配合硬质打磨垫块(不可使用软打磨垫)来进行,因为较细砂纸产生的打磨痕迹容易抛光,但有时需要打磨的区域比较大,为提高效率可以先用较粗的砂纸(如 P800～P1000 号)先打磨一遍,待基本完成后再逐级用细一级的砂纸打磨,直到打磨痕迹可用抛光的方法消除为止,注意不要跨级使用砂纸。

(1)对不须打磨的区域进行贴护。

(2)用水先将水砂纸润湿,然后在打磨区域上轻洒一些肥皂水,这样可以充分润滑打磨表面,且不至于产生太大的砂纸痕迹。

(3)打磨的手法应使打磨垫块尽量平行于面漆涂膜,手法要轻一些。打磨中,经常用胶质刮水片刮除打磨区域的水渍来观察打磨的程度,只要流挂部位消除并与周围涂膜齐平即可,千万不要磨穿或使漆膜过薄,要给抛光留出余量,并保证抛光后仍有足够的膜厚。

7.1.2 涂膜颗粒的处理

对于涂膜颗粒等小范围的打磨,一般使用专用磨石或小型打磨块配合 P1500～P2000 号水砂纸来进行。打磨时同打磨流挂一样,沿涂膜水平运动,保证与面漆涂膜平行,并用肥皂水湿润,如图 6-93 所示。

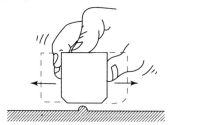
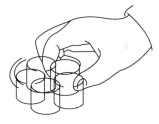

图 6-93　用小磨头打磨涂膜颗粒

如果涂膜颗粒过大或流痕突出部位非常明显,可以先用刮刀刮除,然后再用上述的打磨方法进行打磨,如图 6-94 所示。刮削时刀刃应略向上方倾斜,不可切削过量。

图 6-94　用刮刀进行表面修整

7.2 局部抛光

经过平整修理和打磨的区域必须进行抛光,对小范围修补区域一般使用手抛的方法即可,也可用机械抛光来提高效率。

手工抛光的材料一般使用法兰绒,因法兰绒质地较厚,且多为毛或棉质,非常适合抛光用。抛光时用法兰绒布蘸上少许抛光粗蜡或中粗蜡,用力对打磨区域擦拭以消除打磨痕迹,运动轨迹以无序为好,尽量不要留下磨削的痕迹。待砂纸痕迹基本消除并具有一定的光泽后,将抛光区域和抛光布清理干净,不要留下粗蜡痕迹,然后换用抛光细蜡再次进行细致的抛光。

对于新漆面而言,未抛光的区域即具备耀眼的光泽,经过抛光的部位光泽虽然没有减低,但已经变得比较柔和,像珠光一样悦目,所以往往会造成两个区域有明显的差异甚至有色差。所以,用细蜡抛光的面积要大于修理区域3~5倍,使修补区域与未修补区域无明显的差异,最后,用上光蜡同一对整板进行上光即可。

用抛光机进行局部抛光同上述用手工抛光的基本步骤相同。首先将中粗抛光蜡(由于用机械进行局部抛光,用中粗即可)涂抹于修理区域,选用小型海绵抛光轮以较低的转速对修理区域进行研磨抛光,待修理区域基本消除打磨痕迹并显现出光泽后,逐渐提高转速并扩大抛光区域到修理区域的3~5倍,然后换用较大的抛光轮,用细蜡对整板进行抛光上光一体操作,消除光泽和颜色的差异。

7.3 涂膜凹陷的修理

在面漆喷涂完毕后,涂膜上常常会有个别因喷涂表面清洁不净,留有油渍、汗渍等造成涂膜张力变化而形成的小凹坑(鱼眼),或是清除遮蔽胶带时造成的小范围涂膜剥落等现象。对这些地方进行补漆操作时若缺陷位量不明显,一般不需要用喷枪,使用小毛笔或牙签等对凹陷部位进行填补就可以了。但如果缺陷部位非常明显或所处位置是车辆极需要涂膜完美的地方,如发动机盖或翼子板等,一般多需要采用点修补的方法(使用小型修补喷枪进行小局部喷涂)来修理。

用牙签或小毛笔填补凹陷最好在涂膜未干时操作,如果涂膜已经干燥,将会造成填补部位附着不良和颜色的差异。

具体操作如下:

(1)若面漆漆膜已经基本干燥,则需要用清洁剂对需要填补的区域进行清洁。如有必要可用P800号以上的细砂纸进行简单打磨,但打磨区域切不可过大,只起提高附着能力的作用即可,然后用清洁剂清洁干净。

(2)用牙签或小毛笔蘸上少许面漆(为保证没有色差,最好用富余的面漆。若为双组份涂料,则必须添加固化剂),并迅速地滴到故障部位(鱼眼)或描绘在需要填补的部位(剥落漏白),如图6-95所示。

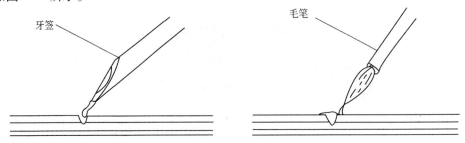

图6-95 用牙签和毛笔进行表面修补

(3)用另一支小毛笔蘸取少许面漆稀释剂涂抹在修饰部位,以使修饰部位变得较为平整,并利用稀释剂的晕开和溶解作用使修补部位与其周围相融合。

(4)待完全干燥后可以稍稍进行打磨并进行抛光处理。

7.4 面漆的抛光

溶剂挥发型面漆(硝基面漆)在干燥后涂膜表面会失光,通常需要进行表面抛光处理来恢复其光泽。现在通常使用丙烯酸基或丙烯酸聚胺酯型的双组份面漆虽然表面具有高度的光泽,但由于喷涂环境的影响,喷涂表面有时也会产生涂膜颗粒(脏点),或是由于局部修补的需要,出现补部位与原涂层在光泽上的差异或色差,往往也需要进行整板抛光处理。

一般在涂膜干燥程度为90%时,是进行抛光处理的最好时机,丙烯酸型双组份面漆一般在常温下干燥2~3天是最适合抛光。抛光时机把握不好,将达不到理想的效果,如果抛光时涂膜还是比较软的,其中仍有较多的溶剂需要挥发,这样只能获得暂时的光泽。当剩余溶剂挥发时,面漆表面会褪色失光;若等面漆完全干燥后再抛光,由于双组份面漆的硬度很高,会造成打磨和抛光的困难,增加劳动强度并会影响涂膜的光泽和装饰性。

修补后抛光目的是为了去除漆膜上的颗粒和不规整的物体,使漆膜更平整、光滑。是漆面修补一道精致修饰工序。

(1)根据漆面缺陷选择研磨膏或抛光剂。

研磨膏的作用:消除"橘皮",恢复光泽,消除缺陷,如尘粒和划痕等。

抛光剂的作用:消除表面"云雾"和非常细微的划痕,使表面平整、光滑。

(2)使用合适的研磨抛光轮,羊毛轮或海绵轮,如图6-96所示。

研磨抛光轮必须保持干净,防止沾污和擦伤漆膜。

(3)适当遮护。

(4)在需要抛光的漆面上抹上抛光剂,如图6-97所示。

(5)抛光机的速度需要调节,先慢速运转,然后逐步加速,避免金属过热变形,灼伤漆面,如图6-98所示。

图6-96 研磨抛光轮

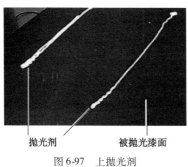

图6-97 上抛光剂

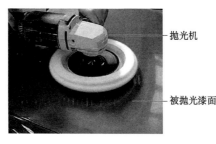

图6-98 上抛光剂

(6) 使用柔软的布、厚绒毛巾或柔软的抛光垫,手工抛光消除抛光机留下的螺旋痕,消除细微划痕,以及细微的瑕疵点。

(7) 抛光结束后洗去剩余的抛光剂。

(8) 冲洗并擦干净抛光表面,检查。

7.5 部件的安装与整理

7.5.1 安装

安装好拆卸下的部件。如果部件有脏污,应进行清洁后再安装。操作时,对于刚施工的漆膜要特别小心,防止不小心伤及新涂膜,造成返工。

7.5.2 整理

安装部件之后,需要对车身内外进行整理。

(1) 用高压空气枪对车辆内部细小部位做初步的清理,如仪表板、通风口、扶手等。

(2) 用吸尘器清理地毯、车辆内部、座椅下、脚垫、行李舱等。

(3) 观察玻璃内外是否有残漆,若有,用稀释剂清理,但应注意不能伤及其他附件及车身。

(4) 清理发动机舱。

(5) 为皮质座椅上皮蜡保养,为车身外装饰条上保养油,为轮胎上轮胎蜡。

(6) 清理残留在车上的打蜡及细蜡痕迹。

(7) 用高压空气枪清理车辆外表面。

思考与练习

一、填空题

1. 在进行喷涂修补之前,对原车和新部件表面进行处理的目的是_____、_____和_____。

2. 寒冷天气条件下,进行原子灰施工时原子灰不易干燥,此时需要进行加温,加温温度不得超过_____℃。

3. 对原车进行修补前的处理,一般为_____、_____和填平等操作。

4. 对裸金属表面进行打磨的目的是去除修复表面上的_____、_____等,增加与_____的结合力。

5. 底层涂料施工主要包括_____、_____和_____等。

6. 贴护所用的遮盖材料主要有:_____、_____和_____以及各种防护罩等。

7. 在进行喷涂操作时,喷漆间的环境温度一般以_____~_____℃为宜。

二、判断题(正确画√,错误画×)

1. 在进行喷涂之前,对需要修补的部位及新部件必须进行必要的处理。( )

2. 在进行对旧涂层的修补时,没有必要对原有涂层进行判别。( )

3. 聚酯原子灰不可直接用于铝合金板材。( )

4. 不论什么情况的喷涂修补,都要喷涂中涂漆,增加面漆丰满度。( )

5. 在进行可调色中涂漆的颜色调配时,应按照说明规定添加色母。( )

6. 进行局部修补时,对驳口位置的选择有一定要求。　　　　　(　)
7. 在进行整车重新喷涂时,对喷涂路线没有特殊的要求。　　　(　)
8. 面漆修整抛光工作时,应考虑面漆的干燥程度。　　　　　　(　)

三、简答题

1. 进行整车喷涂时,对喷涂路线如何要求?
2. 对裸金属和良好的旧漆层在处理时有什么不同?
3. 遮蔽时需要注意哪些问题?
4. 简述原子灰施工的要领。
5. 中涂层有什么作用?
6. 银粉漆如何施工?
7. 修补驳口的大小和位置如何确定?
8. 如何修补面漆上的小颗粒?

单元七　常见涂装缺陷及防治

> ▶ 学习目标
> 知识目标
> 1. 知道常见涂膜缺陷；
> 2. 了解常见缺陷的形成原因及防治办法。
> 能力目标
> 1. 锻炼学生分析问题解决问题的能力；
> 2. 能解决涂装过程中和涂装后产生的涂装问题。

涂装缺陷有上百种，一般可分为漆膜缺陷和漆膜的破坏状态。所谓漆膜缺陷是指漆膜的质量与规定的技术指标相比所存在的缺陷，一般产生于涂装过程；漆膜的破坏状态是漆膜在腐蚀介质的作用下或在特定的使用条件下产生的综合性能变化的外观表现。

由于某些漆膜缺陷和漆膜的破坏状态从外观形态来看非常相似，也都是涂装过程中涂装工艺控制不当所形成的，但两者产生的原因及其防治方法有很大差别。所以必须分类清楚，才能有效地防治。

1　喷涂过程中产生的漆膜缺陷及其防治方法

涂装过程（含涂装后不久）中产生的漆膜缺陷，一般与被涂物表面的状态、选用的涂料、涂装方法及操作、涂装工艺及设备和涂装环境等因素有关。现将汽车涂装中常见的漆膜缺陷及其防治方法介绍如下。

1.1　颗粒

漆膜中的凸起物呈颗粒状分布在整个或局部表面上的现象。由混入涂料中的异物、涂料变质或过喷涂而引起的称为涂料颗粒；金属闪光涂料中铝粉在涂面造成的凸起异物称为金属颗粒；在涂装时或刚完成的湿漆膜上附着的灰尘或异物称为尘埃，如图7-1所示（见彩色插页）。

1.1.1　产生原因

（1）涂装环境的空气清洁度差。调漆室、喷漆间内有灰尘。

（2）施喷件表面不清洁。如打磨后施喷件内外没有彻底清洁；选用质量较差的绵布做清洁，而绵布的纤维物留在施喷件上。

（3）施工操作人员工作服、手套等材料掉纤维。

(4) 易沉淀的涂料未充分搅拌或过滤。

(5) 涂料变质,如漆基析出或反粗,颜料分散不佳或产生凝聚,有机颜料析出,闪光色漆的漆基中铝粉分散不良等。

(6) 喷漆间内温度过高或溶剂挥发太快。

(7) 漆雾过多(干喷涂),涂料的黏度过高。

(8) 喷漆系统中用的泵不合适,喷漆间压力不平衡,压缩空气没有过滤或过滤时不充分。

1.1.2 防治方法

(1) 调漆室、喷漆间内的空气除尘要充分,确保涂装环境洁净。

(2) 施喷件表面应清洁。如用粘性擦布擦净或用压缩空气吹净喷涂表面上静电吸附的尘埃。

(3) 操作人员要穿戴不掉纤维的工作服及手套。

(4) 供气管路上要安装有过滤器。

(5) 不使用变质或分散不良的涂料。

(6) 调整喷漆间内的温度,添加高沸点溶剂。

(7) 注意喷涂顺序,注意喷漆间内的风速,调整油漆黏度。

(8) 推荐使用柱塞泵,调整压缩空气的压力。

1.2 异物沾污

由于铁粉、水泥粉、干漆雾、树脂或化学品等异物的附着,漆面变粗糙、脏污或带有色素物质的沾污,产生异色斑点等现象,使漆面腐蚀和脱色。严重的情况下,这些物质会破坏漆面的光洁度,如图7-2所示(见彩色插页)。

1.2.1 产生原因

(1) 在漆面干燥过程中,周围环境中的铁粉、水泥粉、砂尘、干漆雾等异物的侵入和附着。

(2) 漆面接触沥青、焦油、酸性物质、树脂、昆虫、鸟粪、化学物质和有色素的物质等。如焦油粘到油漆表面,脱色的情况就会产生,由于部分焦油分子迁移到油漆表面,留下污染的棕黑色斑点,而造成腐蚀。

(3) 工业废气、化学品等会穿透油漆表面,使漆面脱色。

(4) 涂层在使用过程中发霉。

1.2.2 防治方法

(1) 保持漆面干燥场所清洁,消除污染物。

(2) 防止漆面与污染介质相接触,选用耐沾污性好的涂料。

(3) 选用防霉性强的涂料或在涂料中添加防霉剂。

1.3 气泡

搅拌引起的气泡或由溶剂蒸发产生的气泡,在涂装成膜过程中未消失而残留在漆膜中,统称为气泡。由底材或漆面所吸收含有水分、溶剂或气体、使漆面在干燥(尤其是烘干)过程中呈泡状鼓起的缺陷,分别称为水气泡、溶剂气泡或空气泡。如图7-3所示(见彩色插页)。

1.3.1 产生原因

(1) 溶剂挥发快,涂料的黏度偏高。

(2)烘干时加热速度过快,晾干时间过短。

(3)施喷件的表面(填料、裸露金属等)未进行充分的清洁;漆面中含有(或残留有)溶剂、水分或空气。

(4)搅拌混入涂料中的气体未释放尽就喷涂。

(5)当喷涂面漆后,工件长时间存放于潮湿环境中,而形成潮湿效应。

(6)施喷件温度过高从而缩短了正常干燥相隔时间。

1.3.2 防治方法

(1)使用指定溶剂,黏度应按涂装方法选择,不宜偏高。

(2)漆面烘干时升温不宜过急。

(3)施喷件表面应干燥清洁,上面不能残留有水分和溶剂。

(4)添加醇类溶剂或消泡剂。

(5)喷涂面漆后,工件应放置在干燥的环境中。

(6)降低施喷件的温度,使其温度略高于喷涂环境温度。

1.4 流挂

喷涂在施喷件垂直面上的涂料向下流动,使漆膜产生不均一的条纹和流痕的现象,根据流痕的形状可分为下沉、流挂、流淌等,如图7-4所示(见彩色插页)。下沉是指涂装完毕到干燥期间涂层局部垂流,产生厚度不均匀的半圆状、冰瘤状、波状等的现象;流挂是指在采用浸、淋、喷、刷等涂装方法的场合,涂料在被涂物的垂直面和边缘附近积留后,照原样固化并牢固附着的现象;流淌是指被涂物垂直表面漆膜大面积的流挂现象。

1.4.1 产生原因

(1)所用溶剂挥发过慢或与涂料不配套。

(2)一次喷涂过厚,喷涂操作不当,重枪过多,或喷涂距离和角度不正确。

(3)涂料黏度偏低。

(4)喷涂时环境温度过低或周围空气中的溶剂含量过高。

(5)涂料中含有密度大的颜料(如硫酸钡)。

(6)在光滑的被涂物或漆膜上喷涂新漆时,也容易发生垂流。

(7)各涂层之间的相隔时间太短。

(8)喷枪的喷嘴直径过大。

1.4.2 防治方法

(1)正确选择溶剂,注意溶剂的溶解能力和挥发速度。

(2)提高喷涂操作的熟练程度,喷涂均匀,注意喷枪与喷涂表面的距离和角度,一次不宜喷涂太厚(一般控制在 $20\mu m$ 左右为宜)。

(3)严格控制涂料的施工黏度和温度。

(4)加强换气,喷漆间的环境温度应保持在20℃以上。

(5)调整涂料配方或添加阻流剂。

(6)在喷涂前要预先打磨。

(7)喷枪的喷嘴直径应适当。

1.5 缩孔、抽缩、鱼眼

受施喷件表面存在的(或混入涂料中的)异物(如蜡、油或硅酮等)的影响,涂料不能均匀附着,产生收缩而露出施喷件表面的现象。由于产生的原因及现象有较大的差别,露底面积大的且不规则的称为抽缩;呈圆形(直径多为0.1~2mm)的称为缩孔;在圆孔内有颗粒的称为鱼眼。这种缺陷产生在刚涂装完的湿漆膜上,有时在烘干后才发现,如图7-5所示(见彩色插页)。

1.5.1 产生原因
(1)所用涂料的表面张力偏高,流平性差,释放气泡性差,本身对缩孔的敏感性差。
(2)调漆工具及设备不洁净,使有害异物(有些是肉眼看不见的)混入涂料中。
(3)被涂物表面不干净,有脂肪、油、蜡、肥皂、硅酮等异物附着。
(4)涂装车间中空气不清洁,有油雾、漆雾、蜡雾等。
(5)涂装工具、工作服、手套不干净。

1.5.2 防治方法
(1)在选用涂料时,要注意涂料对缩孔的敏感性。
(2)在喷漆间,无论是设备、工具还是生产用辅助材料等,绝对不能带有对涂料有害的物质,尤其是硅酮。使用前要进行试验检查。
(3)应确保压缩空气清洁,无油无水。
(4)确保涂装环境清洁,空气中应无灰尘、油雾和漆雾等漂浮。
(5)严禁用手、脏擦布和脏手套接触被涂物表面,确保被涂物表面的清洁。
(6)在旧涂层上喷漆时,应用砂纸充分打磨,并擦拭干净。

1.6 凹坑、凹陷、麻点

漆膜表面上产生像火山口那样的,直径大小为0.5~3mm的凹坑现象。凹坑、凹陷、麻点与缩孔、抽缩、鱼眼的差别是不露出被涂物表面。

产生原因和防治方法与缩孔、抽缩、鱼眼相似。

1.7 色不匀(色发花)

漆膜的颜色不均匀,出现斑印、条纹和色相杂乱的现象。一般是由涂料的涂装不当,及涂料组分变化等引起的,如图7-6所示(见彩色插页)。

1.7.1 产生原因
(1)涂料中的颜料分散不良或两种以上的色漆相互混合时混合不充分。
(2)所用溶剂的溶解能力不足或施工黏度不适当。
(3)面漆层过厚,使漆膜中的颜料产生表里"对流"现象。
(4)在涂装车间附近有能与漆膜发生作用的气体(如氨、二氧化硫等)。
(5)喷涂时喷涂压力过高或过低。

1.7.2 防治方法
(1)选用分散性和互溶性良好的颜料。

(2)选择适当的溶剂,采用符合工艺要求的涂装黏度及漆膜厚度。

(3)调配复色漆时应使用同一类型的颜料,最好用同一厂家生产的同一类型的颜料。

(4)喷涂时喷枪走枪要均匀,喷涂压力大小要适当。

1.8 浮色(色分离)

涂料中各种颜料的粒度大小、形状、密度、分散性、内聚性等的不同,使漆膜表面和下层的颜料分布不均,各断面的色调有差异的现象,与色不均的差别在于浮色漆膜外观色调一致,但湿漆膜和干漆膜的色差大,如图7-7所示(见彩色插页)。

1.8.1 产生原因

(1)在涂装含有两种以上颜料的复色涂料时,由于溶剂在涂层的表里发挥不一,易出现对流而产生浮色现象。

(2)涂料中颜料的密度相差悬殊。

(3)喷涂时喷涂压力过高或过低。

1.8.2 防治方法

(1)改进涂料配方(如选用不易浮色的、易分散的颜料)。

(2)添加防浮色剂,如硅油对防止浮色有明显的效果。

(3)喷涂时喷枪走枪要均匀,喷涂压力大小要适当。

1.9 云斑(银粉不匀)

在喷涂金属银粉漆面时,因喷涂的厚度不均匀,施工方法不当和所用溶剂与涂料不配套而引起的银粉分布不匀,定向不匀,导致漆膜外观颜色不均匀的现象。这种缺陷常常发生在喷涂大面积的金属银粉漆面时,如图7-8所示(见彩色插页)。

1.9.1 产生原因

(1)涂料配方不当(如银粉含量偏低、溶剂的密度大、树脂的分子量低等)。

(2)喷涂时涂料黏度过低或过高。

(3)涂层过厚或膜厚不均匀,雾化差,喷涂操作不熟练。

(4)喷涂银粉漆与清漆采用"湿碰湿"工艺时,中间相隔时间过短。

(5)喷涂环境温度低。

(6)涂层受湿空气或潮湿天气影响。

1.9.2 防治方法

(1)改进涂料配方,使用油漆厂指定的溶剂。

(2)选用合适的喷涂黏度。

(3)提高喷涂操作者的熟练程度,采用专业喷涂工具。

(4)采用"湿碰湿"工艺时,中间相隔时间要足够。

(5)将喷涂时的环境温度调节到合适的范围内。

1.10 砂纸打磨划痕

喷涂面漆和干燥后仍能清楚地看到大量呈凹槽状印记的现象。这是由于在喷涂面漆之前的砂纸打磨痕迹,且影响涂层外观(光泽、平滑度、丰满度和鲜映性),如图 7-9 所示(见彩色插页)。

1.10.1 产生原因

(1)所选用的打磨砂纸太粗或质量差。
(2)底漆层未干透(或未冷却)就打磨。
(3)施喷件表面状态不良,有极深的锉刀纹和打磨纹。
(4)喷涂厚度不足。

1.10.2 防治方法

(1)应按工艺要求选用打磨砂纸。在打磨填料及底漆时,最好先喷涂一层黑色指导层,待涂层干固后,使用 800 号较细砂纸作彻底打磨。
(2)待底漆层干透后和冷却至室温后再打磨。
(3)对于要求较高的场合,以湿打磨代替干打磨。
(4)提高施喷件表面的质量。
(5)提高喷涂的漆膜厚度。

1.11 遮盖力差

透过面漆可以看见旧的油漆、少许底漆或部分底材颜色。漆膜有斑点且颜色不均匀,这种缺陷称为涂料遮盖力差。

1.11.1 产生原因

(1)所用涂料的遮盖力差或涂料再喷涂前未搅拌均匀。
(2)涂料的施工黏度(或施工固体份)偏低,喷涂过薄。
(3)选用的溶剂不正确。
(4)喷涂不仔细或被涂物外形复杂,发生漏涂现象。
(5)底、面漆的色差过大,如在深色底漆上喷涂亮度高的浅色漆。

1.11.2 防治方法

(1)选用遮盖力强的涂料,增加涂层厚度或增加喷涂道数,涂料在使用前和涂装过程中应充分搅拌。
(2)适当提高涂料的施工黏度或选用施工固体份高的涂料,每道漆应达到规定的喷涂厚度。单工序颜色漆的最佳漆膜厚度为 50～70μm(某些不含铬酸铅的黄、红色则例外),双工序金属银粉漆的最佳漆膜厚度为 15～30μm(某些很透明的颜色则例外)。
(3)提高喷涂操作的熟练程度,走枪速度要均匀。
(4)底漆的颜色尽可能与面漆的颜色相似。

1.12 咬起

喷涂面漆后底漆(或旧漆层)被咬起脱离,产生皱纹、胀起、起泡等现象称为咬起。喷涂含强溶剂涂料(如硝基漆)时,易产生这种现象。咬起一般还容易发生在新喷的面漆层与旧漆层的驳口处或经填补原子灰的中间漆上。如图 7-10 所示(见彩色插页)。

1.12.1 产生原因

(1)底漆层未干透就涂下一层。

(2)涂料不配套,底漆层的耐溶剂性差或面漆中含有能溶胀底涂层的强溶剂。

(3)底漆层喷涂太厚。

1.12.2 防治方法

(1)底漆层干透后再涂面漆。

(2)改变涂料体系,另选用合适的底漆。

(3)在易产生咬起的涂层上,应先在底涂层上薄薄喷涂一层面漆,待稍干后再喷涂。

1.13 橘皮

在喷涂时不能形成平滑的干漆膜面,而成橘皮状的凹凸现象。凹凸度约 $3\mu m$,如图 7-11 所示(见彩色插页)。

1.13.1 产生原因

(1)涂料黏度大,流平性差。

(2)压缩空气压力低,导致雾化不良。

(3)喷涂时使用干喷式施喷,导致涂料从喷枪到施喷件的距离太近。

(4)施喷件和空气的温度偏高,喷漆间内风速过大,溶剂挥发过快。

(5)晾干时间短,喷涂厚度不足。

(6)喷涂时喷枪与施喷件表面距离较远。

1.13.2 防治方法

(1)选用合适的溶剂,添加流平剂或挥发较慢的高沸点有机溶剂,以改善涂料的流平性。

(2)选择合适的压缩空气压力,选择出漆量和雾化性能好的喷涂工具,使涂料达到良好的雾化。

(3)一次喷涂到规定厚度(控制到不流挂的程度),适当延长晾干时间,不宜过早进入烤房烘干。

(4)施喷件温度应冷却到50℃以下,喷漆间内的温度应保持在20℃左右。

(5)调整喷枪与喷涂表面的距离。

1.14 渗色

在一种漆膜上喷涂另一种颜色的漆,底漆层的颜色部分渗入面层漆膜中而使面层漆膜变色的现象称为渗色。通常以红或黄色的形式出现。

1.14.1 产生原因

(1)底漆层中含有的有机颜料或溶剂能溶解的色素渗入面漆层中。

(2)施喷件表面上含有有色物质或底材上有附着物(如沥青、焦油残留物)。

(3)面漆中含有溶解力强的溶剂(如酯类、酮类)或底漆层未完全干透就喷涂面漆。

(4)聚酯填料(原子灰)中过量的过氧化物(硬化剂)被涂料中的溶剂溶解时会产生穿透性渗色。蓝、绿色调特别易于发生。

1.14.2 防治方法

(1)在含有有机颜料的涂层上不宜喷涂异种颜料的涂料(尤其是浅色面漆)。

(2)为防止渗色,在喷涂面漆前,应先喷涂一层隔绝底漆。

(3)面漆选用挥发快、对底漆层溶解力差的溶剂调配。
(4)清洗除去底层上的着色物质后再喷涂面漆。

1.15 白化、发白

涂装过程中和刚涂装完毕的涂层表面呈乳白色,产生似云那样的变白失光现象,多发生在涂装挥发性涂料的场合,严重时完全失光,如图 7-12 所示(见彩色插页)。

1.15.1 产生原因
(1)喷漆间的湿度太高。
(2)所用有机溶剂的沸点低,而且挥发太快,会使后漆膜过快冷却,发生水气凝结现象。
(3)喷漆间内环境温度过高或施喷件的温度过低。
(4)涂料和稀释剂中含有水分,或压缩空气中含有水分。
(5)溶剂和稀释剂的选用及配比不合适,晾干过程中溶剂挥发过快,造成树脂在涂层中析出而变白。

1.15.2 防治方法
(1)喷漆间的环境温度最好控制在 20℃ 左右,相对湿度不高于 70%。
(2)选用沸点较高和挥发速度较低的有机溶剂,如添加防潮剂。
(3)涂装前先将施喷件在喷漆间内放置一段时间或加热,使其比环境温度略高。
(4)防止通过溶剂和压缩空气带入水分。
(5)防止树脂在成膜过程中析出。

1.16 拉丝

在喷涂时涂料雾化不良,呈丝状喷出,使漆膜表面呈丝状。

1.16.1 产生原因
(1)涂料的黏度高,或制漆用的合成树脂(如氯化橡胶、丙烯酸树脂等)的分子量偏高。
(2)选用的溶剂溶解力不足或溶剂在喷涂时挥发过快。
(3)易拉丝的树脂含量超过无丝喷涂含量。
(4)喷枪调整不当,喷涂压力过高。

1.16.2 防治方法
(1)通过试验选择涂料最适宜的施工黏度或最适宜的施工固体分。
(2)选用溶解力适当(或较强的)溶剂。
(3)使用分子量分布均匀的或分子量较低的树脂,调整涂料配方,减少易拉丝树脂的含量。
(4)适当调整喷涂压力。

1.17 针孔

在漆膜上产生针状小孔或像皮革的毛孔那样的孔状现象。一般孔的直径为 10μm 左右,如图 7-13 所示(见彩色插页)。

1.17.1 产生原因
(1)涂料的流动性不良,流平性差,涂料释放气泡性差。

(2)涂料储运时变质,如沥青涂料在低温下储运时,漆基的互溶性和溶解性变差,局部析出,引起颗粒或针孔缺陷。

(3)涂料中混入其他物质,如溶剂性涂料中混入水分等。

(4)涂装后晾干不充分,烘干时升温过急,表面干燥过快。

(5)施喷件的温度过高和表面有污物(如焊药等),施喷件表面上有小孔。

(6)环境湿度过高。

1.17.2 防治方法

(1)选用合适的涂料,对易产生针孔的涂料应加强进厂检验,避免使用不合格的涂料。低温状态下的沥青涂料出现缩孔,可通过原漆加温到 40～50℃存放一段时间(24h)来消除。

(2)注意存漆容器与涂装工具的清洁和溶剂的质量,防止混入其他有害物质。

(3)涂装后应按规定晾干,添加挥发性慢的溶剂使湿漆膜的表干减慢。

(4)注意施喷件的温度和表面的洁净度,消除施喷件表面的小孔。

(5)改善涂装环境。

1.18 起皱

在干燥过程中漆膜表面出现皱纹、凹凸不平且平行的线状或无规则线状等现象,如图7-14所示(见彩色插页)。

1.18.1 产生原因

(1)热塑性合成油漆易发生起皱现象。

(2)在涂料中添加过多的钴和锰催干剂。

(3)烘干升温过急,表面干燥过快。

(4)漆膜过厚或在浸涂时产生"肥厚的边缘"。

(5)氨基漆晾干过度,表干后再烘干,易产生起皱现象。

(6)在不适当的干燥条件下喷涂,如喷漆间的温度或湿度过高。

1.18.2 防治方法

(1)按照工艺要求调整喷漆间的温度或湿度。

(2)少用钴或锰催干剂,多用铅或锌催干剂。对于烘干型涂料,采用锌催干剂效果好。

(3)每道漆控制在不产生起皱的厚度范围值内。

(4)执行晾干和烘干的工艺过程。

(5)采用防起皱剂,如油性的纯酸树脂漆喷涂稍厚,在烘干时就容易产生起皱,可以添加少量(5%以下)氨基树脂作为防起皱剂。

(6)氨基面漆在按规定晾干后再进行烘干。

1.19 光泽不良

有光泽涂层干燥后没有达到应有的光泽或涂装后不久涂层出现光泽下降,表面不均匀,并有轻微纹理,呈雾状朦胧的现象。

1.19.1 产生原因

(1)颜料的选择、分散和混合比不适当,树脂的混溶性差,溶剂选择不当。

(2)施喷件表面对涂料的吸收量大,且不均匀。
(3)施喷件表面粗糙,且不均匀。
(4)过烘干或烘干时换气不充分,涂料抗污气性差。
(5)喷涂时有虚雾附着或由补漆造成。
(6)能抛光的涂层未干透就抛光。
(7)在高温、高湿或极低气温的环境下涂装。

1.19.2 防治方法

(1)通过试验,选择合适的涂料,选择油漆厂指定的溶剂。
(2)喷涂相应的隔绝底漆,以消除底漆对面漆的吸收或不均匀的吸收。
(3)应仔细打磨(注意打磨手法和砂纸牌号的选择),消除施喷件表面的粗糙度。
(4)严格遵守规定的烘干条件,烤房内换气要适当。
(5)注意喷涂顺序,确保喷涂厚度均匀,减少喷涂虚雾的附着。
(6)抛光工序要在涂层完全干透、熟化后进行。
(7)控制涂装环境。

1.20 出汗

在漆膜表面上析出一种或几种组份的现象。如普通硝基漆在60℃以上烘干时,增塑剂呈汗珠状析出。

1.20.1 产生原因

(1)增塑剂与漆基的混溶性差。如硝基漆采用了蓖麻油、樟脑等非溶剂型增塑剂。
(2)漆膜在打磨前未充分干透(溶剂未完全挥发)。
(3)漆膜中含有蜡、矿物油时,可能逐渐渗出到漆膜表面上。

1.20.2 防治方法

(1)选用与漆基混溶性好的增塑剂,降低增塑剂的黏度,减少非溶剂型增塑剂的用量。
(2)漆膜打磨前应干透。

1.21 丰满度不良

漆膜虽然喷涂得很厚,但从外表看仍然很薄而显得干瘪的现象。

1.21.1 产生原因

(1)使用高聚合度的漆基制的涂料,其本身丰满度差。
(2)颜料含量少,涂料过稀。
(3)施喷件表面不平滑且吸收涂料。

1.21.2 防治方法

(1)选用丰满度高的涂料。
(2)选用固体成分较高的涂料。
(3)打磨以消除施喷件表面的粗糙度,涂隔绝底漆以消除底材对面漆的吸收。

1.22 缩边

在涂装和烘干过程中漆膜收缩,使被涂物的边缘、角等部位的漆膜变薄,严重时甚至露底。

在水性涂料施工时常出现这种缺陷。

1.22.1 产生原因

(1)漆基的内聚力大。

(2)涂料的黏度偏低,所用溶剂挥发慢。

1.22.2 防治方法

(1)在设计涂料配方是应注意消除缩边缺陷。

(2)添加阻流剂,降低内聚力。

1.23 烘干不良、未干透

漆膜干燥(自干或烘干)后未达到完全干固,手摸漆膜有发湿之感,漆膜软,未达到规定硬度或存在表干里不干等现象。

1.23.1 产生原因

(1)自干或烘干的温度和时间未达到工艺规定。

(2)自干场所换气不良,湿度高,温度偏低。

(3)一次涂得太厚(尤其是氧化固化型涂料)。

(4)自干型涂料所含干燥剂失效,或表干型干燥剂用量过多。

(5)烘干室内的被烘干物太多,热容量不同的工件同时在一个烘干室内烘干。

(6)施喷件表面上有蜡、硅油、油和水等。

1.23.2 防治方法

(1)严格执行干燥工艺规范。

(2)自干场所和烘干室的技术状态应达到工艺要求。

(3)氧化固化型涂料一次不宜涂得太厚,如厚度超过 $20\mu m$,则应分几次涂装。

(4)添加干燥剂的调整表干型干燥剂的用量。

(5)不同热容量的工件应有不同的烘干规范,烘干室的装载量应控制在一定范围内。

(6)严防被涂物和压缩空气中的油污、蜡、水等带入涂层中。

1.24 钣金凹凸

钢板结构件(如汽车车身)由于冲压钣金加工不良及储运、焊装过程中产生凹凸不平,影响涂层外观装饰性的现象。由焊点产生的坑称为电焊坑;冲压时产生的小的凹凸,在涂装后残留在涂面上且更显眼,称为星状不平。

1.24.1 产生原因

(1)冲压模具的精度不够或手工成形,钢板表面不平,有划痕线等。

(2)钢板表面有尘埃,冲压工厂环境较差,如在冲压时,模具或钢板上附着有小沙粒,产生星状不平。

(3)储运和组装过程中保护不好,产生碰伤,造成凹凸不平。

1.24.2 防治方法

(1)提高模具精度,用模具成形代替手工钣金成形,检查钢板表面的平整度和清洁度。

(2)控制冲压工厂的环境,防止沙粒等污物附着在模具上或钢板上。

(3)加强管理、防止碰伤。
(4)用烫锡、锉平等修锉工序来消除钣金件表面的凹凸不平和焊点坑,或以胶代焊减少和消除焊点坑。
(5)刮原子灰填平。

1.25 漆雾

喷漆过程中漆雾飞溅或落在施喷件表面或漆膜上成虚雾治状,影响漆膜的光泽和外观装饰性的现象。如落上异色漆雾则称为漆雾污染。

1.25.1 产生原因

(1)喷涂操作不正确,如喷枪距离被涂物表面的距离太远,与施喷件表面不垂直或喷枪压力过大。
(2)施喷件之间距离太近。
(3)喷漆间气流混乱,风速太低(小于0.3m/s)。
(4)不许涂漆的表面未遮盖或遮盖不严。

1.25.2 防治方法

(1)纠正不正确的喷涂操作。
(2)施喷件之间应留足距离,以防飞溅。以汽车车身为例,间距应不小于1.5m,且喷涂方向正确。
(3)喷漆室的气流应有一定方向,风速在静电喷漆场合不小于0.3m/s,在手工喷涂场合应在0.5m/s以上。
(4)不需涂装的表面应遮盖,尤其是在喷涂异色漆和进行修补喷涂时。

1.26 原子灰残痕

涂层表面刮过原子灰的部位在喷涂面漆后产生印痕或失光等现象,如图7-15所示(见彩色插页)。

1.26.1 产生原因

(1)刮原子灰的部位打磨不足。
(2)刮原子灰的部位未喷涂隔绝底漆,原子灰的吸漆量大或颜色与底漆层不同。
(3)所用原子灰的收缩性大,固化后变形。

1.26.2 防治方法

(1)对刮原子灰的部位要充分打磨。
(2)在刮原子灰的部位喷涂隔绝底漆。
(3)选用收缩性小的原子灰。硝基原子灰收缩性大,只适用于填平砂眼之类缺陷。

1.27 打磨缺陷

由于打磨不彻底、不规则或打磨划伤砂纸纹,上层面漆盖不住而造成的漆膜缺陷。

1.27.1 产生原因

(1)打磨工具的技术状态不良或操作不当。

(2)砂纸质量差,有掉砂现象。

(3)在打磨平面时未采用打磨垫块,局部用力过猛。

(4)打磨后未检查被打磨表面的质量。

1.27.2　防治方法

(1)确保打磨工具的技术状态良好,操作要规范。

(2)选用优质的砂纸,在用新砂纸前,应将砂纸相互对磨一下,以消除掉砂现象。

(3)在打磨平面时应采用打磨垫块,并注意打磨方向和力度。

(4)打磨后应进行打磨质量检验。

1.28　遮盖痕迹

遮盖用的胶带痕迹照原样残留在涂面上,或分色线呈锯齿状,超过工艺标准的现象。

1.28.1　产生原因

(1)胶带的质量差。

(2)遮盖工具执行不认真。

(3)漆膜未干透就撕下胶带或其他遮盖物。

1.28.2　防治方法

(1)选用涂装专用胶带,在烘干场合要求胶带应耐热。

(2)按工艺要求认真遮盖,为确保分色线无锯齿,应选用边端整齐的胶带。

(3)漆膜干后(至少表干后)才能揭下胶带或其他遮盖物。

1.29　气体裂纹

在涂层干燥时受酸性气体的影响,涂面产生皱纹、浅裂纹等现象。

1.29.1　产生原因

(1)涂层干燥场所(或烘干室)的空气中,含有酸性气体(如二氧化硫、二氧化碳、一氧化碳等)。在采用烟道气直接烘干的场合,易产生这一缺陷。

(2)所用涂料的耐污气性差。

1.29.2　防治方法

(1)查清原因,消除干燥场所(或烘干室)中的酸性气体或降低其浓度。

(2)在采用烟道气直接烘干的场所,应通过试验后才能纳入工艺。

(3)选用耐污气性好的涂料。

1.30　色差

刚涂完的漆膜在色相、明度、彩色度与标准色板有差异,或在补漆时与原漆色有差异。

1.30.1　产生原因

(1)所用涂料各批之间有较大的色差。

(2)在更换颜色时,输漆管路或涂装工具未洗净。

(3)干燥规范不一致,尤其是在烘干的场合,产生局部过烘。

(4)补漆时造成的斑痕。

(5)没有使用油漆厂推荐的配方。
(6)原车因长期使用而褪色。
(7)涂料没有充分搅拌。

1.30.2 防治方法

(1)加强涂料进厂检验。
(2)换漆色时输漆管路或涂装工具一定要洗净。
(3)烘干的时间、温度应严格控制在工艺标准范围内。
(4)力争少补漆,如需补漆则应整个部件(或有明确分界线的表面)补漆。
(5)使用正确配方。
(6)运用喷涂技术调整,使颜色与原车匹配。
(7)使用扇形色卡核对原厂漆颜色。
(8)彻底搅拌涂料。

1.31 掉色

在用蜡和擦布擦拭漆面时,布上粘着有涂层的颜色的现象。产生原因是涂料中所含的颜料,尤其是有机颜料渗透到漆膜表面上所致。应改进涂料配方,选用不掉色的涂料;在选用的涂料中添加漆基或罩光。

1.32 吸收

在涂装时涂料被底材过渡吸收,出现无光或像未涂漆那样的现象。如在纤维板上涂漆时,刚涂完尚见漆膜,很快就消失。

1.32.1 产生原因

施喷件为多孔材质,如松木板、纤维板和涂刮的原子灰层疏松等,把涂在其表面上的涂料吸入孔内,使涂层无光或不完整。

1.32.2 防治方法

(1)多孔材质的施喷件在涂漆前应涂堵孔涂料进行前处理(或表面调整)。
(2)刮过原子灰的施喷件表面,在打磨后应涂底漆或中涂漆,以消除原子灰对面层涂料的吸收。
(3)增加涂层的道数或厚度。

1.33 鲜映性不良

涂层的鲜映性(平滑性、光泽)不良,也就是涂层的装饰性差。如现代高级轿车的车身涂层的鲜映性应为 0.8~1.0(PGD);稍低一点应在 0.6~0.7 范围之内;普通轿车、轻型车和装饰性要求较高的中型载货汽车的涂层鲜映性应在 0.5 左右,如低于上述规定数值,则称为鲜映性不良。

1.33.1 产生原因

(1)施喷件表面的平整性差。
(2)所选用的涂料展平性差,光泽度差和涂料细度不达标。

(3)涂装环境差,涂层表面产生颗粒。
(4)喷涂工具不好,施工黏度及溶剂选用不当,喷涂时涂料雾化不良,涂面的橘皮严重。
(5)涂层厚度不足,丰满度差。

1.33.2 防治方法

(1)提高加工精度,防止储运过程中的磕碰伤,保证施喷件表面的质量达到技术要求。
(2)选用展平性好,细度和光泽度优良的涂料。
(3)改善涂装环境,高装饰性涂料的涂装宜在条件较好的喷漆间内进行,进入的空气应无尘。
(4)选用雾化性能良好的喷涂工具,选择合适的施工方法和施工黏度,使涂料达到最佳的雾化。
(5)高装饰性涂层一般采用多层涂装体系,增加涂层厚度,以提高涂层的丰满度和平滑性。

1.34 过烘干涂层

在烘干过程中因烘干温度过高或烘干时间过长,产生失光、变色、变脆、开裂和剥落等现象。

1.34.1 产生原因

(1)烘干设备失控,造成烘干温度过高。
(2)烘干时间过长,如在流水生产线上,施喷件停留在烘干室中停留时间过长或过夜,尤其是在120℃以上烘干的场合极易产生过烘干现象。
(3)涂层配套和烘干规范选择不当。

1.34.2 防治方法

(1)确保烘干设备的技术状态良好,烘干温度按工艺规定调整。
(2)烘干时间应符合工艺规定,在高温烘干场合,施喷件不宜在烘干室内过夜。
(3)涂层配套应合适,面漆层的烘干温度不应高于底涂层的烘干温度。

1.35 接触伤痕、划碰伤、笔划痕

涂层受外界作用而产生伤痕,失去完整性的现象。在涂层未干前因喷漆胶管、手等接触留下的伤痕称为接触伤痕;被涂物在储运和装配过程中因划碰造成的干漆膜的损伤称为划碰伤;用笔做标记在漆面上留下的痕迹称为笔划痕。

1.35.1 产生原因

(1)湿漆膜受外界作用,漆膜表面遭到破坏。
(2)干漆膜受机械划碰。
(3)做标记的笔不符合要求。

1.35.2 防治方法

(1)涂层未干前严禁外物接触,保护好湿漆膜。
(2)加强被涂物在储运、装配过程中的保护,严禁磕碰。凡挂具(或工位器具)与被涂物有接触部位,应有软化保护,在装配过程中漆面要加保护罩保护。
(3)用笔(或粉笔)在喷涂前的施喷件表面做的标记,在喷涂面漆前一定要清除干净。面

漆上严禁用普通的笔或粉笔做标记。

1.36 修补印痕

修补部位与原漆面的光泽、色相有差别的现象。

1.36.1 产生原因

(1) 修补涂料与原涂料的光泽和颜色不同,或修补涂料较原涂料的耐老化性(如耐候性)差。
(2) 被修补部位打磨不良。
(3) 由局部修补造成。

1.36.2 防治方法

(1) 修补涂料的颜色、光泽和耐老化性应与原涂料尽可能相似,最好选用原涂料生产厂生产的修补涂料。
(2) 被修补部位应仔细打磨。
(3) 修补面与原漆面的结合处应打磨出羽状边。

1.37 银粉泛色

金属色漆(银粉色漆及珍珠色漆)表面的金属颗粒出现于清漆层中的现象。严重的话,会引起变色。

1.37.1 产生原因

(1) 色漆和清漆不匹配。
(2) 色漆没有充分的晾干就喷涂清漆。
(3) 喷涂清漆时过湿。
(4) 喷涂气压太高。
(5) 选择溶剂不正确。
(6) 色漆过于干喷。
(7) 喷漆间不清洁,如有灰尘等。

1.37.2 防治方法

(1) 选用同一油漆厂生产的油漆和清漆。
(2) 喷涂清漆前要有足够的时间使色漆充分挥发。
(3) 按照工艺要求调整喷涂气压。
(4) 使用油漆厂推荐的溶剂。
(5) 按照油漆厂要求的施工程序和技术施工。
(6) 保证喷漆间的清洁。

2 涂装后产生的漆膜破坏状态及防治方法

2.1 起泡

漆膜的一部分从被涂面或底涂层上浮起,且其内部充满着液体或气体,大小直径在 1~

5mm 或呈大块浮起。

2.1.1 产生原因
(1)被涂面有油、汗液、盐碱、打磨灰等亲水物质残存。
(2)清洗施喷件的最后一道用水的纯度差,含有杂质离子。
(3)使用环境高温高湿,如在梅雨季节涂膜易起泡。
(4)所用涂料的涂膜耐水性或耐潮湿性差。
(5)涂层干燥固化得不充分。

2.1.2 防治方法
(1)施喷件表面应清洁,绝不允许有亲水物质,尤其是水溶的盐碱残存。
(2)漆前最后一道水洗应该用去离子水。
(3)漆膜应干透。
(4)根据施喷件使用环境,选用耐水性优良的涂料。

2.2 沾污、斑点

在漆膜表面上发生与大部分表面颜色不相同的色斑或黏附着尘埃和脏物等异物的现象。

2.2.1 产生原因
(1)漆膜在使用过程中受软化或回粘。
(2)从漆膜中析出异物(如出汗)。
(3)受环境空气中的污物(如灰尘、水泥灰、焦油、煤烟、酸性物质、昆虫和鸟类的粪便等)的侵入、沾污。
(4)所用颜料不耐碱或长霉所致。

2.2.2 防治方法
(1)选用在使用中不受热回粘、不软化、不析出异物的涂料。
(2)选用耐沾污性好的涂料。
(3)不把施喷件放置在污染源附近。

2.3 黏接不牢

由于喷涂底材和涂层或涂层与涂层之间附着力不良所产生的漆面剥落现象称为黏接不牢,如图 7-16 所示(见彩色插页)。

2.3.1 产生原因
(1)施喷件表面处理不当,有一些影响黏接的物质残留在要喷涂的表面上(如硅酮、油、脂肪、蜡、锈、抛光残留物等)。
(2)选用的底漆不合适。
(3)施喷件表面打磨不充分或未进行打磨。
(4)喷涂底漆或面漆时使用干喷式或面漆喷涂太厚。
(5)喷涂金属银粉漆时,涂层与涂层间的相隔时间太短或油漆调配太浓。
(6)喷涂时底材表面温度太高或太低。

2.3.2 防治方法
(1)打磨时要充分。

(2)彻底清洁欲喷涂的区域。

(3)在有可能发生黏接不牢的施喷件(如铝和塑料)上应遵照制造商的指示,正确使用底漆,该底漆应有充分的漆膜厚度。

(4)避免喷涂时使用干喷式。

(5)按推荐的黏度喷涂。

(6)在喷涂每道涂层之间要有充分的挥发时间。

2.4 褪色

在使用过程中,漆膜的颜色变浅的现象。

2.4.1 产生原因

(1)受日光、化学药品、大气污染等的作用,使颜色减退。

(2)受热、紫外线的作用使树脂变质。

(3)所选用涂料(或漆中所含颜料)的耐候性差或不适用于户外。

2.4.2 防治方法

(1)根据使用环境选用耐候性优良的涂料。

(2)选用不褪色的涂料。

2.5 返铜光

局部或整个漆膜表面呈现有铜色彩,即在阳光照射下变成忽绿忽紫的色彩。这是漆膜耐候性差的现象之一。

2.5.1 产生原因

(1)受日光、紫外线的照射或受高温影响。

(2)由于红色、蓝色等颜料的迁移造成,尤其是在所用颜料颗粒约 $0.1\mu m$ 以下的情况。

(3)喷涂用的压缩空气中有油。

2.5.2 防治方法

(1)选用耐候性良好的涂料,在配色时应注意所用颜料的品种。

(2)除净压缩空气中的油份。

2.6 裂缝、开裂

在油漆表面上出现有向不同方向扩展的不同长度和宽度的裂纹的现象。根据裂缝的形态(大小、深度、宽度)可分为发状裂纹、浅裂纹、龟裂、鳄皮裂纹和玻璃裂纹几种,如图 7-17 所示(见彩色插页)。

2.6.1 产生原因

(1)主要原因是涂层经受不住冷热、干湿或侵蚀液体的交替变化。

(2)涂料在使用前未搅拌均匀。

(3)涂层配套不适当,如底漆层膜比面漆层漆膜软。

(4)面漆层涂得过厚,且耐寒性(或耐湿变性)不佳。

(5)底涂层未干透就涂面漆。

(6)所用面漆的耐候性差。
(7)涂层老化。

2.6.2 防治方法

(1)通过试验解决涂层的配套性,一般使底层漆膜和面层漆膜的硬度、伸缩性接近。
(2)耐寒性差的漆膜(尤其是自干型漆膜,如硝基漆)不应涂得过厚,应按工艺要求严格控制。
(3)中涂层干透后方能涂面漆。
(4)选用耐候性、耐温变性优良有面漆。
(5)应尽可能避免将被涂件早期暴露在严寒之中。

2.7 生锈、锈蚀

锈蚀是指金属表面产生氧化物和氢氧化物。作为漆膜弊病的生锈系指漆膜下出现红丝和透过漆膜的锈点(斑),前者称为丝状腐蚀,后者称为疤形腐蚀,如图7-18所示(见彩色插页)。

2.7.1 产生原因

(1)被涂面的表面质量差,如有锈未除净就涂漆。
(2)漆前表面处理质量差,如磷化处理不完全或磷化膜与涂层配套不佳。
(3)涂层不完整,有针孔、漏涂等缺陷,如点焊缝中未涂到漆易淌黄锈。
(4)所用涂料的耐腐蚀性差。
(5)使用环境差,如高温高湿、有腐蚀介质(酸、碱、盐等)的侵蚀。

2.7.2 防治方法

(1)漆前被涂面一定要清洁,绝不允许带锈涂漆。
(2)黑色金属件在涂底漆前应进行磷化处理,并应与所用涂层有良好的配套性。
(3)应确保涂层的完整性,被涂物的所有表面(包括焊缝)都应涂到漆。焊缝和搭接缝应涂密封胶。
(4)根据被涂物的使用环境选用耐腐蚀性、耐潮湿优良的涂料,如阴极电泳涂料、环氧粉末涂料等。

2.8 粉化

漆膜表面受大气中的光、氧气和水分的作用,老化呈粉状脱离的现象。

2.8.1 产生原因

(1)漆膜在使用过程中受紫外线、氧气和水分的作用,发生老化,漆基被破坏,露出颜料。
(2)所用涂料的耐候性差。

2.8.2 防治方法

(1)根据被涂物的使用环境,选用耐候性优良的涂料,切勿将内用涂料用于户外。
(2)加强漆膜的维护保养。

2.9 返粘

已干燥的漆膜表面又出现黏性的现象,又称回粘。

2.9.1 产生原因
(1)所用涂料含半干性油。
(2)干燥后通风不足,湿度高。
(3)底材(如水泥墙)中所含的碱性物质使油漆膜皂化而软化。
(4)底涂层的挥发物逐渐透过面涂层引起回粘。

2.9.2 防治方法
(1)更换涂料品种。
(2)加强干燥场所的通风。
(3)含碱质的底材涂漆前应洗净或涂防止碱质的密封层。
(4)底涂层的挥发分应挥发完全后再涂面漆。

2.10 变脆

涂膜弹性变差的现象,这是漆膜开裂或剥落的前奏。

2.10.1 产生原因
(1)过烘干造成。
(2)涂层配套不合理,如在低湿干型底涂层上涂高温干燥的面漆层。
(3)附着不良的漆膜易变脆。
(4)漆膜涂得过厚,或使用环境温度过低。

2.10.2 防治方法
(1)通过试验选择合适的烘干规范,选择配套性良好的涂层。
(2)选择合适的漆前表面处理方法,提高漆膜的附着力。
(3)根据使用条件和涂料的特性,选择合适的涂膜厚度。

2.11 变色

在使用过程中漆膜的颜色发生变化,其色相、明度、彩度明显地偏离标准色板的现象称为变色。

2.11.1 产生原因
(1)受阳光照射(主要是短波区段)潮湿、高温、空气中的腐蚀性气体(如二氧化硫)等作用所致。
(2)所用涂料的耐候性差。
(3)在涂膜老化、增塑剂析出等过程中有机颜料通过漆膜迁移。

2.11.2 防治方法
(1)根据被涂物的使用条件选用合适的涂料。
(2)选用耐候性优良的涂料。

2.12 失光

由于涂料不良导致所提漆膜的光泽低于标准板光泽的现象,以及在使用过程中最初在光泽的漆膜表面上出现光泽减少的现象,统称为失光。后一种失光,有时是可逆的,借助抛光能消除,如图7-19所示(见彩色插页)。

2.12.1 产生原因

(1)涂装不良,未按工艺执行,如涂得过薄、过烘干和被涂面粗糙等。
(2)所选涂料的耐候性差。
(3)漆膜(尤其是挥发干燥型涂料)干燥收缩造成。
(4)阳光照射、水气(高温高湿)作用和腐蚀气体的沾污。

2.12.2 防治方法

(1)严格工艺要求或漆厂推荐的涂料施工条件进行涂装。
(2)按被涂物的使用条件,选用耐候性优良的涂料。
(3)如所用涂料有抛光性,则进行抛光即可恢复光泽。

2.13 无光斑印

在有交的漆面上出现光泽变小的斑印的现象称为无光斑印。产生原因是受大气中的氨气沾污(是油性漆的特征弊病)。应消除大气中的氨气及其发生源加以防治。

2.14 风化、侵蚀

风化是漆膜破坏现象,可伴随漆膜厚度的降低直至露出底材,是比粉化更严重的漆膜破坏状态。

2.14.1 产生原因

(1)所用涂料的耐候性差。
(2)被涂物使用年久和使用环境条件恶劣。

2.14.2 防治方法

(1)根据被涂物使用条件选用耐候性优良的涂料。
(2)根据漆面破坏状态,及时重新涂漆(即及时进行大修涂装)。

2.15 溶解

涂层在使用过程中受侵蚀性液态介质溶解而产生的漆膜破坏,伴随着漆膜的厚度减薄直至露出底材的现象。

2.15.1 产生原因

(1)所用涂料不适应于使用环境(耐某种介质性能差)。
(2)在使用过程中接触到某种具有侵蚀性的液体、气体。

2.15.2 防治方法

(1)根据被涂物的使用条件,选用耐某种侵蚀介质性能强的涂料。
(2)预防涂层与浸蚀性介质接触,消除侵蚀源。

2.16 发霉

漆膜在使用过程中,其表面上有霉菌生长,致使漆膜破坏的现象。

2.16.1 产生原因

(1)被涂物的使用环境潮湿,不见阳光或背光。

(2)所用涂料的基料或底材本身可能是霉菌的养料(如油性漆的基料、木材等)。
(3)涂层表面有使用过程中不经常清洗维护。

2.16.2 防治方法
(1)根据被涂物的使用条件选用具有防霉性的涂料。
(2)在所用涂料中添加防霉剂,易发霉的底材在涂漆前应进行防霉处理。
(3)涂层表面应经常清洗和维护。

2.17 雨水痕迹

由于下雨或清洗被涂物时,在漆面上残留的水滴,使涂膜表面产生白色痕迹。

2.17.1 产生原因
(1)所用涂料耐水、耐潮湿性差。
(2)漆面未经表面保护。

2.17.2 防治方法
(1)根据被涂物的使用条件,选用耐水、耐潮湿性优良的涂料。
(2)加强漆面保护,涂一些憎水性的保护剂。

2.18 膨胀

被涂物在使用过程中与溶剂、油、黏结胶等接触附后漆面产生膨胀的现象。

2.18.1 产生原因
(1)所采用涂料耐溶剂、油、黏结胶等物的沾污性差。
(2)漆面未及时清理。

2.18.2 防治方法
(1)根据被涂物的使用条件,选用耐某种沾污性好的涂料。
(2)经常清理被涂物表面消除沾的异物。

2.19 啄伤、划伤

被涂物在运输、装配和使用过程中受外力作用产生漆膜伤痕。点伤痕称为啄伤,线状伤痕称为划伤。

2.19.1 产生原因
(1)被涂物包装不佳,受外力或相互冲击,损坏涂膜。
(2)装配和运输过程中不注意漆面保护,发生划伤。
(3)在使用过程中受风沙和外物的冲击。
(4)涂层的耐崩裂性差。

2.19.2 防治方法
(1)在运输、粗糙和装配被涂物过程中应妥善包装和放置,加强漆面保护,做到轻拿轻放,注意吊装。
(2)根据被涂物的使用条件,选用耐崩裂和耐划伤性好的涂层。

思考与练习

一、填空题

1. 常见的涂装缺陷一般分为两类,一类是在喷涂_____产生的,另一类是在喷涂_____产生的。

2. 颗粒的涂装缺陷表征是_____呈颗粒状分布在整个或局部表面上。

3. 由底材或漆面所吸收含有水分、溶剂或气体、使漆面在干燥(尤其是烘干)过程中呈泡状鼓起的缺陷,分别称为_____、_____或_____。

4. 喷涂在施喷件垂直面上的涂料向下流动,使漆膜产生不均匀的条纹和流痕的现象,根据流痕的形状可分为_____、_____、_____等。

5. 凹坑是指:漆膜表面上产生像火山口那样的,直径大小为_____~_____mm 的凹坑现象。

6. 色不匀是指漆膜的颜色_____,出现_____、_____和_____的现象。

7. 喷涂金属银粉漆面时,因喷涂的_____,_____和所用_____与_____不配套而引起的银粉_____,_____,导致漆膜外观颜色不均匀的现象。

8. 起泡是漆膜的一部分从被涂面或底涂层上浮起,且其内部充满着液体或气体,大小直径由_____~_____mm 或呈大块浮起。

9. 返铜光是局部或整个漆膜表面呈现有铜色彩,即在阳光照射下变成忽绿忽紫的色彩。这是漆膜_____的现象之一。

10. 在使用过程中出现的失光现象是_____,借助抛光能消除。

二、判断题(正确画√,错误画×)

1. 经常清洁喷、烤漆房的卫生就可以根治"颗粒"的产生。( )
2. 喷涂时,一次喷涂过厚是造成流挂的原因之一。( )
3. 涂装工具不干净,操作时手部有油污不是造成鱼眼的原因。( )
4. "云斑"现象不会在喷涂素色漆时出现。( )
5. 沾污(斑点)和颗粒是相同的两种缺陷。( )
6. 由于涂料造成的失光可以用抛光的方法加以修整。( )

三、简答题

1. "鱼眼"是什么原因造成的?如何进行防治和修补?
2. 什么是"咬起"?其产生原因是什么?如何防治?
3. 工作环境中空气质量较差(含有粉尘、油污)会造成哪些缺陷?
4. 环境温度和湿度的变化将会引起哪些缺陷?

参 考 文 献

[1] 李扬.汽车涂装技术[M].北京:机械工业出版社,2015
[2] 李扬.汽车涂装技术[M].北京:人民交通出版社,2016
[3] 程玉光.汽车涂装技术[M].北京:人民交通出版社,2005
[4] 王玉东.汽车喷漆技术培训教程[M].北京:国防工业出版社,2005
[5] 王锡春.汽车涂装工业技术[M].北京:化学工业出版社,2005
[6] 王之政,王裕宁.汽车涂装实务[M].北京:人民交通出版社,2008
[7] 李东江,张大成.汽车车身美容与修复300问[M].北京:北京理工大学出版社,2004
[8] 彭义军.汽车涂装技术[M].北京:电子工业出版社,2005
[9] (美)詹姆斯等著.李杰等译.汽车碰撞后的修复[M].北京:机械工业出版社,1998
[10] 吴兴敏.汽车钣金与涂装修复技术[M].北京:国防工业出版社,2005

彩色插页

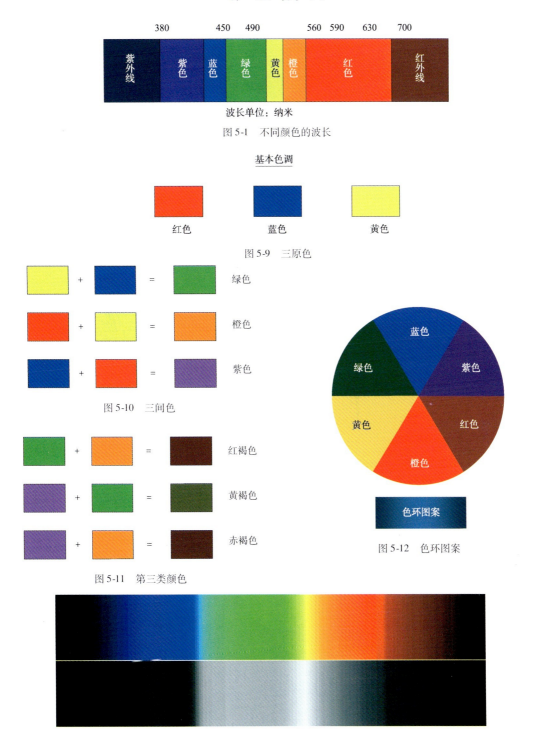

图 5-1 不同颜色的波长

图 5-9 三原色

图 5-10 三间色

图 5-11 第三类颜色

图 5-12 色环图案

图 5-13 颜色的明度

图 5-14 同一色调的颜色不同明度的变化

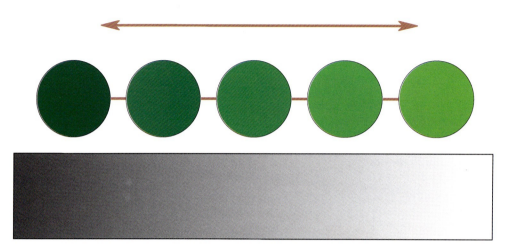

图 5-15 彩度　　　　　　　图 5-16 不同颜色的彩度变化

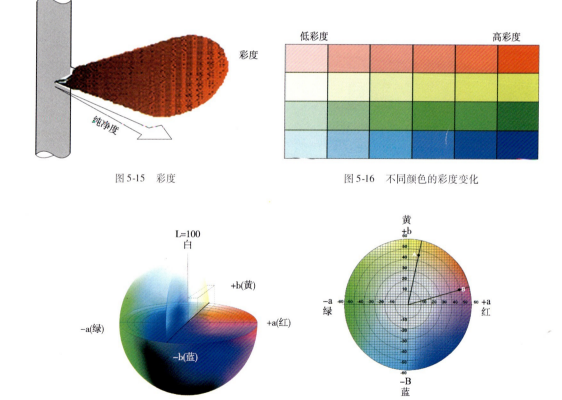

图 5-27 利用颜色体系进行调色

图 7-1　颗粒　　　　图 7-2　异物沾污　　　　图 7-3　气泡

图 7-4　流挂　　　　图 7-5　缩孔、抽缩、鱼眼　　　　图 7-6　色不匀(色发花)

图 7-7　浮色(色分离)　　　　图 7-8　云斑(银粉不匀)　　　　图 7-9　砂纸打磨划痕

图 7-10　咬起　　　　图 7-11　橘皮　　　　图 7-12　白化、发白

图 7-13 针孔

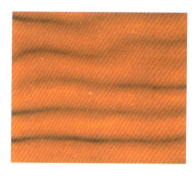
图 7-14 起皱

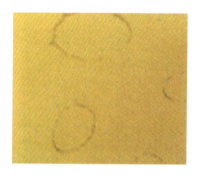
图 7-15 原子灰残痕

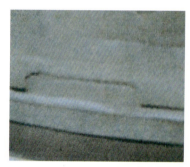
图 7-16 黏结不牢

图 7-17 裂缝、开裂

图 7-18 生锈、锈蚀

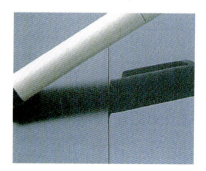
图 7-19 失光